Hubert Suter, Hinaus zur Jagd

Hubert Suter

Hinaus zur Jagd

NEUMANN - NEUDAMM

BILDNACHWEIS

P. Liesau: Seiten 49 oben und unten, 67, 68 oben und unten;

F. Rakow: Seiten 50 oben und unten, 101 oben und unten, 102 oben und unten, 153 unten, 154, 171, 172, 205 oben und unten, 206, 223 und 224 oben und unten.

Alle übrigen Abbildungen stammen vom Autor.

CIP-Titelaufnahme der Deutschen Bibliothek:

Suter, Hubert:
Hinaus zur Jagd / Hubert Suter. –
Melsungen: Neumann-Neudamm, 1989
ISBN 3-7888-0593-5

Mühlenstraße 9, 3508 Melsungen
Printed in Germany
Titelgestaltung: Philipp Schneider unter Verwendung eines Dias von Ernst Elfner
Reprotechnik: Repro Team, Kassel
Druck: Silber Druck, 3501 Niestetal
Buchbinderische Verarbeitung: Freitag & Co. KG, 3500 Kassel

Schrift: 10/12 Times Roman
Papier: Bildteil 115 g Bilderdruck, Textteil 90 g Werkdruck
Umschlag: Pappband, Polylein-Kaschierung
Druck: Vier- und Zweifarben-Offset, Roland MAN, 72 x 102 cm
Verarbeitung: Fadenheftung, begazt, Deckenband

Inhalt

Meinen Söhnen
Max und Hannes

Vorwort

Hirschbrunft unter der Wärme spanischer Sonne – Treibjagden auf Fasanen mitten in der Industriezone einer deutschen Großstadt und zwischen den Weinbergen der Vorderpfalz – Pirschen und Ansitzen in den legendär urigen Donau-Auen – Jägerpech und Jägerglück im strapaziösen Hochgebirge – Wildschweinparadies Tunesien, ein Land der jägerischen Wiederkehr – vielfältig und abwechslungsreich sind die Erlebnisse, die ein Jäger haben kann.
Von solchen nicht alltäglichen Jagdabenteuern in der Heimat und im Ausland soll in diesem Buch die Rede sein, vom Waidwerken auf Niederwild und Schalenwild, aber auch von meinen Begegnungen mit Land und Leuten und nicht zuletzt von den Jagdgebräuchen und -gesetzen, denen man sich als Gast anzupassen hat.
Auf der Jagd unterwegs, als aktive Erholung und im Kontrast zum Streß der gehetzten Gesellschaft, werden verdrängte Wahrheiten wieder erinnert, z. B. jene, daß Menschheitsgeschichte stets auch Jagdgeschichte war. Oder die andere, daß unsere zu Hause gewohnte Kulturlandschaft mit ihrer Übernutzung kein naturnaher Lebensraum für die Wildtiere mehr ist und dieser mitteleuropäische Zustand einen einzigartigen Sonderfall in der Welt darstellt.
Eines möchte ich dabei zeigen: Man braucht kein Millionär zu sein, um zu neuen und interessanten Jagderlebnissen zu kommen. Wer weiß, vielleicht wird der eine oder andere beim Lesen erst dazu animiert, einmal jenseits der Landesgrenzen zu jagen, in Tunesien etwa, in Spanien oder Ungarn. Lohnen wird es sich bestimmt!

Limburgerhof, im Sommer 1989 — Hubert Suter

Auf Hirsche in der Heimat von Don Quichotte – der Mancha

El Sauceral

Wer als Jäger einmal so richtig eine Hirschbrunft in ihren urgewaltigen Melodien und Intensitäten miterlebt hat, kann fortan eigentümliche Beobachtungen an sich machen. Zumindest mir geht es so, sobald im Jahresablauf meine Gedanken immer mehr den September mit einbeziehen müssen und die hohen Tage des Hirsches die Wünsche des Jägers zu beschäftigen beginnen. Eine rhythmische Wiederkehr der Sehnsüchte befällt einen dann. Ja, sie plagt auch, denn nur selten lassen es die allgemeinen Lebensumstände gerade zu dieser Zeit zu, an der Hirschbrunft als Akteur teilzunehmen. Ein solcher Zustand ist freilich nicht ganz so schlimm wie die Malaria tertiana, und es sind auch keine anderen Mikroben Verursacher des vorübergehenden Anfalls. Indes, es besteht eine gewisse Analogie, denn es kommt zur Bündelung der Gedanken auf eine Sache. Ein Fieberkranker konzentriert sich auf seinen Schüttelfrost, der Jäger denkt an die Hirsche! Einmal von der Wucht und Schönheit einer Hirschbrunft überwältigt, so wie ich sie in den Auwäldern der Drau in Jugoslawien vor Jahren erlebt habe, kreisen seitdem häufig die Gedanken spielerisch um die Idee: Wie und wo läßt sich das noch einmal nachvollziehen? Und wie das bei Unschlüssigkeit üblich ist, es fällt dem Zufall eine entscheidende Rolle zu. So auch hier. Seit geraumer Zeit hatte mich die Lektüre von v. Lettow-Vorbecks Buch „In der späten Vespersonne“ auf die Fährte des mediterranen Rotwildes gelockt.
Bis dahin hatte ich nichts von der Existenz einer alteingesessenen, bodenständigen Rotwildpopulation mitten in Zentralspanien gewußt. Schon der Gedanke, Hirschbrunft einmal ganz anders als üblich, und das heißt nicht bei kühlen, frostigen Septembertagen, sondern unter der heißen Sonne Spaniens bei Temperaturen bis zu 30° C zu erleben, beflügelte Phantasie und Unternehmungslust. Einmal so weit, verfolgte ich bevorzugt die Inserate der Jagdreise-

veranstalter mit Blick auf Spanien. Die dort angebotenen Monterias waren aber nicht das, was ich suchte. Monterias sind als Drücktreibjagden vor den Hundemeuten traditionelle Gesellschaftsjagden und wohl auch gesellschaftliche Ereignisse, die den herbstlichen und winterlichen Wochenenden vorbehalten bleiben. Dabei wird ein Revierteil von etwa 3000 Hektar einmal jährlich mit einem großangelegten Treiben bejagt. Dazu braucht man dreißig bis vierzig Schützen und erwartet von diesen zwanzig bis vierzig Hirsche als Tagesstrecke, wohlgemerkt vom Spießer aufwärts.
Nur das ab und zu anzutreffende Inserat der Madrider Firma AGROFORESTA erwähnte die Monteria nicht. Der Erlebnisbericht eines Jägers aus diesem Revier lieferte plötzlich die entscheidende Schlüsselinformation. Das Revier gehörte Dr. Franz Liesau und war identisch mit jenem von v. Lettow-Vorbeck beschriebenen. Seit Jahren wurden dort die landesüblichen Treibjagden nicht mehr durchgeführt. Statt dessen war man dazu übergegangen, das Rotwild nach den Richtlinien deutscher Rotwildringe zu bejagen. Im Klartext hieß das nichts anderes als Hirschbrunft wie bei uns und vielleicht sogar wie auf dem Balkan.
Jetzt gab es kein Zögern mehr. Alles weitere war Routine. Der Prospekt und die Informationen präsentierten sich vielversprechend. Sprachschwierigkeiten gab es nicht, denn der Jagdherr und Eigentümer war Deutscher. Jagdfreund Hans K., selbst alter Rotwildjäger und mehrmals mit mir in Jugoslawien dabei, entschloß sich spontan, eine Hirschbrunft in Spanien mitzuerleben. Dazu gesellte sich ein deutscher Jäger, Günter B. aus Barcelona. Drei waren genug. Zugesichert war Abholung vom Flughafen Madrid und direkte Fahrt ins Revier. Fünf Jagdtage, vom 22. bis 27. September, inklusive An- und Abreise, waren in der Brunft vorgesehen. Der Brunftbetrieb in den blauen Bergen von Toledo erweckte wahrhaftig unsere Neugier, und tatsächlich sollten wir eine grandiose und vielfältige Überraschung erleben.
Endlich war es soweit! Die Lufthansa-Maschine hatte pünktlich kurz nach 9.30 Uhr vom Frankfurter Flughafen abgehoben. Über den Wolken konnten wir uns runde zweieinhalb Stunden etwas auf das einstimmen, was uns in Neukastilien, circa 150 Kilometer südwestlich von Madrid, erwarten mochte. Nach der Landung standen

uns noch zwei bis drei Stunden Autofahrt bevor, und abends sollte es bereits hinaus ins Revier gehen.
„Na, an was denkst du?“ ermunterte mich Hans K.
„Merkwürdig, im Augenblick bin ich mit meinen Gedanken noch gar nicht in Spanien. Die sind auf dem Balkan, verweilen gerade an der Drau“, war meine Antwort, und ich fuhr fort: „Dort hatte man uns in zwei Tagen zwei Hirsche garantiert, und man hatte gewußt, warum man das konnte. Hier garantiert man ebenfalls. Einschließlich An- und Abflugtag sind nur fünf Tage festgesetzt. Dazu ein deutscher Berufsjäger im Revier. Der Jagdherr in Spanien muß sich ganz offensichtlich seiner Sache genauso sicher sein. – Ja, und das weckt halt Assoziationen.“
Hans K. nickte: „Hauptsache, sie jagen in der Brunft, wie wir es gewohnt sind. Bis du mit deiner Spanienidee kamst, hatte ich von den großen Cerviden Spaniens kaum etwas gehört, wenn man von den Monterias einmal absieht. Die Monterias scheinen mir eher ein in Spanien bis in unsere Tage überkommener und gepflegter Brauch der hochadeligen französischen Parforcejagden aus der Feudalzeit zu sein. Hundemeute hier, Hundemeute dort. Da kommt das Wild, wie bei allen Drückjagden, entweder sehr bald ganz weit voraus und versucht, sich davonzustehlen. Oder es erscheint kurz vor der Treiberei, dann allerdings in voller Flucht. Na, in Spanien halten sich die Bräuche viel länger als bei uns. Es gibt einige, die sagen, der spanische Stierkampf ist nichts anderes als eine in unsere Gegenwart hineinreichende Modifikation der altrömischen Gladiatorenspiele. Solche Spiele haben die Römer in den Arenen ihrer Provinzen ebenfalls abgehalten.“
Hans K. unterbrach einen Moment, fuhr schließlich nachdenklich fort: „Mag es Gewohnheit sein, jedenfalls ziehe ich eine Hirschbrunft, so wie ich sie kenne, einer Hochwildtreibjagd vor.“
Die Unterhaltung versickerte. Unter uns lag das großartige Alpenpanorama, etwas später die Pyrenäen. Dazwischen die üblichen Bordablenkungen durch Service und Drinks. Die Maschine setzte zum Landeanflug auf Madrid an – da wandte ich mich Hans K. nochmals zu: „Übrigens, das Revier El Sauceral hat auch Sauen. Ein richtiger alter Basse ist mir mindestens soviel wert wie ein Hirsch.“ Hans K. lachte verständnisvoll. „Ja, wenn man einen

Erntekeiler vor sich hat, dann ist das eine Sternstunde. Da muß man zulangen, denn man sieht ihn niemals wieder. Bei mir hat jedes hauende Schwein sogar Vorrang vor dem Hirsch."
„Guten Tag. Ich bin der Jäger von AGROFORESTA, Theo M.", wurden wir gleich hinter der Paßkontrolle des Aeropuerto Madrid angesprochen. Er hatte uns in der Gesellschaft der Flugreisenden an unserer Jagdkluft von weitem erkannt. Sofort nahm er die Erledigung der Formalitäten in die Hand und wickelte diese derart rasch ab, daß wir keine halbe Stunde später bereits im Auto unterwegs waren, Madrid zu verlassen.
Die Altstadt mit ihren engen, malerischen Straßen blieb uns unsichtbar. Auf dem Stadtautobahnring, der hin und wieder einen Blick auf die großzügig angelegten Boulevards zuließ, ging es rasch hinaus in Richtung Süden und Toledo. Jede Metropole eines Landes hat ihr Einzugsgebiet und ihren charakteristischen Ausstrahlungsbereich. Es dauerte eine Weile, bis wir auf der Autobahn nach Toledo diesen Dunstkreis verlassen hatten.
Natürlich bedurfte es nicht vieler auffordernder Fragen, und Theo M. erzählte. Durch seine Schilderung wurde die Autofahrt zu einer Einführung in Land und Menschen und gleichzeitig zur Vorbereitung auf das Jagdrevier. „Hier im Süden von Madrid erstreckt sich die große Ebene, es ist eine Hochebene. Dieses gewaltige Plateau liegt durchschnittlich 900 Meter über dem Meer und überzieht ganz Zentralspanien. Lediglich ein paar kleine Gebirgsketten durchbrechen im südlichen Teil die Meseta. Man nennt sie die Berge von Toledo. Genau dort liegt unser Revier. Die Gegend heißt die Mancha. Sie ist aus zwei Gründen berühmt: Einmal ist sie die Heimat Don Quichottes, und zum anderen ist sie eine der typischsten Landschaften der Halbinsel. Nun, für sie ist das jetzt noch nicht so richtig erkennbar. Madrid und auch Toledo, der kirchliche Hauptsitz des Landes, werden vom jährlichen Touristenstrom stark bespült, und das verwischt die ersten Eindrücke. Wenn wir erst einmal Toledo hinter uns haben, geht es ja auf den üblichen Landstraßen weiter, und dann bietet sich das Land unverfälscht. Die Gegend wird monoton. Ihre Bodenwellen sind so unbedeutend, daß man sie kaum beachtet. Sie ist derart eben, daß mitunter die Flüsse ihren Lauf talabwärts nicht so recht finden können. Sie verlieren

sich dann lange Strecken hindurch im Kalkgestein. Im Winter fegen Winde mit unerhörter Heftigkeit über das flache Land. Nicht umsonst waren die Windmühlen der Mancha früher geradezu das Charakteristikum Zentralspaniens. Im Sommer ist es ein 'brennendes Land', fast ohne Baum und ohne Niederschläge."
„Und das trotz des Tajo-Flusses?" fragte ich.
„Wir haben neben dem Tajo, der nach Westen fließt, noch den Guadiana, der seine Richtung nach Osten nimmt. Die beiden großen Becken werden durch die Berge von Toledo getrennt. Doch man darf sich hier keine falschen Vorstellungen machen. Die Flüsse und Flußläufe haben keine großen Auswirkungen auf ihre Ufergebiete. Ja gewiß, in der Nähe des Tajo, in der Nähe Toledos finden sich lebendige, farbenfrohe Flecken. Allein das besagt wenig. Soweit es überhaupt Wasserläufe gibt, schneiden sie sich in die große Fläche hinein. Keinerlei Baumbestand stört sie daran. Der Boden besteht aus Mörtel und roten Argilitflächen, Kalk und örtliche Salzbildung geben einigen Stellen einen absolut wüstenhaften Charakter. Sie werden sehen, selbst in unserem Revier in den Bergen von Toledo und im Vorfeld davon bleibt dieser Eindruck bestehen. Dort erreicht das Gelände zwar eine Höhe bis zu 1000 Meter über dem Meer, und es ist auf den Kuppen meist mit Buschwald bewachsen. Doch die Talformationen sind weit und sanft geschwungen und erinnern mehr an Nordafrika als an Mitteleuropa."
Toledo einmal anders! Nicht als Tourist, der eintaucht in den geschichtsbeladenen Ort, auf den Spuren von El Greco oder der Macht der Kirche. Nein, Toledo, diese uralte Königs- und Bischofsstadt, von der Umgehungsstraße aus entlang der Silhouette des einstigen Machtzentrums in der Begegnung mit dem Alltag von heute: Der Lärm, Rauch und Staub des Verkehrs drängt sich beinahe gewalttätig in die abschweifenden Gedanken, und die Sonne sticht hinein in diesen Kessel menschlicher Aktivitäten.
Hinter Toledo wird die Natur einsamer und härter. „Von was leben die Menschen, wenn das Wasser so knapp ist", fragte ich mich zuerst im stillen und schließlich laut. Der Landstrich, den wir durchfuhren, hatte Steppencharakter, und die Marktflecken waren weit voneinander entfernt. „Nun, natürlich bemühen sich die Menschen, aus ihrem Boden herauszuholen, was herauszuholen ist.

Das ist Viehweide, Getreide, vor allem Weizen, Oliven und Wein. Es ist wirklich nicht einfach. Der Fluß Zaniara beispielsweise ist ein Nebenfluß des Guadiana und ist in der Geschichte schon einmal für vierzig Jahre völlig versiegt gewesen. So etwas spricht für sich selbst. Wenn der Mitteleuropäer als Tourist sich mal hierher verirrt, nimmt er das kaum wahr. Die schwierige Zeit der Mancha ist der Sommer, von Juli bis September. Die Last des Landes ist ihre Trockenheit. Erst mit dem Herbstregen setzt wieder neues Leben ein." „Die strahlende Sonne täuscht also", meinte ich. „Dabei suggeriert der blaue Himmel uns, die wir aus der Wetterecke Europas kommen, die pure Lebensfreude."

„Von der Eintönigkeit der Landschaft her kann man verstehen, weshalb Cervantes seinen Ritter von der traurigen Gestalt in diese Gegend versetzt hat. Da ist die Natur von Hause aus dazu prädestiniert, den Dünkel des Möchtegernadligen ins Lächerliche zu ziehen. Vereinzelte Windmühlen verknüpfen die Gegenwart mit der Vergangenheit."

Hans K. schaltete sich ein und fragte: „Wie lange sind sie schon hier tätig?" – „Einige Jahre. Als Berufsjäger mußte ich mitten hinein in das Land, dorthin, wo das Wild ist und wo gemeinhin wenig Menschen sind. Man muß sich verständigen können, und dazu muß man die Sprache lernen. Ich habe viel davon im täglichen Umgang mit den Jägern unseres Reviers gelernt. Einmal so weit, interessiert man sich natürlich auch mehr für das Land, in dem man arbeitet und mit dem man vertraut werden will."

Theo M. setzte nach kurzer Pause seine Einführung fort: „Spanien kann man nicht auf die schnelle beurteilen. Dazu hat es zu viele Gesichter. Immerhin läßt sich die Gegend, in der man lebt, verstehen lernen. Vieles von dem, was Außenstehenden fremd erscheint, wurzelt ganz einfach in den Bedingungen, welche die Natur dem Menschen hier bietet. Weite Teile der Mancha sind wegen der großen Trockenheit fast unkultivierbar. Ab und zu bietet sich Weideland für Schafe an. Die weitgehend felsige Natur des Landes eignet sich nicht gut zum Ackerbau. Natürlich, wo Schafe weiden, finden auch Ziegen ihre Nahrung. Wo Ziegen sind, gibt es kein Rotwild. Die jahrhundertealte Erfahrung aus Südosteuropa, wonach Ziegen und Rotwild sich nicht vertragen, ja die Ziege in ihrem Nahrungswettbewerb das Rotwild verdrängt, gilt in Spanien genauso. Damit sind wir bereits bei einem wichtigen Punkt. Wer das alteingesessene Rotwild in Spanien erhalten will, muß nämlich zuallererst dafür sorgen, die Ziegen fernzuhalten, selbstredend die Schafe ebenso. Wir kommen jetzt unserem Ziel zunehmend näher, die fernen Bergkämme treten nun näher heran und sind grün. Lassen sie sich davon nicht täuschen. Diese buschreichen Höhenlagen sind menschenleer. Es wächst dort vor allem das Staudengewächs Spaniens, die Jara, sowie verschiedene Arten von Heidekraut, Kork-, Stein- und in tiefen Lagen Stieleichen. So etwas eignet sich lediglich für die Weide von Schafen und Ziegen und für Bienenschwärme. Freilich, wenn die Erde den Mann nicht ernährt, kann man natürlich noch in der Erde suchen, in Bergwerken. Die Menschen hier tun das seit über 2000 Jahren. Keine 100 Kilometer südlich unseres Reviers bei Almaden liegen die reichsten Quecksilberbergwerke Europas."

Die Orte, welche wir passierten, machten wahrhaftig keinen reichen Eindruck, und selbst die Neubauten mit ihren Anklängen an maurische Stilelemente änderten nichts an dem verstaubt müden, wenig einladenden Bild. Ohne Zweifel, die Natur war hier rauh; bar jener Üppigkeit, die Menschen aufleben läßt.

Theo M. vertiefte noch ein wenig seinen Exkurs über Land und Leute. „Tatsache ist außerdem, daß die Bauern Spaniens kein besonderes Verhältnis zu dem Boden haben, dem sie ihren Lebensunterhalt abringen. Alle Ernten sind ungewiß. Sie nehmen es in Kauf, schicksalsergeben und stets in Unsicherheit. Für die Landbevölkerung ist die Differenz zwischen einer guten und einer schlechten Ernte oft gleichbedeutend mit einem knappen Auskommen einerseits und einer ernsten Not andererseits. Der Verdienst auf dem Lande reicht kaum für die fundamentalen Bedürfnisse aus. In der Industrie dagegen haben sich die Löhne deutlich gebessert. Kann man es daher den Spaniern übelnehmen, wenn das, wofür sie leben, kleiner ist als die iberische Halbinsel? Sie sind eher die Bewohner einer Region, genauer eigentlich einer Stadt oder eines Dorfes. Sie leben ihr Leben in den Pueblos, und viele von ihnen finden dort nach ihrer Meinung die Vollkommenheit. Doch lassen wir es damit fürs erste genug sein", beendete Theo M. das Thema.

Hans K. reagierte spontan erleichtert. Als Arzt ist er lebenslang mit den Menschen und ihren Malaisen vertraut. Jetzt, auf dem Jagdurlaub, interessierte ihn jedoch das Wild mehr als der Mensch. Er kam prompt zur Sache: „Wie groß ist das Revier, und was erwartet uns dort?"

„El Sauceral ist ungefähr vierzehn Kilometer lang und hat eine Breite, die zwischen zwei und vier Kilometern schwankt. Das sind rund 3000 Hektar. Berücksichtigt man die Bergflanken und Höhenunterschiede, kommt man wohl auf 4000 Hektar. Immerhin klettern die Berge bis zu 1000 Meter hinauf. Es gibt 150 Hektar Wildäcker. Davon werden jährlich etwa fünfundzwanzig Hektar neu bearbeitet, also alle sieben Jahre ist eine Wildäsungsfläche an der Reihe."

„Das ist wahrhaftig nicht wenig. Fünfundzwanzig Hektar ist bei uns schon ein schöner Bauernhof, und 150 Hektar für Wildäsungsflächen können sich sehen lassen. Dazu braucht man ja einen eigenen landwirtschaftlichen Maschinenpark", stellte Hans K. fest.

„Den haben wir auch", bestätigte Theo M., und er fuhr fort: „Es gibt im Revier keine konkurrierende Landwirtschaft. Wir betreiben hier Jagdwirtschaft und nichts als Jagdwirtschaft. Es ist überhaupt die einzige Art der Nutzung, die dieses Gebiet erlaubt. Deshalb haben wir auch ungefähr zwanzig Stück Rotwild je 100 Hektar, was für deutsche Verhältnisse im Rotwildbestand enorm hoch ist und selbst in Spitzenrevieren nicht die Norm darstellt. Wie gesagt, Störungen des Wildes durch Landwirtschaft gibt es nicht, ebensowenig etwa durch Holzhauer oder gar Wanderer. Wandern kann man in Spanien sowieso nicht. Das Revier ist seit über dreißig Jahren im Besitz des Jagdherrn, und seine jagdwirtschaftlichen Maßnahmen wie die forstbaulichen tragen inzwischen Früchte."

„Sie haben also circa 600 Stück Rotwild", stellte ich fest. „Wenn nach den Richtlinien deutscher Rotwildringe gejagt wird, wie hoch ist dann ihr jährlicher Abschuß?"

„Wir sollten 200 Stück erlegen. Obwohl es in Spanien Brauch ist, grundsätzlich nur Geweihträger zu strecken und das Kahlwild nicht anzutasten, wird bei uns ganz bewußt auch weibliches Wild zur Strecke gebracht."

„Und wieviel?"

„Das Abschußziel erreichen wir nicht. 120, 130, 140 Stück fallen. Schon das bedeutet in der Jagdsaison vier bis fünf Stück Wild pro Woche. Bei uns werden noch viele Hirsche alt genug, um an natürlicher Altersschwäche zu verenden."
Das klang phantastisch, war kaum glaubwürdig. Wir hatten uns inzwischen dem Jagdrevier genähert. Der Wagen bog von der Straße ab und näherte sich einem spanischen Landhaus, das sehr einladend wirkte: El Sauceral – hingeschmiegt am Fuße eines langgestreckten, bewaldeten Hügels.
Damit standen wir auch gleich vor unserer nächsten Überraschung. Das Haupthaus El Sauceral war als komfortabel bezeichnet worden, und dies war schlicht eine geradezu angelsächsische Untertreibung. In Wirklichkeit handelte es sich um ein hochherrschaftliches Jagdhaus. Es diente als Wochenendrefugium der Familie und konnte in seiner gelungenen, wohlüberlegten Kombination allen jagdlichen Interessen und großer gastlicher Geselligkeit gerecht werden. Der Bungalow als rechtwinklige Anlage besaß in seinem Winkel eine gut proportionierte Oktogonhalle, das Zentrum des Hauses. Das flache Dach wurde etwas überragt von einem runden Turmaufsatz, wie er an vielen ähnlichen Häusern Spaniens zu sehen ist und der ein bißchen an eine Windmühle erinnerte, der die Flügel genommen worden waren. Allein, es war ein reiner Zweckbau, nämlich der Wasserspeicher, der den wichtigsten Komfort des Landes, jederzeit und überall ausreichend Wasser zu haben, sicherte. Und neben dem Wasserturm hing ein weithin sichtbarer Hirsch als Wetterfahne.
Der Jagdherr wurde noch in geschäftlichen Dingen in Madrid festgehalten, hatte sich jedoch telefonisch mit seiner Familie für den anderen Tag angekündigt. Auch ohne ihn genügte ein Blick in die Kaminhalle, um uns ahnen zu lassen, wie gut wir es getroffen haben mußten. Der Hausherr mußte, neben allem anderen, auch ein globetrottender Nimrod sein. Allein über 200 Rotwildgeweihe, darunter zahlreiche Spitzentrophäen, waren zu besichtigen. Stoßzähne von Elefanten, mehrere Häupter von Büffeln, Wildtrophäen aus allen Kontinenten hingen an den Wänden, Balken und bis unter das Dach. Das verriet Jagderfahrung von Alaska, Afrika und Indien. Was wegen Überfüllung keinen gebührenden Platz mehr

fand, wie z. B. seine Ungarn-Hirsche, konnte man auf Photographien bestaunen.

Selbstverständlich kam das eigene Revier nicht zu kurz. Der Gang zum Gästezimmertrakt war eine Hirschgalerie für sich. Dazu hing ein Grundriß des Reviers an der Wand. Die Familie war offensichtlich an viele Gäste gewöhnt, und sie erleichterten ihnen das Zurechtfinden äußerst geschickt. Man konnte sich im Vorbeigehen orientieren.

Die Gästezimmer waren geräumig und in ihrer Funktionalität sowie Sauberkeit von internationalem Hotelniveau. Vor den Schlafzimmern und der großen gläsernen Verandatür breitete sich ein Wildacker aus, durchsetzt von einzelnstehenden Eichen, der schließlich in den Hangwald am Fuße des Hügels überging. Die Eichen darf man sich jedoch nicht so großwüchsig vorstellen, wie sie als Sinnbild knorriger Unverwüstlichkeit von unserer Heimat her vertraut sind. Es sind vielfach Steineichen, die nicht sehr hoch wachsen und oft mit ihren Stockausschlägen mehr an uralte, kräftige Fliederbüsche erinnern.

Am Ende des einen Bautraktes ragte ein Stahlmast in die Höhe, an den oben einen kräftige Lampe montiert war. Auf dem abgeernteten, dürren Wildacker davor lagen lose verteilt einige kleinere Bündel Preßheu. Mit beidem konnte ich nichts anfangen, und so fragte ich den Jäger: „Ist das eine Flutlichtanlage? Und was ist mit diesen Heuballen hier?“ Der Jäger lachte: „Ja, das ist eine Flutlichtanlage, und mit diesem Trockenheu füttern wir das Rotwild.“

Theo M. merkte, daß ich nicht schlauer geworden war, und klärte mich gutmütig lachend auf. „In Deutschland ist die Notzeit des Wildes der Winter, dann wird gefüttert. In Spanien ist das ganz anders. Die Notzeit des Wildes liegt hier in den Trockenmonaten des Sommers von Ende Juni bis September, und da wird hier etwas gefüttert. Sobald in der Mancha der Herbst kommt, wird nicht etwa ein bitterer Winter eingeleitet, sondern eher ein zweiter Frühling. Das ausgedörrte Land begrünt sich sofort beim ersten ausgiebigen Septemberregen. Von da ab findet das Wild wieder Grünäsung, wichtiger noch, die Eichelmast beginnt. Solange es jedoch trocken ist, ziehen sogar in der Brunft die Hirsche mit ihrem Rudel über diesen Kamm herunter. Sie kommen bis vor das Haus. Hirsche sind in

Spanien Tagwild, nicht Nachtwild. Sie sind ans helle Licht gewöhnt und scheuen kein Flutlicht. Sie können von ihrem Schlafzimmer oder von der Oktogonhalle aus den Brunftbetrieb im Flutlicht beobachten. Nicht selten kommt ein Rudel bis auf dreißig, vierzig Meter an das Gebäude heran. Längst hat sich das Rotwild daran gewöhnt, und sie wissen, es geschieht ihnen nichts. Das ist wie zu Hause mit dem Parkbock. Für unsere Gäste ist das eine Art Theaterstück der Natur, wie es so selbst alte Hirschjäger kaum je einmal gesehen haben."

Wir waren beeindruckt, und Hans K. meinte dazu trocken: „Na, da bin ich jetzt wirklich auf das Revier gespannt." Er, ein erfahrener Rotwildjäger, hatte derartiges noch nie gehört. Zur weiteren Unterhaltung blieb indes keine Zeit, denn der Jäger drängte zur Eile; wir wollten ja ins Revier hinaus. „Ist die Brunft schon im Gang?" begehrte Hans K. zu wissen.

„Ja, hier setzt die Brunft zwischen dem 15. und 20. September ein und zieht sich bis Mitte Oktober hin. Wie überall ist sie witterungsabhängig, und bestimmt wird sie von der Zahl des Kahlwildes. Unsere Abschußquote zu erfüllen, ist keineswegs leicht, und wie ich schon sagte, gar manches Stück Rotwild stirbt hier eines natürlichen Todes. Gelegentlich mag dabei das eine oder andere auch den Wölfen zum Opfer fallen, wenn die auf ihren Wanderungen durchstreifen."

Neugierige Unruhe trieb uns in den Landrover, und auf ging es zur ersten Erkundungsfahrt. Heiß war es, das Thermometer zeigte 28°C, und der Fahrtwind fächelte wie Föhnwind ums Gesicht. Stumm und konzentriert beobachtete jeder von uns die fremde, ungewohnte Landschaft – das Revier. Eine Menge neuer Eindrücke stürmten auf uns ein.

„Nun weiß ich also, wie hier ein komfortables Haupthaus aussieht. Da bin ich wirklich neugierig auf die gemütlichen Jagdhütten." Der Jäger sah herüber, lachte und schenkte sich die Antwort.

Kein Zweifel, überall war das Land ausgetrocknet. Die Wildäcker lagen unter eine Hitzeglocke da wie Erntestoppelfelder. Gewiß hatte sich das Wild seit uralten Zeiten an die klimatischen Bedingungen angepaßt, doch man konnte sich vorstellen, welch regelmäßiger Zug der Tiere zum Wasser und der Kühle sich täglich abspielen mußte.

Die Berge waren grün, aber das war nicht der Wald, den wir gewohnt waren. Der Bewuchs war eher niedrig, die Bäume strebten nicht himmelhoch. Größere Eichen standen locker verstreut und alleine in den Wildäckern und nur dort im Tal, wo das Bachbett länger feucht blieb. Spaniens immergrünes Strauchgewächs, die Zistusrose, dominierte überall. Große Felsbrocken waren davon umstellt, und oft bildeten Stockausschläge der Eichen buschartige Gruppen an den Hängen. Man sah Eukalyptusbäume und alle Arten der iberischen Eichen: Stiel-, Kork- und Steineiche. Aber die Waldbilder waren ungewohnt. Natürlich war die Heide allgegenwärtig. Das reichliche Vorkommen der anspruchslosen Pflanzen zeigte zur Genüge die Bodenverarmung an. Erikaheide, Lavendelheide, Glockenheide. Der Besenginster, welcher teilweise über zwei Meter hoch wurde, schloß sich in dichtem Gebüsch über der steinigen Erde. Dem Wild bot sich überall genügend Deckung, und ich begann zu ahnen, hier mußte man erst wieder einmal das Sehen lernen. Das Auge war nicht an diese Natur gewöhnt und deshalb nicht geübt, das Wild rasch von seiner Umgebung abzugrenzen. In Jugoslawien war es mir ähnlich ergangen.
Prompt bekam ich die Bestätigung. Der Jäger stoppte den Landrover, sah auf die gegenüberliegende Seite des in den Fels eingekerbten Bachbettes, nahm kurz das Glas ans Auge und stellte fest: „Dort drüben zieht ein Alttier mit einem Kalb."
Trotz exaktem Beschreiben fand ich sie erst, nachdem eine auffällige Bewegung mir die ziehenden Stücke verriet. Wir fuhren weiter. Der Weg folgte dem Talgrund auf halber Höhe. Die stellenweise klammähnliche Enge des Bacheinschnittes weitete sich zunehmend und öffnete sich schließlich breiten Talflächen. Ein Mönchsgeier zog über uns seine Kreise. Plötzlich segelte er neugierig heran, so als wollte er ganz genau wissen, wen dieses Mal der vertraute Jäger im Jagdwagen dabeihatte.
„Gibt es auch Adler?" fragte ich.
„Natürlich haben wir diese gierigen Vögel. In Felspartien fliegen sie selbst großes Wild an und versuchen, es mit Flügelschlägen zum Absturz zu bringen." – „Ja, in den Alpen wurde das in früheren Jahrhunderten ebenfalls beobachtet. Als es keine mehr gab, vergaß man das und hielt solche Berichte für Gerüchte; bis jüngst ein

Tierphotograph kam und aus den Pyrenäen einen Film dem Fernsehpublikum vorführte, der gerade diese Jagdmethode des Adlers auf Steinbockkälber eingefangen hatte."

Nun ging es hinunter ins Herzstück des Reviers zur Casa Forestal „Canto Menudo". Theo M. klärte uns auf: „Links, jenseits des Baches verläuft die Nordgrenze des Reviers. In diesen Wasserlauf münden alle Seitenbäche des Reviers. Fast alle sind jetzt nahezu ausgetocknet. Der stellenweise schluchtenartige Charakter des Hauptbaches hat kühle, mitunter unzugängliche Plätze zur Folge, in die sich das Wild gerne einstellt. Dort ist es dann unerreichbar. Für unsere Jagdgäste kann man es kaum oft genug sagen, unser spanisches Rotwild ist Sonne gewöhnt. Es liebt Wärme und die Sonne. Deswegen fehlt den Hirschen auch die typische Brunftmähne."

Immer mehr erinnerte mich an die Landschaft der Ilias. Es hatte natürlich nicht die einmalige Schönheit des Alpheios-Tales bei Olympia. Allein, wo der Bach geruhsam eingebettet war, zauberte er einen schattigen Hain hervor. Die Wildäcker lagen wie großflächige braune, brandige Wunden in der Landschaft und zeigten wenige Hundert Meter abseits des Hainstreifens ein Land, das hart und borkig-rissig war wie die Rinde der Korkeichen. Von weitem, über die Täler hinweg, schien das Gelände mit Wegen gut erschlossen zu sein. Kam man näher, entpuppte sich das als eine optische Täuschung. Das brüchige Gestein hatte fast an jedem Hang Geröllstreifen gebildet, die dem Auge von fern kleine Straßenstücke suggerierten. In Wirklichkeit waren dies Schottermoränen und ideale Plätze für Kreuzottern. Diese Halden, ähnlich den Abraummuren in Steinbrüchen, gehörten zu den Bergen.

„Canto Menudo, was heißt das eigentlich?", wollte ich wissen.

„Kleine Steine", war die Antwort, und Theo M. fuhr fort: „Dort ist der Sitz eines unserer Guardias, eines Revierjägers. Er lebt in der Weltabgeschiedenheit seiner Einöde, über vierzehn Kilometer entfernt von der nächsten menschlichen Behausung, mit Frau und Kindern. Ein Mann, der die Sehschärfe eines Vogels hat, sofern man das von einem Menschen überhaupt behaupten kann. Er wird Hans K. heute begleiten."

Hans K. fühlte sich angesprochen und wollte wissen: „Wann beginnen die Hirsche hier zu melden am Abend?"

Der Jäger drosselte die Fahrt, ließ den Wagen langsamer rollen, sah auf die Uhr und sagte: „Jetzt ist es 17.00 Uhr. Da setzt es schon manchmal ein. Meist kommt es erst zwischen 18.00 und 19.00 Uhr voll in Gang. Wir haben jetzt Halbmond. Da bleibt es bis 21.00 Uhr hell, und wir haben gutes Schußlicht."
Prompt kam zur Bestätigung das erste „Ouaar-Ouaar-Ouaar" von der Flanke eines Hügels herunter. Das beeindruckte und war vielversprechend. Für diesen Abendansitz war ich fest entschlossen, erst einmal nur zu beobachten. Die alte Regel, am ersten Tag in einem fremden Revier den Finger gerade zu lassen, widerspricht allerdings dem Gebot der Wildnis, jede sich bietende Chance zu nutzen. Doch kommt wirklich gleich ein Hirsch, der auf Anhieb die innere Stimme weckt: „Der ist es und sonst keiner", tritt eben der Ausnahmefall ein. Kritisch wird es nur, wenn man sich bei begrenzter Zahl der Jagdtage auf einen bestimmten Hirsch kapriziert.
Mir gefiel unser Jäger gut; ein freies, offenes Lachen nahm für ihn ein, und was er sagte, hatte Hand und Fuß, war wohl überlegt. Bei aller Jugend war er als Berufsjäger ein Fachmann, der sein Handwerk verstand. Er kam aus der Eifel und ging nach Spanien, gewiß kein alltäglicher Entschluß. Der bayrische Gebirgsschweißhund, den er führte, war sichtlich ausgezeichnet abgerichtet. Herr und Hund mußten Erfahrung haben, schließlich gibt es nicht viele Plätze in Europa, wo alljährlich weit über 100 Stück Rotwild in einem Revier zur Strecke zu bringen sind. Die Gastjäger dieses Reviers konnten zu dem Abschußziel sowieso nicht viel beitragen.
Nun, ich freute mich auf den Abendansitz aber noch aus einem anderen Grund. Wie überall im Leben versucht man auch bei der Gastjägerei, zuerst den allerbesten Eindruck zu machen. Wir konnten deshalb davon ausgehen, an den besten Plätzen des Reviers uns mit dem Rotwild vertraut machen zu können. Inzwischen näherten wir uns einem Talkessel, der sich wie eine weite, flachgewölbte Schale bis an die Hänge hin zog. Alles wirkte, als hätte man weite Aussicht und Einsicht. Allein, das täuschte, denn das vorherrschende Staudengewächs bot hervorragende Deckung, und das wurde uns auch gleich demonstriert. Ein Leittier mit drei Stücken wechselte über die Schotterstraße, dem Talgrund entgegen. Wenig später folgte der Hirsch mit einem imponierenden Geweih auf dem

Haupt. Von seiner Brunftmähne war nichts zu sehen, und sein Vorschlag sah so ganz anders aus als sonst.
„Na, ja. Das Leittier muß den Hirsch ins Tal bringen. Sie sehen es selber." Theo M. erläuterte weiter: „Der Typus des hiesigen Hirsches kann sich natürlich nicht mit den Hirschen Ungarns oder des Balkans messen. Er ist leichter im Körperbau. Er erinnert eher an Gebirgshirsche in Österreich. Auch sein Geweih ist spezifisch leichter, aber mit großer Endenfreudigkeit.
Zudem weist es häufig eine charakteristische Sonderbildung auf, und zwar eine nach innen gerichtete Abwinklung im Kronenbereich. Diese Abwinklung ist ein rasseentscheidendes Merkmal des hiesigen Hirsches; Untersuchungen sagen sogar aus, daß es sich um Nachkommen eines Urhirsches handeln kann, der in der vorletzten Zwischeneiszeit auch in Deutschland vorkam, wie Funde in Steinheim an der Murr belegen. Die Trockenperiode des Landes ist im Grunde die Notzeit des Hirsches. In der Vortrockenperiode aber schiebt der Hirsch zumindest noch die Krone, circa einen Monat davor setzt das Alttier sein Kalb. Man fragt sich wirklich, woher nimmt das Rotwild eigentlich die Kraft dazu? Nach meinen Beobachtungen glaube ich, daß das Geheimnis in der Eichelmast liegt und in der allgegenwärtigen Heide."
In einer scharfen Rechtskurve bog die Straße aus dem Talgrund ab, und erneut verwandelte sich das Waldbild. Plötzlich gab es Koniferen. Eine niedrige, hübsch anzusehende Zypressenreihe bildete das Straßenspalier, und dahinter wuchs junger Pinienwald. Eine Rohrleitung am Wegesrand begleitete die Straße, bis wir vor „Canto Menudo" hielten. Offensichtlich hatte der Jagdherr mit dieser Koniferenkultur seinem Jagdhaus bewußt ein Stück mitteleuropäischer Erinnerung zugedacht.
„Sollen wir in dieser Hirschkammer etwa jetzt unsere Probeschüsse abgeben?" fragte zweifelnd Hans. K.
Der Jäger schüttelte den Kopf und lachte herzlich. „Nein, natürlich nicht, und ich denke, wir können darauf verzichten. Kein gestandener Jäger macht eine Flugreise zur Hirschbrunft, ohne sich vorher seiner Büchse zu versichern." Nach einer kleinen Pause fügte er noch an: „Eine spezielle Hirsch- oder Wildkammer, wie wir zu Hause besonders gute Einstände bezeichnen, haben wir hier im Grunde nicht. Wenn man so will, ist es das ganze Revier."

Der Empfang war, wie überall, wo Menschen lange in ihrer Einsamkeit sind, besonders herzlich. Der Guarda kam, seine Frau und die Kinder, der Hund bellte, und selbst die Hausziegen meckerten. Ein ungleiches, sichtlich vitales Paar stand vor uns. Er schlank, beinahe dürr, drahtig, hellwach; sie eine Matrone, die in ihrer Wucht wenig von Furcht erkennen ließ. Wir nahmen uns Zeit zum obligaten Begrüßungstrunk mit Landwein.
Dann aber ging es hinaus in den herrlichen Abend zu Pirsch und Ansitz. Die Ansitzjagd wurde bevorzugt, obwohl genügend Steige angelegt waren, die das Pirschen durchaus zuließen. Die Unkenntnis des Reviers ließ die Einzeljagd für den Gastjäger nicht zu. Abgesehen davon war man mit dem Jagdführer hinter den guten Schirmen beim Ansitz besser aufgehoben. Theo M. plazierte mich keine 300 Meter hinter der Jagdhütte an einen Wildacker. Dieser schmiegte sich seitlich günstig in die bewaldeten Hangausläufer ein, und mir schien, als wollte er durch seine Lage schon das Wild auffordern, hier herauszutreten. Kaum hatten wir es uns hinter dem Schirm bequem gemacht, begrüßte uns eine mächtige Stimme mit einem orgelnden Ruf aus dem unteren Hang. 18.00 Uhr zeigte meine Uhr. Vorsichtig wandte ich mich dem Jäger zu: „Wie lange schreien die Hirsche?“
„In der Hauptbrunft die ganze Nacht hindurch. Das geht bis 11.00 Uhr in den Vormittag hinein. Sie machen nur wenig Pause.“
Ab und zu wechselten wir ein paar leise Worte, und der Jäger meinte: „Die Hirsche sind nicht empfindlich in ihrem Brunftbetrieb. Selbst die Alttiere sind wenig beunruhigt. Wenn sie allerdings mahnen, folgen die Hirsche gleich. Das Anschreien mit dem Hirschruf hilft dann meist auch nicht mehr. Überhaupt, das Anrufen hat hier nur manchmal Erfolg. In diesem Konzert sind es einfach zu viele Stimmen, die sich melden.“
Seitdem der starke Hirsch rief, meldeten sich vereinzelt andere Stimmen, allerdings deutlich weiter weg. Die Szene begann sich zu beleben. Entgegen den Gewohnheiten daheim wechselte plötzlich ein starker Frischling mitten im Sonnenlicht auf die freie Fläche des Wildackers. Es war ein munteres Kerlchen, das sich ungeniert bewegte. Wo einer ist, sind gewöhnlich mehrere. Richtig, da war die Bache. Sie wühlte außerhalb des Feldes im Wurzelwerk einer Eiche

herum und hatte einen weiteren Frischling bei sich. Sie verschwand kurz, ein wenig später tauchte sie mit großem Anhang bei dem ersten Frischling auf. Die Schwarzkittel ließen es sich gut gehen. Ich genoß den Anblick, schließlich kann man in freier Wildbahn bei vollem Tageslicht nur selten Sauen studieren. Nach einiger Zeit wollte ich meine Frage nicht länger zurückhalten: „Welche Chancen bestehen auf einen starken Keiler?"

„Wir sind ein bißchen vom Zufall abhängig. Manchmal sind in diesem Revier so viele Sauen, daß die Natur das alleine reguliert. Vor fünf Jahren gab es hier eine Schweinepest, die das Schwarzwild ordentlich dezimierte."

Der Jäger sah auf den anderen Ackerrand und sagte nur: „Da kommt der erste." Ein junger Spießer war bereits aus der Heide herausgetreten und verhoffte etwas unschlüssig am Rand. Er war vielleicht vom zweiten Kopf. Das Schwarzwild störte ihn nicht im geringsten, denn er zog zielstrebig auf das herumliegende Preßheu zu. Keine zehn Minuten später hörte ich: „Da kommt der nächste", und wahrhaftig, auf derselben Stelle stand der nächste Spießerhirsch; bereits kräftiger gebaut, mit höheren Stangen. Dort mußte ein Wechsel vom Berg herunterführen. Der Hirsch hielt sich kaum auf, sondern gesellte sich zu dem anderen.

Nun meldeten die Hirsche lebhafter im Rund. Fleißig suchte ich mit dem Glas die Gegend ab. Links, hinter uns, auf einem anderen Wildacker, stand ein Alttier mit zwei weiteren Stücken und gab sich ziemlich unbeteiligt an dem ganzen Geschehen. Theo M. sah hinüber und befand: „Die sind noch nicht brunftig. Keines von ihnen hat den Wedel hochgestellt." Ich wendete mich wieder unserem Wildacker zu und war verblüfft. Dort am Wechselaustritt stand mittlerweile der dritte Hirsch; ebenfalls ein Spießer und wieder stärker als die beiden vorangegangenen. Nachdem er kurz beobachtet hatte, folgte er den anderen ziemlich unbekümmert nach. Ihr Hang zur Geselligkeit hatte schon fast etwas Menschliches an sich. Und nicht nur das. Auch hier mußten die Schwächsten zuerst hinaus in die Gefahr.

Auf dem Brachacker tummelten sich mittlerweile drei Spießer und eine Bache mit zwei Frischlingen. Der vorwitzige Frischling näherte sich verspielt sorglos dem schwächsten Spießer. Die Sauen und

Hirsche vertrugen sich miteinander. Die aufmerksame Bache ließ jedenfalls ihren Frischlingen freien Lauf.
Versunken in das immer stärker werdende Brunftkonzert hatte meine Aufmerksamkeit etwas nachgelassen, bis mich ein kleiner Stups ermunterte. Drüben am Wechsel stand der vierte und stärkste Spießer. Theo M. meinte: „Das ist ja heute eine reine Spießerversammlung."
Ab und zu meldete sich die starke Stimme, und man konnte erkennen, daß sich der Hirsch bewegte: indes, näher kam er nicht.
Es war ohne Zweifel ein ungewöhnlicher Jagdabend als Auftakt. Wir saßen im kurzärmeligen Hemd als einziger Oberbekleidung im Schirm. Vor uns junge Hirsche und eine führende Bache friedlich vereint, und im Bestand meldeten die Hirsche rundherum. Die Szenerie wechselte oft.
Nun muß man nicht unbedingt die Hirschbrunft zur Krönung seines persönlichen Waiwerks machen. Schließlich ist sie, so wie die Dinge nun mal liegen, keineswegs eine Selbstverständlichkeit des normalen Jägerlebens. Wenn sich allerdings eine Möglichkeit dazu öffnet, kann man sich begeistern lassen, unabhängig vom Jagen selbst, von einer Dramatik und einem Naturerlebnis in einem Maße, wie es sonst nirgends die Natur in Europa bietet. Einmal davon fasziniert, zählt man gelegentlich schon mal, wieviel Lebensjahre bleiben könnten für wieviel Hirschbrunften.
Außer im Auwald der Drau war mir noch keine vergleichbare Intensität der Hirsche begegnet.
Die Bache warf auf. Ein kurzes, kräftiges „Ouaar" des Starken kündigte sein Näherkommen an. Im Nu versammelte sie ihre beiden Frösche und verschwand von der Bildfläche.
Jäger, welche ihre Beobachtungen in Revieren mit Sauen und Hirschen als Standwild machten konnten, haben wohl richtig beobachtet, wenn sie die Auffassung vertraten, daß im Normalfall sich beide Wildarten vertragen. Rehwild dagegen meidet Revierteile, die von Sauen regelmäßig aufgesucht werden, und mit Rotwild als Standwild kommt es gleichfalls nicht recht aus. Erst wenn das Gleichgewicht zwischen Hirschen und Sauen durch das Auftreten einzelner überlegener Stücke erschüttert wird, räumt die schwächere Partie freiwillig den Platz. Seine Ankündigung genügte be-

reits, denn an diesem Abend tat uns der Alte vom Hang nicht mehr den Gefallen, bei Licht auf den Acker auszutreten.
Im Mondlicht machten wir uns auf den Heimweg, durchaus zufrieden und erfüllt von den Eindrücken des ersten Tages. Es war kein Schuß gefallen, und an der Jagdhütte wartete Hans K. bereits auf uns: „Nun, wie war es?" fragte ich ihn.
„Elf schreiende Hirsche zählte ich, und dann habe ich aufgegeben zu zählen. Wild ist, wie angesagt, vorhanden. Bei uns war es mehr ein Pirschansitz oder, wenn du willst, eine Stehpirsch. Der Guarda kennt sein Revier. Leider bleibt die Verständigung auf das Notwendigste beschränkt. Na, wir werden es sehen."
Unterwegs nach El Sauceral wurde der dritte Gastjäger mit seinem Guarda aufgenommen. Er sprach Spanisch und hatte es leichter. Ihn hatte Theo M. bei der anderen Jagdhütte abgesetzt: im „Val de la Osa", dem „Tal der Bärin". Hingerissen berichtete er: „Ganz zum Schluß, kurz ehe die richtige Nacht da war und als längst mehrere Rudel auf dem Stoppelacker standen, wechselte ein guter Hirsch aus. Er hatte nur wenige Tiere bei sich. Sofort auffällig war mir, um wieviel er sich vorsichtiger verhielt als alle anderen. Ein Zeichen, daß er älter war. Im Glas war er nicht mehr richtig anzusprechen. Beidseitige Kronen hatte er, das wenigstens war noch auszumachen. Es könnte der Richtige sein für mich", meinte er.
Hans K. meinte dazu: „In der Brunft verhält sich ein Hirsch im allgemeinen nicht so vorsichtig, wenn er beim Rudel steht. In der Brunft müssen wir Jäger uns mit dem Leittier messen."
„Na ja, in den Unwägbarkeiten liegt eben der Reiz. Wir wissen nie, auf welche Erfahrung wir uns einstellen müssen."
Als wir das Haupthaus erreicht hatten, lag seine zum Wald hin offene Innenseite im hellen Flutlicht, und eine halbe Stunde später, kurz bevor wir uns in die Betten einschoben, äste friedlich ein kleines Rudel im Flutlicht, und der Hirsch war dabei; fünfzig Meter vor unseren Fenstern. Trotzdem hatte es die Müdigkeit leicht, uns rasch ins Reich der Träume zu schicken. Frühmorgens zu Hause gefrühstückt und abends die Brunftmelodie aus den blauen Bergen von Toledo als Schlaflied – das war genug.

Im Banne des Brunftkonzerts

Recht frühzeitig ging es am anderen Morgen hinaus auf die Morgenpirsch. Statt der eingefangenen Stille, wie sie gewöhnlich die Natur kurz vor dem Erwachen des Tages bereithält, begleitete uns bereits bei der Anfahrt ins Revier das Orgeln der röhrenden Hirsche. Nach den Eindrücken des Ankunftstages sollte dies nun der Tag der Orientierung, des Sehenlernens, des Schauens und der wählerischen Zurückhaltung sein.

Die Vorstellung allerdings, die Hirsche würden quasi auf dem Präsentierteller angeboten, geht freilich an der Wirklichkeit der Wildnis weit vorbei. Rotwild ist überall, wo es lebt, ein kluges Wild und vermeidet unnötige Risiken. Um es günstig zu beobachten, ja studieren zu können, muß man sich der Zwang- und Ausnahmesituation bedienen. Etwa die Begegnung auf der Pirsch, wenn die Hirsche in die Täler zum Schöpfen ziehen oder sobald sie in der Frühe wieder den Bergkuppen zustreben. Um ihren Wasserbedarf zu dekken, haben sie keine andere Wahl, denn eine morgentaufeuchte Äsung gibt es nicht. Die Hitzeglocke läßt selbst im September keinen Morgentau zu. Oder auch, wenn die Hirsche unter der Peitsche der Hormone in der Brunft vorübergehend ihre Gewohnheiten ablegen und der griesgrämige Alte genauso wie der unruhige Junge wagt, was sie sonst klug vermeiden.

Wir hatten im „Canto Menudo“ auf mittlerer Hanghöhe einen Ansitz bezogen, der einen weiten Ausblick in das Rund gewährte. Die Hirsche meldeten unverdrossen weiter, und so konnte ich mich darin üben, sie einzeln durch Lokalisierung ihrer Stimmen in diesem Niederwald zu suchen. Dabei erhielt ich meine erste Lektion, denn es wurde schwieriger, als ich angenommen hatte. So sehr ich mich auch abmühtè, zunächst konnte ich rein gar nichts entdecken. Die Hirsche waren da, schrien, und ich sah sie nicht. Eine vertrackte Situation. Theo M., welcher natürlich längst etliche entdeckt hatte, fing an, mich einzuweisen. Selbst das war nicht ermutigend, denn trotz der Hilfe sah ich noch immer nichts. Erst wenn das Wild zog, fiel mir die Bewegung auf.

Als schließlich die Sonne voll über den Bergkämmen im Osten stand und den Talkessel strahlend ausleuchtete, hatte ich eine wich-

tige Lehrstunde hinter mich gebracht. Die kräftigen Stimmen, die starken Hirsche entfernten sich mehr und mehr hangaufwärts. Die Platzhirsche hielten offenbar die einzelnen Hügel besetzt wie unsere Raubritter mit ihren Burgen strategische Felsköpfe.
„Die 'Sultane' schätzen ihre kaum einnehmbaren Bergkuppen", meinte Theo M., „selbst in den Abendstunden dauert es manchmal lange, bis sie von dort ihre speziellen Taleinstände aufsuchen oder sich um die großen Wildäcker versammeln."
„Was heißt hier 'Sultane'?"
„Der Name ist ein Überbleibsel aus der Maurenzeit. Man wußte schon damals, daß der Platzhirsch ein Herrscher ist." Dabei suchte der Jäger mit dem Glas den gegenüberliegenden Hang ab und fuhr fort: „Da drüben aus dem Solanoza-Hang kommt gerade einer von den 'Sultanen'."
„Wo?"
„Er kommt schnurstracks auf dem Weg herunter, macht es sich bequem." Wenigstens hatte ich ihn jetzt gleich im Glase. Wahrhaftig, kein schwacher Hirsch! Gut aufgesetzt, endenfreudig, ein Bild der Kraft! Luftlinie vielleicht 500 Meter. Er blieb stehen, legte das Geweih auf den Rücken und schrie seinen Kampfruf in den Morgen. Nein, der wollte nicht zum Wasser, der war auf der Suche.
„Das wär' einer zum Schießen", meinte Theo M., und ich konnte nicht umhin, ihm zuzustimmen. „Er wird noch näher kommen. Möglicherweise werden wir ihn trotzdem angehen müssen. Warten wir etwas ab." Theo M. fuhr fort: „Diese 'Sultane' wissen sich zu helfen. Sobald die Eicheln reif sind, kann man sie beobachten, wie sie die freistehenden Steineichen schütteln." Theo M. sah mein verdutztes Gesicht und erläuterte etwas ausführlicher: „Die Eichen, vor allem auf den freien Flächen, werden hier nicht großwüchsig. Dazu fehlt ihnen einfach das nötige Wasser. Aber die iberischen Eichenarten haben eine Fruchtbarkeit und Lebenskraft, welche den meisten anderen Waldbäumen Europas weit überlegen ist. Bei uns zu Hause haben die Eichen durchschnittlich alle drei bis sieben Jahre ein Mastjahr. Hier ist das anders. Die Steineichen tragen bereits nach zehn bis zwölf Jahren und von da ab alljährlich Mast. Zudem haben sie eine Süßeichel, welche das Wild sehr schätzt. Von ein paar Eimern Süßeicheln, sagt man hier, kann man eine Sau ernäh-

ren. Und die 'Sultane' schätzen diese Mastbäume. Sie steigen einfach hoch und schlagen mit ihren Geweihen an die Äste. Dann prasselt es, und genügend Eicheln liegen für sie am Boden."
Inzwischen war der Hirsch, ab und zu meldend, unverdrossen nähergezogen. Mit meinem Glas, 8 x 56, ließ er sich gut ansprechen, und bald war ich mir schlüssig, daß dieser durchaus meiner Vorstellung für einen Schuß entsprach und ich meinen Vorsatz, am ersten Tag nicht zu schießen, wohl opfern würde. Allerdings war er noch viel zu weit. Es blieb nichts anderes übrig, als ihn anzugehen. In die Tiefe einer Bodenkerbe hinein konnten wir uns wegdrücken. So gut es in dieser Wildnis ging, suchten wir einen Weg hinab in die kegelförmige Mulde, auf deren tiefstem Punkt eine Quelle lag, welche noch nicht versickert war. Ganz lautlos ging das freilich nicht ab. Die Quelle im Grund schuf ein feuchtes Umfeld mit deutlich lebhaftem Pflanzenwuchs. Oberhalb des Kegelrandes war es allerdings gleich wieder dürr. Wir hatten es eilig. Einem ziehenden Hirsch nachzulaufen, ist sinnlos; ihm entgegenzugehen, riskant. Aber wir mußten es versuchen.
Dann wieder hangaufwärts, und nun war guter Rat teuer. Wo war der Hirsch? Wo werden wir auf ihn stoßen? Wer würde wen zuerst wahrnehmen? Mit einemmal hatten wir beide den Brunftgeruch in der Nase. War er bereits durchgewechselt, uns lediglich seine Duftspur hinterlassend? Da, eine Bewegung. Ein Blitzen der Kronenenden, und weg war der Hirsch, eingetaucht in das Dickicht des Quellenrundes. Vermutlich hatte er uns längst wahrgenommen, ehe wir auf seinen Brunftgeruch stießen.
Wir gaben auf. Für den Morgen reichte es. Obwohl es mittlerweile 10.00 Uhr geworden war, meldeten die Hirsche nach wie vor. Also zurück zu Casa Forestal, wo uns die Familie des einheimischen Jägers erwartete.
Da nichts mehr eilte, hatten wir nunmehr auch die Muße, uns mit der Jagdhütte und ihrer Umgebung etwas vertraut zu machen. Ja, was heißt hier Jagdhütte! Von Hütte konnte keine Rede sein. Das war ein solides Haus mit allem Drum und Dran, genauso wie die Einöds-Forsthäuser bei uns zu Hause. Wohn- und Gästetrakt waren durch eine Garage voneinander getrennt. Allerdings floß alles in dem Haziendastil ineinander über. Blühende Oleanderbüsche

verbargen die Ecken des Hauses und machten Winkel malerisch. Die freien Flächen vor dem Gebäude waren groß genug, um schattigen Parkplatz für die Landrovers und Anhänger im Schutze des jungen Pinienwaldes zu bieten. In einer Ecke drängten sich vier, fünf Hausziegen zusammen und meckerten.
Direkt neben dem Gästetrakt befand sich ein kleiner Gemüse- und Gewürzgarten, sorgfältig extra eingefriedet. Hier wurden Stangenbohnen gezogen, Kichererbsen, Zwiebeln, eben all jenes, was die Grundlage der spanischen Küche ist. Das spanische Essen ist ja normalerweise weder so abwechslungsreich, noch so fein zubereitet, wie man es von der französischen oder italienischen Küche kennt. Es ist dafür herzhafter und stets gehaltvoll.
Wir waren durstig geworden. Da man dort vom Wasser nichts hält, wurde der Durst mit einfachem Landwein gelöscht. Dazu ein Stück Brot, und Gaumen und Magen wurden zufrieden. Zwischen Theo M. und der Frau des Guarda hatte sich rasch ein heiteres Gespräch in Spanisch entwickelt, und es sah so aus, als ob Theo M. sie neckte. Jedenfalls war die Vollblutmatrone mit Lachen, Temperament und flinker Zunge am Werk. Theo M. unterrichtete uns, hier, an den Abenden, hätte er viel von seinem Spanisch bei ihr gelernt, und auch der Fernseher in der Wohnstube hätte einiges dazu beigetragen, denn natürlich gab es den hier ebenfalls. Schmunzelnd fügte er hinzu: „Sie hat zwar ein flottes Mundwerk und macht den Eindruck einer resoluten Frau des Hauses. Das aber täuscht! Ihr Mann, der zierliche, hagere Guarda, ist ihr absoluter Herr, und vor ihm hat sie einen riesigen Respekt. Im ländlichen Spanien herrschen darin wie eh und je völlig klare Verhältnisse.
Hans K. und ich ließen die beiden plaudern und umschlugen einmal das Haus. Überreste eines Zaunes trennten Haus- und Hofbereich nur äußerst unzulänglich von einem gleich dahinter sich ausbreitenden Wildacker. Zwischen ihm und der menschlichen Behausung lagen keine 100 Meter Abstand. Offenbar hatte sich das Rotwild an die Menschen und ihr Treiben längst gewöhnt. Die Geräusche aus der Casa Forestal hatten eben nichts gemein mit der anderswo üblichen zivilisatorischen Lärmberieselung. Das Wild schien hier nicht des Ausweichens in stille Winkel bedürftig zu sein. Das fiel richtig auf. Vielleicht war dies einer der Gründe, weshalb

das Rotwild sich derart ungeniert benahm. Diese Sachlage stand außer jeder Frage und konnte deutlich an der Auffahrtsallee zum Forsthaus abgelesen werden. Rechts und links waren die ersten zehn, zwanzig der Pinien von den Hirschen schlichtweg blankgefegt.
„Wir könnten gleich hier bleiben“, meinte Hans K.
„Nein, heute noch nicht. Es kommt ja der Jagdherr aus Madrid“, antwortete ich. „Aber morgen sollten wir das tun. Wozu erst die Fahrt durch das Revier machen? Zu trinken hat man, zu essen gibt es sicher etwas. Hühner sind ja da, und wo Hühner sind, gibt's Eier. Mitten im Revier sich des Nachts von der Brunftmelodie der Hirsche einschläfern zu lassen, das hat seinen Reiz!“
„Also, dann wollen wir uns mal den Gästetrakt anschauen“, meinte Hans K. Er wirkte sehr einladend. Eine hochgezogene Weinranke verdeckte die schattenspendende Loggia. Um es kurz zu machen, es war eine Edeljagdhütte mit enormem Komfort. Ein offener Kamin an der Längsseite der einen Wand bot zentral einen anheimelnden Platz. An einer Stirnseite stand ein antiker spanischer Eßtisch, der zehn Gäste aufnehmen konnte. Auf der anderen Schmalseite befand sich ein Erkervorbau mit einem behaglichen Platz für vier müde Jäger in bequemen Ledersesseln.
Die Schlafplätze waren vom Hauptraum etwas abgesetzt zurückverlegt, und als Nonplusultra stießen wir hier auf ein gekacheltes Bad inclusive Dusche und Wasserklosett. Wo in aller Welt findet man so etwas auf einer Jagdhütte! Allerdings schien es angebracht, sich vorher zu vergewissern, ob ausreichend Wasser jeweils gerade zur Verfügung stand. Eine solide, schön geschnitzte, alte Eichentür schloß die ganze Herrlichkeit ab. Unser Jäger weidete sich an unserer Überraschung und meinte trocken: „Diese Tür wurde aus einem verfallenen, alten Kloster, welches abgerissen wurde, erstanden, und auch der Tisch mit der Bestuhlung hat bereits einige Jahrhunderte hinter sich.“
Natürlich hingen Geweihe und Erinnerungen an Jagdsafaris, wie Bögen und Speere aus Afrika, an den Wänden, und Saudecken lagen auf dem Boden. Ich mochte mich nicht zurückhalten und fragte neugierig: „Sind die anderen Jagdhütten genauso ausgestattet?“
„Ja, alle.“

„Gemütlich hieß das im Prospekt", erinnerte ich mich und trat in den Erker, um hinauszusehen. Die Pinien rund ums Haus waren noch nicht alt, aber wenigstens schon so hoch, daß man unten zwischen den Stämmen wieder hindurchsehen konnte. Bevor man sie angepflanzt hatte, mußte man von diesem Erker aus einen phantastischen Blick in das Tal gehabt haben. Also die nächste Nacht würden wir hier bleiben, das war klar!
Die Sonne brannte bereits recht kräftig aus der wolkenlosen Bläue des Himmels herab, als wir gegen Mittag wieder mit unserem Jagdwagen in El Sauceral eintrafen. Jagdherr Dr. Franz Liesau war mit seiner Familie nun zum verlängerten Wochenende aus Madrid eingetroffen und begrüßte uns, auf der breiten Treppe uns entgegenkommend, recht herzlich: „Nun, wie waren ihre Eindrücke im Revier bis jetzt?"
„Überwältigend ist nicht übertrieben", antwortete ich freimütig. „Doch da sie in ihren eigenen Ankündigungen offensichtlich angelsächsische Understatement bevorzugen, sollte ich besser in ähnlichem Tone antworten. Allein, mir fällt das richtige Wort dazu nicht ein."
Franz L. lachte herzlich, und man spürte sogleich, er wußte ganz genau, welches Revier er seinen Jagdgästen bieten konnte. Die Hausherrin, welche sich rasch zu uns gesellte, nahm sofort ungezwungen und mit Charme dem offiziellen Kennenlernen jegliche steife Note. Von ihren Kindern hatte sie nur der älteste Sohn, Paco, herausbegleitet; ein junger Hüne von fünfundzwanzig Jahren, selbst Jäger und natülich zugleich Jagdführer für die Gäste. Wie wir erst später erfuhren, steckte er gerade in der Schlußphase seines Ingenieurstudiums an der Technischen Hochschule von Madrid.
Noch vor dem Mittagessen entwickelte sich in „Manitus Oktogon der Trophäen" ein hochinteressantes Gespräch über die Jagd in Spanien. Was lag schließlich näher, als in diesem Hause und mit dieser Familie von der Jagd zu reden, bis die Siesta begann. Und damit kam noch mehr Farbe in das Bild, das wir bisher schon gewonnen hatten.
Hans K. wollte wissen: „Sie halten hier keine Monterias ab und jagen nach den Richtlinien deutscher Rotwildringe? Das ist ungewöhnlich. Wie kommt das?"

„Nun, Monterias haben wir früher auch abgehalten. Das ist allerdings mehr als vierzehn Jahre her. Ich habe das aus wohl erwogenen Gründen aufgegeben. Seinerzeit habe ich mir das reiflich überlegt. Es hatte vor allen Dingen wirtschaftliche Gründe. Um das verständlich zu machen, muß ich ein bißchen ausholen. Als ich 1933 nach Spanien kam, sie müssen wissen, ich bin von Hause aus Biologe, landete ich noch vor dem Bürgerkrieg in Andalusien. Damals hatte ich mich auf eine Aufgabe eingelassen, die man heute als Entwicklungshilfe bezeichnet. Der Ratschlag kam aus der Verwandtschaft: 'Sieh dir erst einmal die Welt draußen an. Wenn du nach ein paar Jahren Auslandserfahrung zurückkehrst und Fremdsprachenkenntnisse hast, ist es keine Schwierigkeit, eine richtige Stellung zu finden.' In Wirklichkeit kam es natürlich ganz anders. Der Bürgerkrieg brach aus. Von einer Rückkehr konnte keine Rede sein, und 1939 schloß sich im September der Einmarsch von Hitler in Polen unmittelbar an. Wer da gerade fern der Heimat lebte, und von außen sah man mehr und wußte mehr, der hielt sich zurück. Natürlich wußte ich damals nicht, was ich heute weiß, daß dieses schöne Spanien mir zur bleibenden Heimat werden würde. Als Biologe, hineingeworfen in jene wirren Zeitläufe, lernte ich den unerbittlichen Zwang eines richtigen Wirtschaftens bald kennen. Seitdem beurteile ich die Ergiebigkeit eines Landstrichs nicht alleine unter herkömmlichen Blickwinkeln. Ja, und das führt mich wieder zurück zu den Monterias. Ich weiß nicht, ob sie eine ungefähre Vorstellung davon haben, was eine Monteria ist?"
„Das Wissen beschränkt sich auf das, was man davon lesen kann."
„In diesem Revier sind sie früher, wie anderswo, in der landesüblichen Form abgehalten worden, gewöhnlich einmal im Jahr. Schließlich ist die Monteria die klassische Art der Hochwildjagd in Spanien. Dazu muß man wissen, mit Monte wird in Spanien nicht nur ein Berg bezeichnet. Darunter versteht man ebenso alles nichtkultivierte, mit Bäumen, Gebüsch oder Gestrüpp bewachsene Land, das einer anderen Art der Bewirtschaftung, sei es durch Akkerbau, Viehweide oder Wald, nicht zugänglich ist. Spanien ist nämlich ein sehr felsiges Land, was trotz der Millionen von Touristen jedes Jahr nur die wenigsten von ihnen wirklich wahrnehmen. Es gibt waidgerechte Monterias und Schlachtfeste unter ihnen. Es

gibt die nichtkommerziellen und die kommerziellen. Das letztere hängt mit dem Jagdrecht zusammen. In Spanien ist es wie in Deutschland an den Bodenbesitz gebunden. Und hier gibt es gewaltige Gegensätze. Man kennt kleinste Parzellierung und große Latifundien. Wer Jagd hinzupachtet, sieht schärfer auf den Geldbeutel. Gleichwohl strahlen nicht wenige Monterias eine spürbare Wohlstandsatmosphäre bereits am Sammelplatz aus. Es ist stets eine größere Versammlung von Menschen und Hunden und natürlich ein gesellschaftliches Ereignis! Im Ablauf der Jagd ähneln sich alle Monterias. Ein Revierteil wird von Schützen umstellt und dann von Hundemeuten durchgetrieben."
„Also die Fortführung der französischen Parforcejagd", meinte Hans K. – „Ja, mit dem wichtigen Unterschied, daß nicht die Hunde das Wild zur Strecke bringen, sondern es die abgestellten Schützen tun sollten. Die Stände werden ausgelost. Im Durchschnitt finden sich dreißig bis vierzig Schützen ein, dazu 200 bis 300 Hunde, wobei die einzelnen Meuten in ihrer Kopfzahl zwischen zwanzig und dreißig schwanken. Diese Hunde bei uns in Spanien sind keineswegs nur herausgezüchtete Meutehunde. Im Gegenteil, es sind hochbeinige, nicht selten halbverhungerte Bastarde. Die Qualitäten sind wichtiger als der Stammbaum. Es handelt sich gewöhnlich um Such- und Hetzhunde. Wenn sie auf Rotwild und Sauen einmal von der Koppel gelassen sind, fällt ihnen manches andere außerdem zum Opfer, Rotwildkälber zum Beispiel. Nicht selten kann man beobachten, wie sie die bekanntlich wehrhaften Sauen lieber in Frieden lassen, wenn sie nicht darauf abgerichtet sind. Nun berücksichtigen sie bitte einmal, was sie selbst gewiß inzwischen beobachtet haben: Das Gelände trägt, wenn es bewachsen ist, nicht etwa den ihnen vertrauten lichten Hochwald. Es handelt sich um zwei bis drei Meter hohes, undurchdringliches Gestrüpp. Nochmals, Monte, das ist hier oft nur mannshohes Buschzeug, und durch das kommen einzig die Hunde durch. Die Schützen, welche angestellt werden, müssen sich mit den wenigen freien Flächen begnügen; freigeschlagene Schneisen, Kahlstellen oder Geröllhalden. Natürlich überfällt das Wild vor der Meute alle diese offenen Stellen in schneller Flucht. Vom richtigen Ansprechen eines Stükkes kann daher in aller Regel keine Rede sein. Die Jagdstrecke

sieht hinterher danach aus. Geschossen werden Hirsche, jedoch kein Kahlwild und Schwarzwild. Meist gibt es weder eine zahlenmäßige noch etwa eine altersbedingte Begrenzung, ferner sind Fuchs und Wolf frei. Man muß ein geübter und sicherer Kugelschütze auf flüchtiges Wild sein, und ich muß dies dazu sagen, dies sind allerdings die meisten Spanier. Zählt man die Schüsse und vergleicht die Zahl mit der erlegten Strecke, kommen, bei aller Schießkunst, oft acht bis zehn Schuß auf ein erlegtes Stück. Unter den speziellen Bedingungen der Monteria können angeschweißte Stücke erst nach Ende der Monteria nachgesucht werden. Das findet indes keineswegs obligatorisch statt, wie sie das zu Hause gewöhnt sind. Viele der Teilnehmer sind am Ende der Jagd zu müde, und nicht selten wird einfach auf die Nachsuche verzichtet. Gelegentlich erfolgt sie am anderen Tag, wenn die kreisenden Geier, die es ja in diesem Land in ausreichender Zahl gibt, es erleichtern."

„Ja, zu den Reizen der Jagd gehört es nicht bloß, andere Menschen und unbekannte Gegenden kennenzulernen, mit anderen Jagdarten und Bräuchen vertraut zu werden, gehört ebenfalls dazu", meinte nachdenklich Hans K.

„Bei diesen Monterias gehen oft auch Hunde verloren, besonders wenn sie ein Stück gestellt haben. Ja, manches Stück wird sogar zerfleischt – ganz wie es früher war. Im großen und ganzen erschüttert das niemand, allenfalls empfindet der Meutebesitzer den Verlust seiner Hunde. Es mag für ihre Ohren etwas überspitzt klingen, aber es ist zutreffend: Der Spanier ist im allgemeinen mehr Schütze als Jäger. Bei einer solchen Praxis des Jagdbetriebs hat ein Hirsch Glück, wenn es ihm gelingt, älter als vier Jahre zu werden. Zu allem Überfluß war es uralter Brauch, Kahlwild nicht zu schießen. Seit dem neuen Jagdgesetz von 1970, das endlich den Kahlwildabschuß reguliert, hat sich daran etwas geändert, und in unserem Revier machen wir davon durchaus Gebrauch. Für einen spanischen Latifundienbesitzer ist der Rotwildabschuß aus den Monterias eine Art Ernte. Was will und kann er aus einer 'Monte' schon verdienen? Hie und da Korkeichenverkauf, das ist geringfügig. Manchenorts mal Holzkohle, vielleicht alle sieben bis neun Jahre. Was bekommt man schon für Holzkohle? Ja, und dann eben zweimal im Jahr die Wildbretverkäufe aus der Jagd. Bedenkt man ferner, daß er als Jagdherr mindestens eine Hundekoppel unterhalten muß, was ja nicht umsonst ist, und er etwa zehn Hundemeuten für eine Monteria benötigt, die einzuladen sind oder in irgendeiner Weise mitvergütet werden müssen, so ist die Sache unterm Strich keineswegs billig. Wer wirtschaftlich zu rechnen versteht und auf die Kosten achten muß, wird häufig entdecken, daß so eine Jagdart in den roten Zahlen steckt. Mir jedenfalls erging es so."

„Für die Jagdwirtschaft ist die Monteria also keineswegs eine vernünftige Nutzungsart", konstatierte ich.

Franz L. machte eine Pause, ehe er fortfuhr: „Natürlich hat die Monteria auch Spielregeln. Eine davon ist die Einweihung des Neulings und wehe dem, der da nicht mittun will. Entziehen kann er sich ihr nicht, er kann sich höchstens blamieren."

„Nun gut. – Aber darf ich nochmals auf ihre jagdökonomischen Überlegungen zurückkommen", versuchte ich, dem Gespräch eine andere Richtung zu geben. „Sie haben die landesüblichen Jagdsitten aufgegeben und unsere heimische Jagdpraxis eingeführt. Das sichtbare Ergebnis beeindruckt! Sie haben alte und starke Hirsche, und dies in großer Zahl. Können sie damit diesem Land, dem Boden hier, einen Ertrag abgewinnen, der besser ist als ehedem und der jeder anderen Nutzung überlegen ist?"

„Man muß sich schon etwas einfallen lassen und das dann natürlich konsequent durchführen. Der Arbeitsaufwand bei Monteriabejagung ist zeitlich sehr begrenzt. Der hiesige Buschwald läßt ohne gewisse Vorbereitungen eine andere Bejagung gar nicht zu." Ein bißchen nachsinnend, wurde er auch gleich konkreter: „Mit der Verbannung der Ziegen- und Schafherden fängt das an. Kleinviehweide und Jagdwirtschaft ist ein Widerspruch in sich. Doch nicht nur das, da gibt's eine Menge Dinge, die aufeinander abgestimmt werden müssen. Vielleicht fiel es ihnen im Revier bereits auf, unsere Scheunen in der Nähe der Wildäcker sind nicht wie anderswo aus Holz, sie sind gemauert. Das hängt mit den Verhältnissen zusammen. Wir haben hier zwar Holz, aber bis daraus Bretter werden, wird das ein teurer Spaß. Mehr als Holz haben wir Steine, und sie sind das Material der Wahl. Mit unseren Wildäckern brauchen wir, wie in jeder Landwirtschaft, Scheunen für Wildfutter und als Unterstellplätze für unsere Maschinen. 150 Hektar Wildäcker sagt sich so einfach dahin. Ein richtiger Wildacker muß wie jeder andere bearbeitet werden. Lediglich das Abernten nimmt uns das Wild ab. Tut man das nicht, ist bald keiner mehr da. Bei unseren klimatischen Bedingungen monatelanger Trockenheit wird die Erde selbst zu Stein. Da geht es nicht ohne starke Traktoren und mehrscharige Pflüge, mit denen man den Boden, sobald er aufweicht, schnell umreißen kann und dann rasch einzusäen vermag. Wenn wir bloß fünfundzwanzig Hektar davon jährlich neu unter den Pflug nehmen, so will das getan sein. Es müssen die Wege instand gehalten werden, und wenn das Wild geschossen wird, ist es zu bringen, muß es versorgt und der Fleischverwertung zugeführt werden. Man braucht also Transportmittel und Tiefgefrierkammern, denn beim Einzelabschuß kann man nicht jedes Stück Wild 100 Kilometer transportieren, um es zu verkaufen, und bei diesen Temperaturen müßte es auch schon reichlich flott gehen. Kurz, man hat seine Fixkosten."

Aus jedem Satz sprach Wissen, Können und Erfahrung; es war nicht zu überhören.

„Bei der Umstellung unseres Reviers von den Monterias auf die zentraleuropäische Jagdweise, wenn ich sie so einmal bezeichnen darf, denn sie gilt ja auch außerhalb des deutschen Sprachraums von Jugoslawien über Rumänien, Ungarn, die Tschechoslowakei bis hinauf nach Polen, hatte ich viel Unterstützung durch meinen Schwiegervater, von Lettow-Vorbeck. Er galt zu Hause als so was Ähnliches wie ein Jagdpapst. Viele seiner Gedanken und Anregungen ließen sich gut übertragen. Heute können wir die Früchte der Hegearbeit sehen. Es stehen reife und urige Hirsche im Revier, und der Trophäenwert ist generell deutlich besser geworden. Wir haben sehr viel Deckung, und in Kombination mit unseren Wildäkkern kann das Revier schadlos unsere hohe Rotwilddichte verkraften. Technischer Fortschritt in Ehren, doch hier kann der Mensch mit all seinen Zivilisationskünsten dem gebirgigen Land nichts Besseres abgewinnen. Deswegen hat er es längst aufgegeben, stärker einzudringen. Umgekehrt bedeutet das natürlich Ruhe für das Wild."

„Na ja, aus Steinen Brot zu machen, ist ja etwas", meinte Hans K. „Zu diesem Ergebnis kann man sie nur beglückwünschen. Das ist für die Jagd ein Erfolg und für die Jagdwirtschaft ebenfalls", pflichtete ich bei und dachte laut weiter: „Richtig bedacht ist die Monteria geradezu der Gegensatz zum Jagen in der Brunft. Einmal das von Todesangst gehetzte Wild; das andere Mal im Höhepunkt des Liebestreibens ein jäher Blitz, der das Leben nimmt! Ein Ende, wie es manche Menschen gerne hätten, denen es graut vor einem Sterben auf den modernen Intensivstationen."

Franz L. lachte: „Nur, so ein Gedanke und schon gar der Vergleich ist dem Spanier allerdings fremd." Trocken fügte er an: „Andere Länder, andere Sitten! Doch nicht bestreiten läßt sich: das Erlebnis einer Monteria ist von besonderer Art."

Franz L. war aufgestanden und zog sich zur Siesta zurück. Er ließ seinen Blick über die zahlreichen Trophäen gleiten und meinte abschließend: „Aber wir sollten nicht nur über die Jagd in Spanien reden. Gejagt wird überall in der Welt, und der Unterhaltungsstoff wird uns nicht ausgehen."

An diesem Abend wechselten wir die Reviere. Hans K. hatte als Ziel die Südostecke von „Canto Menudo" und wollte sich Sauen und Hirschen zugleich widmen. Günter B. hatte sich überraschend schnell für den Dämmerhirsch entschieden und hoffte, es könnte noch an diesem Abend klappen. Wie es sich jedoch zeigen sollte, hatte dieser Hirsch sein vorsichtiges Verhalten keineswegs geändert. Er ließ sich erst in der Nacht von seinem Leittier auf die Äsungsfläche locken. Zwar reichte das Mondlicht aus, um ihn mit dem starken Nachtglas ansprechen zu können. Für einen Schuß durchs Zielfernrohr langte es, wie oft in solchen Fällen, nicht.

Für mich bestimmt war das „Tal der Bärin" / „Val de la Osa". Es zog sich lang hin und konnte gut zwei Jäger aufnehmen. Nicht allein der verlockende Name reizte meine Neugierde, auch die Aussicht auf Schwarzkittel, die es dort geben sollte, und Hirsche steigerte die Erwartungen. Der Abendansitz sollte sich in die Nacht hinein ausdehnen. Unter dem hellen, sternenklaren, südlichen Himmel leuchtete am Firmament der Halbmond mit soviel Licht, wie wir es gerade vom Vollmond gewöhnt sind. Man konnte also lange Schußlicht haben.

Theo M. und ich wendeten uns im Talgrund einem Pirschsteig zu, der sich an den ausgetrockneten Bachlauf hielt. In nächster Nähe

des Bachbettes wuchsen stärkere und höhere Eichen. Sie standen locker und hatten wenig Unterwuchs. Ohne Zweifel ein geradezu idealer Platz für das Schwarzwild bei der Futtersuche. Sobald die Eichen wieder weniger und kleiner wurden, machten sich sogleich der typische örtliche Unterwuchs breit. Die alten Heidebüsche wurden bis zu zweieinhalb Meter hoch und boten hervorragende Deckung. Man konnte hier zwischen der Heide pirschen, gedeckt wie durch junge Fichtenkulturen.
Bis an das Talende hin begleitete den Grund ein einziger, riesiger Wildacker. Staubtrocken lag er abgeerntet da und glich in seiner goldgelben Farbe den Stoppeläckern zu Hause. An verschiedenen Stellen war Trockenheu zur Fütterung ausgebreitet worden.
Der Jäger ließ aber alle diese Plätze unbeachtet liegen. Er steuerte einen Schirmsitz im Talende an, ein Platz gleich der ersten Reihe vor der Bühne: Wildacker, niedriger Randbewuchs und mehrere größere, freie Flächen im Wald boten sich an für die Hirschbrunft. Ein schweifender Blick in die Runde, und man konnte sich vorstellen, weshalb einst, als es noch Bären in Zentralspanien gab, hier eine Bärin ihr Lager für ihre Jungen aufschlug. Da brauchte der Nachwuchs nicht zu hungern, und weite Wanderungen erübrigten sich.
Die Szene belebte sich rasch für Auge und Ohr. Zunächst meldeten einzelne, mittelstarke Stimmen irgendwoher aus den Hängen. Ein Fuchs war auf den Läufen und schnürte am Ackerrand entlang. Allein, wer auf Hochwild unterwegs ist, der muß den Fuchs pardonieren. Mit einemmal ein erstes, kräftiges „Ouaar“! Von der linken Kuppe schallte es herunter. Prompt dröhnte von der rechten Kuppe ein ebenso kräftiges „Ouaar“ zurück. Es war gleichsam der Auftakt, denn nun setzten andere Hirsche ringsum ein. Selbst vom Rücken des mittleren Talteiles meldeten sich welche. Ein Hirsch nach dem anderen fing an, Sehnsucht und Gemütszustand in den heißen spanischen Sommerabend hinauszuschreien. Die Stimmen schwollen zu einem vielstimmigen Konzert an. Manchmal glaubte ich sogar, es würde gelegentlich ein Echo mitschwingen. Leider war mein Ohr nicht gut genug, das sicher auseinanderhalten zu können. Unzweifelhaft war nur eins, es schrien die Hirsche aller Altersklassen durcheinander. Für Revierunerfahrene wie mich war

es schwierig zu erkennen, wenn ich mich auf eine Stimme konzentrierte, ob die ihren Platz veränderte und näher kam oder sich entfernte.
Als hätte Theo M. meine Gedanken gelesen, klärte er mich auf: „Manche der abgemüdeten Hirsche bleiben jetzt noch im Lager liegen. Sie mischen nur im Konzert mit. Je nachdem, wie so einer uns gegenübersitzt, kann er mit einer Kopfdrehung vortäuschen, er käme auf uns zu oder würde sich entfernen. Aber das Kahlwild wird sie noch munter machen."
Und so war es auch. Ein fünfköpfiges Rudel trat von rechts auf die grünen Freiflächen des Waldes aus und zog ziemlich rasch dem Futterplatz auf dem Wildacker entgegen. Sie brachten den Hirsch prompt mit. In geziemendem Abstand, immer wieder verhoffend und röhrend, folgte dem Rudel ein Urbild von wuchtiger Kraft. Am anderen Hang hatte der dortige 'Sultan' sich offenbar auf die Läufe gestellt und wanderte abwärts. Jedenfalls kam der starke Kampfruf nicht mehr von der alten Stelle. Obwohl das Kahlwild sich bei solchen Auseinandersetzungen grundsätzlich unbeteiligt verhält, zögerte es, gänzlich auf den freien Acker zum Äsen auszutreten. Abwartend und unschlüssig hin und her äsend, blieb es am Buschrand stehen. Im übrigen war das Geschehen sowieso weit außerhalb einer guten Schußentfernung. Erst einmal abwarten, wieviel Leben diese Bühne der Natur noch ausfüllen würde und wie der Rivale aussah.
Der Hirsch näherte sich dem Rudel, sprengte das nachhängende Schmaltier davon ab und trieb es etwas zurück. Nicht lange, und das Leittier folgte dieser Richtung und lotste damit das Rudel wieder näher an den Hirsch heran. Ab und an schrieen der Hirsch und sein Rivale den einen oder anderen Kampfruf in den Abend. Gelassen, verharrend wie eine Statue, begnügte sich der Platzhirsch mit Drehungen seines Hauptes, um den Überblick zu behalten. Ansonsten schienen beide es nicht eilig zu haben, einander gegenüberzustehen. Der Herrscher des Rudels hatte beidseitige Kronen, wobei eine Krone mindestens vier Enden trug. Soviel wenigstens hatte ich inzwischen feststellen können.
„Ein alter, guter Hirsch", murmelte Theo M. Das Geweih war in seiner Auslage harmonisch geschwungen, und die langen Innenen-

den der Kronen schlossen fast den Kreis. Es ging noch eine ganze Weile so hin und her; indes, unserem Platze kamen sie dabei nicht näher. Vielleicht war das gar kein „Sultan“, sondern nur ein „Bey“. Jedenfalls suchte er seinen Harem in Sicherheit zu bringen und trieb das Rudel nach Westen weg, wieder in den schützenden Hang hinein. Vielleicht auch war es bloß die große Erfahrung des alten Hirsches. Mit dem „reifen Platzhirsch“ ist es oft nicht viel anders als mit dem alternden Familienoberhaupt. Er kann schneller, als er glaubt, sozial überflüssig sein. In der Natur wird so ein Geschöpf nicht geduldet, sondern ausgestoßen, und nicht wenigen Menschen widerfährt das weitgehend genauso.
Im Augenblick waren solche Vergleiche allerdings höchst unangebracht. Ein süßlich duftender „Atem des Montes“ strich herab ins Tal, weckte und pflegte Sinne und Instinkte. Immer mehr und mehr wurde das Ohr beschäftigt. Das Zirpen unzähliger Zikaden aus nächster Nähe war die „leise“ Untergrundmelodie zu der gewaltigen, noch nie gehörten Hirschsinfonie. Nur das ununterbrochene Orgeln der Hirsche verhinderte bei dieser Wärme und der silberhellen, südlichen Mondnacht das Abgleiten der Phantasie in einen Abend von 1001 Nacht. Nicht einmal die Scheherazade fehlte. In diesem Tal mußte es mehr als ein Dutzend von ihnen geben. Ab und zu hob sich nämlich auch das leise Mahnen des brunftigen Kahlwildes aus diesem Konzert ab.
Mittlerweile hatte das Rudel des nicht sichtbar gewordenen „Sultans“ sich auf dem Wildacker eingestellt. Der Pascha selbst, obwohl zwar randnah, blieb in der schützenden Deckung zurück. Spontan fiel mir Kurt Behr ein, Jäger einer früheren Generation, der einst vor einem halben Jahrhundert in Südungarn dem Reiz des Brunfthirsches in silberhellen Mondnächten verfallen war. Ich konnte mir jedoch nicht vorstellen, daß dort und damals die Stimmen mächtiger waren und kräftiger orgeln konnten.
Die gewaltige Melodie nahm an Stärke sogar noch zu. Zeitweise riß das Röhren und Grölen minutenlang überhaupt nicht ab. Bei sommerlicher Hitze näherte sich in der monddurchfluteten Nacht das Konzert der Stimmen seinem Höhepunkt. Eine ungeahnte Vielstimmigkeit traf das Ohr, die einem mitunter den Atem anhalten ließ und auch etwas unaufmerksam machte. Unwillkürlich

mußte ich mit Bewunderung an die Jäger denken, denen Jagen bei Kältegraden von –15 und –25 °C selbstverständlich war und ist. In den Karpaten, in Sibirien – von den Eskimos sowieso einmal ganz abgesehen – schreckt das nicht ab, selbst ein Eissturm vermag es nicht. Wer nicht damit aufgewachsen ist, unterzieht sich nur ausnahmsweise derartigen Strapazen. Überall woanders findet die Hirschbrunft bei kühlem Wetter statt, und nun dieser Kontrast in der Wärme Spaniens!

Als ich mich wieder dem Geschehen unmittelbar vor mir zuwandte, war natürlich der Platzhirsch längst zu seinem Rudel getreten und hielt es in Schwung. Trotz der erstaunlichen nächtlichen Helle und Entfernungen von nur fünfzig bis hundert Metern schien mir ein sicherer Schuß nicht möglich. Was tat es? Der Hirsch gab keinen Augenblick Ruhe, und so nahe war ich noch nie Augenzeuge seiner Aktivitäten gewesen. Das Rudel fegte über den Acker ein paar hundert Meter davon, drehte um und kam wieder zurück, befand sich mal auf unserer, mal auf der anderen Seite des Feldes. Der Hirsch ließ ihm keine Ruhe, umkreiste es ständig und strafte. Es klatschte richtig durch die Nacht, sobald er mit seinen Stangen auf die Decke der Tiere seine Hiebe austeilte. Meldete sich irgendwo in der Nähe eine andere Stimme, wendete er sofort und zog mit Kampfruf und Sprengruf dem Rivalen entschieden entgegen. Allerdings verließ er nicht mehr den Acker, auf dem er sein Rudel wußte. Wenn die Rotwild-Kavalkade sich in Bewegung setzte, klapperten die Schalen auf dem harten Boden, als käme eine Pferdekoppel angetrabt.

Es war faszinierend zu sehen, wie hier das uralte, ewig wiederkehrende Gesetz der Natur sich vollzog. Die höchste Intensität des Lebens ist gekoppelt an den Zweck der Arterhaltung und erfüllt sich nur bei absolutem Einsatz. Der Hirsch war der absolute Beherrscher des Rudels. Er hielt es zusammen, er verteidigte es gegen jeden Rivalen. Für wenige Tage absoluter Herrschaft über sein Rudel erschöpfte er seine ganze Kraft in kurzer Zeit. Ein solcher „König des Waldes" ist deswegen keineswegs lebenslang Pascha, wie man früher glaubte. Heute weiß man, daß selbst die stolzesten Exemplare wahrscheinlich nur zwei, drei beste Jahre ihres Lebens haben. Vorher sind sie einflußlose Jungmännchen und danach abgewrackte Greise. Angesichts ihres Harems ist es erstaunlich, daß sie es während ihres ganzen Lebens auf kaum mehr als zwei Dutzend Nachkommen bringen. Vor und nach ihnen haben auch andere ihre Chance. Wer „Sultan“ wird, darf jedenfalls in der Jugendzeit nicht oder kaum an Nahrungsmangel gelitten haben. Frühe Versäumnisse auf diesem Gebiet sind im Leben nie wieder gutzumachen. Offensichtlich wissen die Hirschmütter darum, denn für einen Sohn opfert sich jede ziemlich auf.

Wir hatten über eine Stunde diesem Furioso zugesehen, ehe wir begannen, uns langsam aus dem Schirm abzusetzen. Diese Rücksichtsnahme wäre nicht mal nötig gewesen, denn keines der Stücke auf dem Wildacker ließ sich von unseren Geräuschen in irgendeiner Weise stören. Lärm war ringsherum, und außerdem waren alle dort mit sich selbst beschäftigt. Als wir schließlich am Talausgang, weit weg davon, nebeneinander über den Wildacker gingen, hatten wir zwei stumme Begleiter. In der Stunde vor Mitternacht zeichnete der Halbmond unsere Schatten auf die Stoppeläcker – Nachtschatten im „Tal der Bärin“.

Hans K., der uns erwartete, berichtete unterwegs zum Haupthaus, genügend Anblick hätte er gehabt, aber entscheiden konnte er sich nicht. Er, der erfahrene und langjährige Rotwildjäger, hätte eben zu gerne vom Rotwild Spaniens eine besonders ansprechende Trophäe mit nach Hause genommen. Er wollte morgen handeln.

„Ausgerechnet am Freitag?“ wurde er vom Jäger geneckt.

„Wieso Freitag?“ kam es verständnislos zurück.

„Ja, sind sie nicht abergläubisch?“

Hans K. begriff und lachte: „Nein, schon gar nicht in der Brunft.“

„Du hast keinen Aberglauben, bist halt ein schlechter Christ.“

Als wir drei am nächsten Morgen wider Erwarten ohne Erfolg nach El Sauceral zurückkehrten, munterte der Jagdherr uns auf. Bei der großartigen Gastlichkeit in diesem Haus war das nicht schwer, und im übrigen wußte jeder von uns, wie es manchmal beim Waidwerken geht.

Günter B., der selbst bereits in Alaska und in Afrika auf Jagdsafari gewesen war, fragte mit Blick auf die Elefantenstoßzähne an der Wand den Hausherrn: „Sie haben wohl Großwild gejagt auf der Welt, wo es Großwild gibt. Was führen sie eingentlich für eine Waffe?“

„375 Holland – Holland. Ich habe mich an dieses Großkaliber so gewöhnt, daß ich es selbst hier im eigenen Revier benutze", kam bereitwillig die Antwort, und mit diesem Stichwort entrollten sich seine Bilder jagdlicher Erinnerungen von den big five in Alaska, den anderen big five aus Afrika, den Bären am Himalaya und den beiden Weltklassehirschen aus Ungarn.
Nachmittags brachen wir reichlich früh ins Revier auf, denn nun verlegten wir unser Quartier vom Haupthaus in die Jagdhütte „Canto Menudo". Alles versprach einen langen Abend, ja, vielleicht eine noch längere Nacht, und jeder von uns war ein bißchen neugierig, wem von uns Diana zuerst zulächeln würde. Günter B. bezog wieder seinen Posten im „Tal der Bärin". Er hatte einen Begleiter bei sich, dessen Augen die Sehschärfe eines Luchses zu haben schienen. Ein hagerer, zäh wirkender Mann, freundlich, hilfsbereit und tatkräftig. Sichtlich ein Jäger, der von der unerbittlichen Härte der Mancha geprägt war. Hans K. pirschte mit seinem Guarda nur wenige Hundert Meter zu jenem Wildacker, auf dem ich am ersten Tag die Spießerversammlung erlebte. Für mich selbst ging es nur kurz hinters Haus, zu dem Wildacker, der unmittelbar an den Hofbezirk anstieß. Rasch und rechtzeitig waren wir verteilt gewesen, und jeder konnte sich nun von den vereinzelt einsetzenden Hirschrufen für den Abend einstimmen lassen.
Das hier war nicht nur Waidwerk von hohen Graden, das war genauso Urlaub, wenn auch ein kurzer. Terminkalender, Telefon, Zeitungen, Fernsehen, Besprechungen und Sitzungen, alles war weit weg irgendwo im septemberlichen Deutschland zurückgelassen worden. Hier war Sonne, Wärme, Wohlsein, gerade als hätte der Sommer beschlossen, sich selbst zu verlängern. Dieses Ambiente war nirgendswo brüchig und hüllte uns ein, seit wir hier waren.
Ein richtiger Jäger bettet sich ein in die Natur, wird eins mit ihr wie der Wald, wie das Wild, wie der Wind, die Aue und die Luft. Überdies schaffen die Umstände der jeweiligen Zeit die Jagdweisen, welche zu ihr passen. Unter früheren Jagdbedingungen, wie strapaziösen und zeitraubenden Anreisen, mit weniger Kanzeln und Hochsitzen im Revier und bar des Zielfernrohrs, welches ja erst eine bessere Nutzung des Dämmerlichts erlaubt, war natürlich die jagdlich nutzbare Zeit am Morgen und Abend ebenfalls verkürzt.

Da war die Hirschbrunft nicht die Hauptjagdperiode des Hochwildjägers. In der Jahresstrecke gab es ebenso viele Sommerhirsche und Treibjagdhirsche. Einst war das anders als heute.
Wieder hob das Konzert der Hirsche an. Mittlerweile bereits etwas geschulter, versuchte ich, einzelne Stimmen zu lokalisieren und zu unterscheiden. Wo könnte man das besser lernen als hier? Frei spielte die Phantasie darüber, welche Stimme zu welchem Recken passen könnte. Hier gab es den ewig durchgemogelten Sechser, der vielleicht zwölf bis vierzehn Jahre ist, den ausgereiften Erntehirsch und den überalterten, stark zurückgesetzten Hirsch. Bei der hohen Wilddichte von zwanzig Stück Rotwild pro Hektar existiert natürlich eine Vielzahl Geweihformen. Wie Theo M. berichtete, sind bis zu dreißig Prozent der erlegten Hirsche über zwölf Jahre alt.
Beim Vergleich der Trophäen beeindruckte vor allem die individuelle Breite der Geweihe. Die oft zu hörende Ansicht, als normale Konsequenz der biologischen Anlage würden die meisten Hirsche begehrenswerte Trophäen aufsetzen, würden sie bloß alt genug, konnte da nicht bestätigt werden. Eher war das Gegenteil der Fall, und das ist nicht einmal überraschend. Die genetischen Anlagen zeigen sichtlich immer wieder eine größere individuelle Differenziertheit für den Phänotyp, als es den Gleichheitsaposteln lieb ist. Hier erreichen jedenfalls die Hirsche ein hohes Alter und geben ihre eigene Antwort auf diese These.
Der Knall eines Schusses riß mich jäh aus solchen Gedanken. Das mußte Hans K. gewesen sein. So wie er schoß, wußte ich, heute abend wird es etwas zu feiern geben. Erstaunt wurde ich zudem gewahr, daß auf dem Wildacker inzwischen ein Kahlwildrudel ausgetreten war. Wo blieb der Hirsch? Noch ließ er sich nicht blicken. Richtig, da orgelte er in der Deckung des Jaragebüschs. Im übrigen hatte der Schall des Schusses das Rufen der Hirsche in keiner Weise unterbrochen.
Langsam verdrängte die Nacht endgültig das letzte Dämmerlicht. Eine halbe Stunde später hatte sich der Mond hoch genug am Himmel postiert, um den Wildacker auszuleuchten, und zugleich wurde es ausreichend hell für uns. Noch immer war der Hirsch des Rudels nicht ausgetreten. Statt dessen bewegte er sich am Rande des Akkers entlang, wendete in dem einen Winkel und nahm die lange Sei-

te an, direkt auf uns zu. Wo gedachte er auszutreten? Wo würde er kommen? Wir saßen gut im Wind, und zusätzlich half uns die Nähe der menschlichen Behausungen in unserem Rücken mit ihrem ganzen Gemisch an Düften; eine Duftkomposition, mit der die hochempfindlichen Riechorgane der meisten Hirsche längst vertraut waren.

Da, ein kräftiger, kurzer Ruf aus der Ecke, und schlagartig wußten wir, weshalb der erste Hirsch seinen Platz geräumt hatte. Ein Stärkerer war erschienen. Der schwächere Hirsch schrie zurück. Und das klang eher so: „Hallo, jetzt bin ich hier." Eine dritte Stimme mischte sich von der anderen Längsseite des Feldes ein und kam zügig, immer wieder meldend, näher. Noch ein Vierter schaltete sich plötzlich in das gegenseitige Abstimmen ein, denn auch er strebte sichtlich demselben Acker zu und nahm seinen Standort zwischen dem ersten und zweiten Hirsch in der Ecke ein. Vier röhrende Hirsche umstanden nun auf drei Seiten den Äsungsplatz, und wir saßen an der einzigen offenen Seite, angelehnt an der Casa Forestal.

Zwei Kahlwildrudel waren draußen auf der hellen Fläche. Endlich verließ der zweite Hirsch seine Deckung und näherte sich als erster seinem Rudel. Doch die Entfernung war zu weit, um ihn selbst mit einem guten Glas richtig ansprechen zu können. Plötzlich ein wilder Schrei! Unverkennbar eine neue Stimme, ein tiefer Baß, aus der halben Hanghöhe und stangengerade hinter jener Ecke, aus der die beiden Hirschrudel gekommen waren. Jetzt näherte sich also der fünfte Hirsch. Nach Lage der Dinge kam ein König der Bergkuppen. Das Verhalten des ausgetretenen Hirsches ließ daran keine Zweifel. Denn rasch wechselte er in die Deckung wieder zurück, sein Rudel sich selbst überlassend , welches einfach unbeteiligt weiteräste. Vielleicht kannte der Jüngere schon den Älteren. Der Alte ließ sich nicht viel Zeit und kam meldend bis an die Feldecke heran.

Für mich war das etwas in den Hintergrund gedrängt worden. Hin und Her der Brunft. Verständlicherweise war meine ganze Konzentration nun auf diesen Acker gerichtet, um den sich nicht weniger als fünf brunftige Hirsche versammelt hatten. Im Gegensatz zu der Spießerversammlung des ersten Tages schickte sich jedoch keiner von diesen hier an, auf die Fläche auszuwechseln. Ständig schrien sie rings um das Feld herum, ohne sich blicken zu lassen. Nach einiger Zeit konnte man jeden gut lokalisieren, und siehe da, einmal soweit, veränderten sie ihre Plätze kaum. Theo M. meinte: „Es ist gerade so, als ob die eine Stimme der anderen sagen würde: Schauen wir erst einmal ruhig, ob die Weiber da draußen schon feurig sind."

Dieser Abend gab uns darauf keine Antwort. Die Hirsche blieben vorsichtig, das Schußlicht wurde etwas schlechter, und so setzten wir uns in die Jagdhütte ab. Entgegen meiner Annahme trafen wir keinen freudig gestimmten Hans K. „Ich habe vorbeigeschossen", begrüßte er mich gleich und war mit sich sichtlich uneins. „Ich hätte mich nicht dazu drängen lassen sollen und hätte es besser wissen müssen. Die Entfernung war so weit, wie ich vermutet hatte; abgeschritten waren es 180 Meter. Angesagt hatte mein Guarda 140."

Theo M. vermittelte: „In diesem ungewohnten Licht bei uns verschätzt man sich durchaus."

Von dem einheimischen Jäger erfuhr der Berufsjäger, daß der Hirsch einwandfrei gefehlt war. Beruhigt wandte er sich wieder Hans K. zu: „Damit ist ja nichts passiert. Wer hat nicht schon einmal vorbeigeschossen", und ging in die Ecke, holte eine Flasche Wein, entkorkte sie und schenkte ein. Nach dem ersten kräftigen Schluck wurde unser Jäger aktiv. „Wollen erst einmal den Hunger stillen, und dann können wir anschließend im Erker in aller Ruhe überlegen, wie und was wir morgen alles machen."

Ein kräftiges, herzhaftes Abendessen dehnte sich zu einem urgemütlichen Abend aus. Lediglich an der zunehmenden Zahl der leeren Flaschen war der Fortgang der Nacht abzulesen. Bald war der Fehlschuß hinuntergespült. Wer konnte schon wissen, welchen Trost er selbst anderntags vielleicht nötig hatte? Und so sprudelte die Unterhaltung wie eine kräftige Quelle. Der Berufsjäger, wirklich ein Jäger von hohen Graden, verstand nicht nur etwas von seinem Metier, er hatte sich ebenfalls mit der Mentalität der Menschen dieses Landes beschäftigt.

„Auf meinen Abend- und Frühansitzen habe ich ja genügend Zeit, darüber nachzudenken", warf er mal dazwischen. Wir hörten ihm gerne zu: „Der Spanier ist Individualist. Seine demonstrative

Jagdhaus El Sauceral in den Bergen von Toledo.

Reichlich Rotwild unter Spaniens Sonne.

Hirschanblick im ersten Morgenlicht.

Selbstsicherheit enthält dabei meist einen Schuß von selbstironischem Fatalismus. Vielleicht ist es ein Erbstück aus der Araberzeit und der 800jährigen Reconquista. Kann man sich mit den Menschen erst einmal in ihrer Sprache verständigen, wird einem bald eine alte spanische Anekdote erzählt, die darüber alles sagt."
Hans K. forderte auf: „Also los, erzähl mal."
„Als Gott Spanien schuf, gestattete er den Spaniern drei Wünsche. Sie wünschten sich das abwechslungsreichste Klima der Welt, die schönsten Frauen und die köstlichsten Nahrungsmittel, Früchte und Weine. Na, Gott gewährte es ihnen. Nach einer Weile kamen sie aber mit einem vierten Wunsch: Sie wollten auch eine gute Regierung haben. Da aber antwortete ihnen Gott: 'Das ist zuviel verlangt'!"
Wir lachten herzlich, tranken, und Günter B. befand: „Na ja, mit einem Nachteil kann man leben, darauf läßt es sich einrichten. Arm ist man erst dann, wenn das Klima das Jahr in einen Dauerwinter verwandelt, die Frauen Emanzen ohne Charme sind, das Essen nahezu ungenießbar und alles unregierbar geworden ist."
„Also doch glückliches Spanien, wie man hier sagt."
Ein Blick auf die Uhr verriet, es fehlte nicht mehr viel, und die Morgenpirsch fiel dem Ausschlafen zum Opfer. Das durfte nicht sein. Eine Mütze Schlaf wollte ich haben, um den anderen Morgen nicht zu gefährden, selbst wenn Hans K. Orpheus der Diana vorzog. Beim Einschieben ins Bett drang durchs offene Erkerfenster ein ungewöhnliches Schlaflied: die Brunftmelodie der Hirsche, als stünden sie im Vorgarten.

Der Morgenhirsch

Mich rüttelte jemand: „Wollen wir, oder wollen wir nicht?“ Natürlich wollte ich, also raus.
„Wieviel Uhr?“
„7.00 Uhr! Es wird gerade Büchsenlicht.“
„Gleich bin ich fertig.“ Trotz des ausgiebigen Umtrunks hatte ich keinerlei Kopfbeschwerden. Der spanische Landwein war äußerst bekömmlich, bloß wach war ich natürlich auch nicht gerade. Doch daran war ich gewöhnt, hatte ich ja sowieso noch nie das Gold der Morgenstunde entdeckt. Eine viertel Stunde später waren wir unterwegs. Im Osten war vom neuen Tag nicht einmal ein schwacher roter Streif zu sehen. Theo M. nahm wieder den Pirschsteig an, zu jenem Platz, von wo aus wir über einen halben Kilometer „Seine Majestät“ vom Solanazo-Berg kommen sahen. Reichlich unaufmerksam zockelte ich mit drei Meter Abstand hinter ihm drein. Mein Gehirn schlief noch halb, alles lief mehr oder weniger reflexartig. Aus Erfahrung wußte ich, in einer Stunde würde ich munter genug sein für alles, was kommen sollte.
Unverdrossen röhrte es noch immer in der Runde; indes, das drang nur gedämpft zu mir durch. Steinchen sprangen unter meinen Schuhen weg; kurz, es war alles andere als leises Pirschen. Ein Hirschruf ließ Theo M. jäh stoppen, und fast wäre ich auf ihn gestolpert. Flink suchte er mit seinem Glas die linke Seite ab: „Der Hirsch ist auf dem Wildacker, und das ist ein richtiger“, stieß er hervor, wendete um und sprang los. Also im Laufschritt hinter ihm her. Meinen Steyr-Mannlicher trug ich frei in der Rechten, das Glas baumelte vor der Brust, und der Rucksack schlug auf den Rücken. Schnell und leise sollte es gehen; so was weckt die Lebensgeister.
Bald hatten wir den anderen Pirschweg erreicht und verlangsamten unser Tempo. Der Hirsch meldete weiterhin. Jetzt war es für mich von Vorteil, die örtlichen Verhältnisse bereits zu kennen. Behutsam schob ich mich in den Schirm und hatte jetzt den Hirsch auf 100 Meter vor mir; just dort, wo der muntere Frischling sich am ersten Tag getummelt hatte. Ich verzichtete auf ein eigenes Ansprechen und verließ mich auf den Jäger. Mit bloßem Auge konnte ich erkennen, das war kein starker Hirsch. Ein braver Abschußhirsch mit

beidseitigen Kronen. Nun, er sollte mir recht sein. Theo M. beobachtete ihn im Glas und beschrieb: „Beidseitige Kronenzehner, mittelstark. Kein junger Hirsch mehr. Schießen."
Mein Blick durchs Zielfernrohr bestätigte das, und damit wurde es ernst. Als hätte der Hirsch etwas bemerkt, warf er plötzlich auf und äugte fixierend zu uns herüber. Breit wie auf einem Scheibenstand stand er sichernd dort. Der Zielstachel senkte sich ruhig ins Blatt und stand darin wie festgemauert. Kein Wackeln, kein Hirschfieber. Der Schuß zeichnete ein bizarres Bild in die Natur. Der Hirsch wurde um 180 Grad herumgerissen und auf den Rücken geschleudert. Allein, nur die beiden Kronen berührten den Boden, während der Wildkörper für einen Moment hoch in der Luft hängenblieb und der Hirsch mit allen vier Läufen in der Luft schlegelte. Gleich darauf stand er wieder auf seinen Läufen und brach in die neue Richtung davon, verschwand im Jaragestrüpp.
„Was war jetzt das?", fragte mich Theo M. überrascht.
„Hm – vielleicht ein Schußbild der 9,3 x 64" murmelte ich, denn so etwas hatte ich ebenfalls noch nie gesehen. Immerhin, ein Geschoß von 19 Gramm mit 4,7 Gramm Pulver dahinter, das bringt eine ungewöhnliche Aufprallenergie mit sich, kann einen Hirsch schon von den Läufen reißen.
„Na, der 'Blase' hat mit seinen Schußzeichen auch nicht immer recht. Es steht eben nicht alles in seinem Lehrbuch", kam es tröstend gelassen.
„Ein Krellschuß kann es nicht gewesen sein. Mit meinem Abkommen war ich mitten im Leben", bestärkte ich uns beide. Ein Blick auf die Uhr, es war gerade 7.50 Uhr, und jäh war meine ganze Schläfrigkeit verschwunden.
„Also, gehen wir zurück und holen den Hund."
Ja, wenn es sich gerade fügt, wiederfährt es einem, seinen Hirsch nach fast durchzechter Nacht in der Stimmung eines Morgenmuffels gleich hinter der Jagdhütte mit einem Blattschuß zu strecken, ging es mir unvermittelt durch den Sinn.
Zehn Minuten später an der Jagdhütte empfing mich Hans K.: „Mußt du denn mit deiner Donnerbüchse ganz nah am Haus so viel Krach in aller Hergottsfrühe machen? Man fällt ja fast aus dem Bett. Wenn die Nacht schon so kurz ist, kann man nicht einmal aus-

schlafen auf der Hütte." Natürlich begehrte er, alles gleich haargenau zu wissen. „Ich komme mit", befand er äußerst munter, ehe ich mich versah, waren wir zu dritt mit dem Hund unterwegs.

Der Anschuß brauchte nicht extra markiert zu werden, eine einzelne Eiche stand unmittelbar daneben. Quer übers Feld ging es direkt darauf zu. Am Anschuß fand sich reichlicher, dunkler Schweiß, nicht blasig und nicht hell. Es war eindeutig, der Schuß mußte tief sitzen, genau dort, wo ich abgekommen war. Theo M. setzte seinen Hund an der Leine auf die Fährte bis zum Dickungsrand. Dann schnallte er ihn. Im Nu war der Hund von dem Heideunterwuchs fast verschluckt, doch da stand er bereits vor. Man sah von ihm lediglich die wedelnde Rute. Er war am toten Hirsch!

Besenginster hatte den alten Kämpen aufgenommen. Der Hirsch lag auf der Einschußseite, und wie sich später zeigte, hatte die Kugel die Herzkammer geöffnet. Es war ein ebenmäßiger Kronenzehner, kein starker Hirsch, aber ein alter. Später erfuhren wir es genauer. Sein Gewicht betrug fünfundsechzig Kilogramm. Nach dem Zahnabschliff stufte man ihn zwischen zwölf und vierzehn Jahre ein, und er hatte gekränkelt. Der Hirsch hatte Magen- und Darmwürmer und im Dünndarm fanden sich Eitersäcke. Angesichts dessen kann man wahrhaftig bloß staunen über die Lebenskraft eines Brunfthirsches. Ein klassischer Kammerschuß, die schwere Patrone hatte ihn herumgewirbelt, und doch schaffte er noch eine Fluchtstrecke von rund 100 Metern, ehe er in die ewigen Jagdgründe einging.

Die Versorung des Wildes verriet gekonnte Routine. Ehe wir uns versahen, kam Paco Liesau, der Junior, mit einem Anhänger quer über das Feld, und dann ging es schnell zurück zum Haupthaus, von Stunde zu Stunde wurde die Hitze größer. Der Jagdherr, „Don Francisco", wie er respektvoll von seinem Personal genannt wurde, war sichtlich zufrieden und meinte, meine Zeit würde sogar für einen zweiten Hirsch reichen. Es reizte natürlich, aus so einem Brunftrevier gleich mit zwei Hirschen nach Hause zu kommen, aber es mußte nicht sein, und für mich hatte jetzt der Keiler Vorrang. Zudem sollten erst einmal Hans K. und Günter B. zu ihren Hirschen kommen.

Der Abend fand uns wieder draußen in „Canto Menudo". Günter B. blieb hartnäckig bei seinem Hirsch im „Tal der Bärin". Theo M. und Hans K. versuchten es mit einer Stehpirsch am Solanazo-Hang. Mich führte ein Guarda an die Überreste einer Suhle zum Schwarzwildansitz. Nun, die Schwarzkittel mit ihrer zeigeunerhaften Unruhe bekommt man in der Regel weit weniger zu Gesicht als Rotwild. Um so gelockerter genoß ich an diesem Abend das Konzert der röhrenden Hirsche, das nach wie vor ungebrochen an Lautstärke und Dauer war.
Als wir uns schließlich wieder in der Jagdhütte trafen, befand sich Günter B. in einer etwas zwiespältigen Stimmung. Ihm war es endlich gelungen, zu dem alten Heimlichtuer auf dem Wildacker in eine günstige Schußentfernung zu kommen, und er hatte die Kugel losgebracht. Der Bergrücken, welcher beide Täler trennte, hatte den Schall nicht zu uns dringen lassen. Der Hirsch hatte gezeichnet, war aber zurückgebrochen in seinen Einstand. Bei der zunehmenden Nacht war ein längeres Nachsuchen ohne Hund nicht möglich gewesen. Also warten bis zum Tageslicht. Der Hirsch mußte liegen, doch ein Rest von Zweifel blieb vorerst. Und so entstand eine ausgiebige Trostrunde.
Wir rückten an den Kamin, öffneten die Erkerfenster weit und wurden uns bewußt, wenn wir dieses ungewöhnliche Revier verlassen haben würden, würde mindestens ein Jahr vergehen, ehe uns wieder die gewaltige Stimme eines Brunfthirsches elektrisieren könnte. Noch sehr, sehr viel länger dürfte es wahrscheinlich dauern, bevor wir Vergleichbares wieder erleben würden.
Die ganze Nacht hindurch dröhnten die Brunftschreie zu uns herein, orgelnd, wütend, hin und wieder mal nur schwach meldend. Immer wieder unterbrach das die Unterhaltung, ließ uns still werden, um diesen aufregenden Melodien nachzulauschen. Nun, die Nächte in Jagdhütten haben sowieso ihren eigenen Charakter.
Es muß wohl morgens gegen 5.00 Uhr gewesen sein, als uns alle ein donnernder Kampfruf aus dem Schlaf riß. Günter B. sprang aus dem Bett. Im selben Augenblick folgte der zweite Schrei, dieses Mal lang hingezogen in unmittelbarster Nähe. Näher ging es kaum mehr, es sein denn, der „Sultan" wollte direkt zum Fenster hereinorgeln. Günter B. wurde ganz unruhig. Er schüttelte Hans K.

„Steh auf, da draußen steht ein 'Sultan' zwischen den Pinien im Hof, dein Hirsch! Brauchst bloß ans Fenster zu gehen, offen ist es schon."

„Ja, bloß ein bißchen Licht bräuchte ich halt", brummte Hans K. trocken auf diese Pflaumerei. „Hören tue ich ihn ja, nur sehen tue ich rein gar nichts." Aufregend war das, und es dauerte eine geraume Weile, bis sich der Alte entschloß, endlich seinem Einstand zuzuziehen, und uns erlaubte, noch etwas Schlaf zu nehmen.

Die Nachsuche auf Günter B. s Hirsch war keine große Sache. Der Hund unseres Jägers arbeitete exzellent, ruhig und erfahren. Zwar lag der Hirsch nicht gleich am Rande, doch weit war er auch nicht gekommen. Ein ordentlicher großer Zwölfer, etwa im gleichen Alter wie meiner, nur stärker. Wie notwendig es war, geschossenes Wild so rasch als möglich zu bergen, wurde uns dabei deutlich demonstriert. Die wenigen Stunden der Nacht genügten, und der Hirsch war bereits am Pinsel und Äser angeschnitten worden. Füchse, vielleicht sogar Sauen, hatten ihren Weg zu ihm gefunden. Mit einemmal entdeckten wir auch den Schlüssel zum Verständnis seiner Heimlichkeit: Der Hirsch hatte sein rechtes Augenlicht verloren. Vermutlich war ihm der Seher im Brunftkampf ausgeschlagen worden. Mit halbierter Sehleistung bewegte er sich doppelt so vorsichtig wie alle anderen.

Erneut ging es zum Haupthaus. – Nun drängte die Zeit, denn es gab jetzt viel zu tun. Trophäen herrichten, packen, Rechnungen begleichen. Die Gastgeber wollten am Nachmittag nach Madrid zurück, und Günter B. wollte noch die Abendmaschine von Madrid nach Barcelona erreichen. Hans K. und ich dagegen hatten einen Jagdtag noch vor uns; unser Rückflug war erst auf Montag, Madrid 13.10 Uhr, festgelegt.

Schließlich war es soweit. Ein herzlicher Abschied von der Familie des Gastgebers, allseitige Zufriedenheit, und wir wußten, wir durften wiederkommen. Ein letztes Winken, und der Mercedes des Jagdherrn verließ El Sauceral. Zehn Minuten später waren auch wir im Landrover unterwegs, wieder nach „Canto Menudo".

Hans K.s Hirsch trieb da draußen noch sein Rudel durch die Heide oder war gerade in die Herausforderung eines Rivalen verwickelt, und ich hatte jetzt einen Keiler im Sinn. Hans K. zog verhältnismä-

ßig bald mit Theo M. los. Mich brachte der Forstaufseher von der Casa Forestal zu einem Platz an der Südostecke des Reviers. Wir hatten etwa zwanzig Minuten zu laufen, und unterwegs begann ich zu staunen über die Anmut des sich nun weit öffnenden Talgrundes. Der Bach schlängelte sich zunächst, teilweise durch kleine Schluchten verdeckt, dahin, um sich endlich in eine breit daliegende Ebene zu ergießen. Fortan begleitete ihn lockerer, hainartiger Wald. Dazwischen eingesprengt, lagen freie Flächen, welche eine gute Sicht auf die eingrenzenden Berge zuließen. Entlang des Weges waren beidseitig große Wildäcker angelegt. Auf ihnen standen in schöner Regelmäßigkeit einzelne Steineichen, so wie bei uns früher oft Obstbäume über einen Kornacker verstreut waren. In der Grenzecke schoben sich alle diese Landschaftselemente zu einem ebenen Kessel zusammen, und mittendrin, angelehnt an einem solchen Mastbaum, stand unser Schirm.
Man hatte eine grandiose Rundumsicht und freies Schußfeld nach allen Seiten. Hier konnte man weiß Gott der Dinge harren, und an diesem letzten Abend sollte die Versuchung für mich recht groß werden. Längst hatten die Hirsche zu melden begonnen, und kaum hatten wir uns auf dem Stand eingerichtet, wurde es lebendig. Ein kräftiger Wildkörper durchbrach plötzlich den 200 Meter vor uns liegenden Dickungsrand, stellte sich in der klassischen Pose hin und schickte seinen schmetternden Ruf in das Talrund. Ich genoß es, den Hirsch bei vollem Tageslicht ausgiebig mit meinem starken Glas beobachten zu können. Ein Kronenzwölfer, und keineswegs ein schwacher! Ohne jeden Zweifel war dieser um etliches stärker als die beiden gestreckten Hirsche. Langsam querte er den Wildakker Richtung Haingrund. Inzwischen meldete aus der anderen Ekke eine schwächere Stimme. Noch verdeckte eine kleine Bodenwelle, was sich da näherte. Statt Hirsch kam ein Alttier mit Kalb. Sie zogen zum Äsen hinaus. Nun ließ der Hirsch nicht mehr auf sich warten. Ein weiterer Kronenzwölfer stand vor mir, deutlich jünger. Ein braves Geweih, noch nicht ausgereift. Knappe achtzig Meter von unserem Schirm entfernt ließen alle drei es sich gut gehen.
Plötzlich erscholl in unserem Rücken, von der Grenze her, ein herrisches Ouaar über den Talkessel. Möglicherweise hatte das Echo den Ruf verstärkt, jedenfalls weckte dieser Schrei alle Geister. Zu-

nächst meldete sich unweit davon aus derselben Ecke eine weitere Stimme. Wo war das Stück nun wieder? Im Glas fand ich lediglich ein Tier mit einem Kalb, das sich in die Gesteinsformation hineinschob und Höhe gewinnen wollte. Als ich mich dem vorderen Schauplatz wieder zuwendete, hatte sich dort die Szene geändert. Ein junger Achter, ohne Anhang, war weit zur Äsung herausgezogen und hatte sich bis auf dreißig Schritte zu dem jungen Zwölfer mit seinem kleinen Rudel gesellt. Beide Hirsche nahmen keine besondere Notiz voneinander. Der junge Zwölfer rief nicht mehr, stattdessen meldete sich der Jungachter um so häufiger. Ja, und ein schwacher, ungerader Kronenzehner hatte sich ebenfalls eingefunden. Mein Gott, was dieses Revier alles bot!
Drei Hirsche hatte ich auf gute Schußentfernung vor mir, zwei meldeten in meinem Rücken, und plötzlich erschrak ich. Aus dem Berghang, halblinks von mir, hinter dem Hain verdeckten Talgrund, kam ein zorniger Sprengruf mächtig, fast gewalttätig über das Tal. Gütiger Himmel, wem gehörte diese Stimme? Nun, er stand zwar nicht verdeckt, indes, ich fand ihn erst, als seine zornige Antwort auf die Erwiderung des jungen Kronenzwölfers herüberschallte. Ruhig stand er mitten im Hang, ein Bild der Kraft, des Selbstbewußtseins! Langsam wendete er das Haupt von der einen Seite zur anderen. Ein König, der sein Reich übersah. Es war der „Sultan" des letzten Abends! Der stärkste „Sultan", den ich überhaupt gesehen hatte. Ein Sechzehnender mit beidseitigen Kronen. Ein endenfreudiger Hirsch, wie so viele Hirsche selbst bei unterschiedlicher Geweihstärke hier sind.
Der junge Kronenzwölfer reizte den Alten offenbar. Vielleicht tat er es bloß deswegen, weil er ihn noch nicht eräugt hatte. Die direkte Sicht der beiden wurde von der geschlossenen Gipfellinie des Eichenhains im Tal unterbrochen. Unbedachte Vorwitzigkeit ist überall Vorrecht und Kennzeichen der Jugend, so auch hier. Allein, der Bergkönig fackelte nicht lange, röhrend und grollend trollte er sich ins Tal. Das sah alles für den Zuschauer aus dem Logenplatz recht gemächlich aus, und trotzdem rollte das Geschehen in Wirklichkeit schnell ab. Kaum kam der erste Sprengruf, in dem die Wut mitzitterte, aus dem Tal herauf, verstummte der junge Hirsch, ließ Tier und Kalb im Stich und verschwand in Richtung Deckung. Der Ach-

ter und der ungerade Zehner stellten sich unbeteiligt und drückten in ihrer ganzen Körperhaltung aus, daß sie von der Auseinandersetzung keine Notiz zu nehmen trachteten. Schauspielerei und Gebärdensprache gibt es also nicht nur bei den Menschen; hier führten es mir die Hirsche vor.
Erneut wurde es zur Abwechslung in meinem Rücken laut, und endlich konnte ich die beiden früheren Stimmen zuordnen. Ein Mittelstarker und ein Schwächerer als Begleiter waren ebenfalls vom Hang ins Tal gekommen. Angesichts des Alten im Grund hielten sie sich auf respektvollem Abstand. Der „Sultan" selbst ignorierte sie. Er steuerte zielstrebig hinter den Wald, direkt auf das Alttier mit Kalb zu. Für einen Moment war er meiner Sicht entschwunden, und just im gleichen Augenblick hallte ein wildes, langes Ouaar aus der ganz anderen Ecke der Talsenke zu mir herauf. Da gab es sichtlich einen Ebenbürtigen in diesem Rund. Kaum war sein Schrei verklungen, schob sich Geweih, Haupt und Vorschlag des Sechzehnenders aus der Senke empor auf die Bildfläche. Ohne zu zögern, federte der mächtige Hirsch grollend auf das Alttier mit Kalb zu. Und wieder dieser rüde Schrei aus dem Talgrund. Der Alte vor mir stockte, hob das Haupt, bis seine Stangen fast den Rist berührten, und orgelte seine Antwort in den Himmel, ein Ruf, der dem anderen in nichts nachstand. Es war faszinierend! Welch eine Bühne der Natur! Welch eine Schulung für den Waidmann! Obendrein konnte ich einmal die Wahrheit des alten Jägerwortes erleben: Jeder Hirsch hat seinen eigenen Charakter! Dieser „Sultan" da vor mir wußte genau, was er wollte. Entschlossen, wie er war, seine Herrschaftsrechte zu verteidigen, ließ er sich durch nichts davon abbringen. Wind nehmend und windend zog er kurz an das äsende Kahlwild heran, hob seinen Windfang an die Schürze des Tieres, ließ das Kalb unbeachtet, knörte, wendete sich ab und schrie seinen zornigen Sprengruf dem unsichtbaren Gegner ins Tal entgegen. Keine drei Meter neben dem Kahlwild stand der schwache Zehner, der weiterhin so tat, als höre und sehe er nichts. Tatsächlich, der Starke beachtete ihn überhaupt nicht, ja er beachtete sie alle nicht weiter. Nur sein Gegner aus dem Talwinkel erregte ihn; auf den konzentrierte er sich, und ihm zog er geradezu lebensgierig entgegen. Im Nu verschwand er im Talgrund.

Neuer Szenenwechsel, kaum den Augen zu trauen! Gerade dort, wo der „Sultan“ her kam, trollte der nächste Kronenhirsch mit einem Begleiter im Schlepptau heran. Dazu ging es umittelbar vor uns recht menschlich weiter. Eine verschmähte Dame mit Nachwuchs muß sich mit dem begnügen, war übrig bleibt. Und das tat sie eilig. Ehe die beiden Hirsche aus der Mulde auf der Fläche erscheinen konnten, verschwand das Alttier mit seinem Kalb in der Dickung, zusammen mit dem einsam am Dickungsrand wartenden besseren Kronenzwölfer. Die beiden Spätzügler fanden nur noch den schwachen Zehner vor, der sich ihnen zugesellte. Dafür schallte ein gewaltiger Lärm aus dem Grund herauf, es rumpelte und polterte dort, die Recken kämpften um den ersten Rang. Zunehmend mischten jetzt in den Aufruhr sogar Stimmen von ferner stehenden Hirschen.
Die Intensität an Eindrücken für Auge und Ohr in diesem weiten Kessel stellte am letzten Abend des Urlaubs sogar alles in den Schatten, was ich von hier vorher je gehört hatte. Im Umkreis einer guten Schußentfernung, bei bestem Schußlicht und einer Temperatur von über 25° C hatte ich sechs verschieden starke Hirsche vor mir. Jeden einzelnen von ihnen hätte man dreimal schießen können. Erweiterte man den Kreis auf einen Radius von 250 Meter, waren wenigstens weitere sechs, sieben schreiende Hirsche zu lokalisieren. Es war ein klarer Fall, an einem solchen Tag beherrschte das Rotwild die Szene; mit Schwarzwild brauchte ich nicht mehr zu rechnen und mit einem einzelgängerischen, alten Keiler ganz und gar nicht. Sollte ich deshalb einen zweiten Hirsch erlegen? Sollte ich nicht? Eine Auswahl hatte ich wie zuvor niemals. Letztendlich blieb es beim Verzicht. Der unüberbietbare Abend hatte gleichwohl eine letzte Überraschung parat.
Der Weg zur Hütte zurück wurde zum Gang durch ein lebendes Spalier, das mitwanderte. Rechts und links schrien die Hirsche unaufhörlich, und an dem Schalengeklapper konnten wir sogar hören, wie sie uns begleiteten. Wir gaben uns keine Mühe, die Schrittgeräusche zu dämpfen. Auf dem letzten Acker, unmittelbar vor dem Forsthaus, hielt das einer dieser Begleiter nicht mehr aus. Der erregte Hirsch, welcher ständig rufend mal hier auf dem Feld, mal da zwischen uns und dem Haus hin- und herpendelte, kam plötz-

lich mit seiner Stimme kerzengerade auf uns zu. Unwillkürlich blieb ich stehen und hob mein Glas. Der Hirsch mußte sich aus solcher Nähe finden lassen. Was war denn das für einer, der unser lautes Gehen in seiner Aufregung für die Geräusche eines Nebenbuhlers hielt? In der Tat, fünfundzwanzig Meter vor mir stand der Hirsch und schrie uns an! Sichtlich desorientiert wurde er wach, und erst jetzt erkannte er seinen Irrtum. Verstummend setzte er sich seitlich ab. Wo, so fragte ich mich, in Europas urigen Jagdgebieten verwechselt ein Brunfthirsch in einer silberhellen Mondnacht den Menschen mit seinem natürlichen Rivalen?
Nachdem Hans K. erneut leer ausgegangen war, verzichtete er auf die Morgenpirsch. Jammerschade, und was wäre es gewesen, wenn er auf meinem Platz gesessen hätte? Ja, aber eben, was wäre . . .
Noch auf dem Rückflug, über den Wolken, kreisten unsere Gedanken über El Sauceral. Die freundliche Stewardess hatte das Geweih in der Bordküche verstaut und uns mit ihren Fragen zum Plaudern gebracht. „Einmal, damals bei der Hirschbrunft in den Auwäldern der Drau, erlebte ich etwas Vergleichbares. Und trotzdem war es gänzlich anders. Die Hirsche der Mancha bieten ein Erlebnis für sich."
Hans K. erwiderte: „Ich kenne die Brunft aus den Alpen, und das aus vielen Jahren. Ich kenne sie an manchen Stellen Jugoslawiens und an manchen Stellen Ungarns, aber dies war mir neu, und wie es mir scheint, bin ich darin nicht alleine."
„Wieso?" wollte ich natürlich wissen.
„Unter der Lektüre in der Trophäenhalle lag unter anderem das Gästebuch des Hauses. Darin habe ich ein wenig geblättert", meinte Hans K. „Eine Widmung fiel mir besonders auf. Der Jäger verglich die Hirschbrunft von El Sauceral mit Rominten. Es konnte geschmeichelt sein. Indes, vergleichen kann nur, wer Rominten gekannt hat. Ich kenne es lediglich aus den Büchern und Jagdberichten. Wer jedoch in Rominten gejagt hat, hat auch in anderen berühmten Revieren zu jener Zeit waidwerken können. Du vergleichst es ja auch mit deinem Buce-Durdenica in Jugoslawien und sagst, es war fast so phantastisch oder besser."
Kann man über ein Spanienrevier mehr sagen?

Ein Fasanen-Rübenacker in einer Pfälzer Industriestadt

Es war der letzte Tag im Oktober. Er begann wetterverhangen und lud nicht sonderlich zum Jagen ein. Man sah es dem Himmel an, daß er selbst nicht wußte, ob er strahlen oder gießen sollte. Warme Winde aus dem Westen schoben Wolkenbänke und Nebelfetzen vor sich her und verkündeten einen regnerischen Jagdtag.
Nicht wenige Jagdgäste kamen von weither angereist, aus dem Siegerland, vom Remstal, aus dem Allgäu und von der Westpfalz. Trotz der Reisewege versammelten sich alle ziemlich pünktlich um den traditionellen Treffpunkt, ein Transformatorenhäuschen mitten in der Flur. Eine orientierende Musterung der grünen Zunft brachte gleich die erste Überraschung. Auf etwa fünfundzwanzig Schützen hatte man nur fünfzehn Treiber. Bei diesem Revier konnte man etliche Treiber mehr durchaus gebrauchen. Nun ja, man konnte sich behelfen. Doch irgendwie schien die sturmschwangere Atmosphäre etwas von ihrer Spannung auf den Gemütern abzuladen, aber gleichwohl gaben sich die Angereisten unbeeindruckt von Wind und Wetter. Auch die Hunde waren ruhig, indes die Jagdherren knurrten. Dies freilich nicht wegen der Jagd, sondern infolge ihres eigenen Zustandes. Einer, Frieder H., seit etlichen Wochen von Grippe verfröstelt, hatte seine Krankheit über den Südatlantik geschleppt und wieder mit zurückgebracht. Er war in diesem Zustand fehl am Platz und gehörte schlicht ins Bett. Der andere, Ernst B., ein massiger Fünfziger, fieberte vor Ungeduld und war mit sich selbst uneins, weil ihm eine Kniegelenk-Arthritis Schmerzen bereitete und ihm das Laufen über die Stoppelfelder unmöglich machte.
Es sollte auf Fasanen gehen.
Eine Fasanenjagd mitten in einer modernen, von der Industrie geprägten Großstadt! Wahrlich eine nicht alltägliche Sache. Das Areal lag eingebettet zwischen der Siedlungsbebauung mehrerer Vororte und einer verkehrsdichten Grenzzone entlang der Industrie-

anlagen. Teilweise war es als Naherholungsgebiet gestaltet und mit Schrebergartenkolonien besetzt. Vom Versuchsgut des Großunternehmens wurde es nach modernsten Methoden bewirtschaftet. Die Flur lag offen dar und war fürs Auge weit und leer. Pappelbäume am Rande trennten das Land von den Weihern. Ein kleines Spinnennetz von schmalen Teerstraßen breitete sich darüber hin, von Moped- und Radfahrern ausgiebig benutzt. Beim schärferen Hinsehen ließen sich schließlich einzelne, verstreute, ja fast verloren wirkende, noch nicht abgeerntete Rübenäcker ausmachen. Auch ein paar verwilderte Grundstücke gab es da.

So sah das Jagdrevier aus; im Grunde wenig einladend und, weil kaum Deckung bietend, noch viel weniger jagdlich versprechend. Ende Oktober waren die Äcker eben abgeerntet. Was blieb, war ein nacktes, ödes Gelände, größtenteils von den Pflugscharen bereits wieder umgerissen. Lehmschollen glänzten im Schräglicht wie gewaltige Speckschwarten und waren, wie sich bald zeigen sollte, beim Darauftreten genauso glitschig. Jeder zweite Schritt rutschte ab, mußte abgefedert werden. Die Knie wurden weich dabei. Die Jagdherren ließen so nebenbei ihre Erwartungen durchblicken: 300 Fasanen als Jagdstrecke.

Mancher Waidmann hörte das mit heimlichem Staunen. Nicht wenige suchten stumm den Horizont ab, zweifelnd bemüht, sich vorzustellen, wo die vielen Gockel sein könnten. Mindestens doppelt so viele mußten dazu da sein, und dann hätte es geradezu wimmeln müssen von diesen farbenprächtigen Geschöpfen. Es war irritierend; und noch dazu in einer Zeit des häufig anzutreffenden Rückgangs von Niederwild ganz allgemein. Bei ähnlich kopfstarken Jagdgruppen anderswo kehren nicht selten manche Jäger mit blanken Läufen zurück. Nicht wenige unter den Jägern waren selbst Pächter und wußten genau, wer bei einer Treibjagd die Arbeit hat: die Treiber, die Hunde und der Jagdleiter. Dem Gast blieb als Vorrecht das Einsammeln von dem, was da für ihn vom Baum geschüttelt wurde. Doch wie sollte das hier gehen? 300?

Nicht genug damit. Eine Jagd an einem solchen Ort war mit einer üblichen Flurjagd nicht zu vergleichen. Das Problem der Sicherheit war erheblich vielschichtiger und verlangte dem Jagdleiter eine rigorose Leitung der Jagdgesellschaft ab. Bevorzugte Plätze für besondere Gäste gab es nicht. Angesichts der Verhältnisse waren sie überall und nirgends. Ob das nun am Bahndamm war, auf dessen Gleisen alle fünf Minuten ein Güterzug aus dem Industriewerk rollte, oder an den Gemarkungsnahtstellen zwischen Feld und Wohngärten oder an der dicht befahrenen Hauptverkehrsstraße oder dem Nudelgewirr der Autobahnkreuze mit ihren Zu- und Abfahrten, immer war die Situation anders. Ganz zu schweigen von der Mentalität der zufälligen Zuschauer. Sie standen an den Straßenrändern oder saßen in ihren Autos und beobachteten mit ausdauernder Neugierde die Szenen der Treibjagd wie in einer überdimensionierten Arena. Und wer nicht gut oder genug sah, rückte prompt näher. Schußrichtungen und Schußwinkel wurden so oft überraschend eingeengt, ja, manchmal war der Schuß unmöglich. Keiner der Schützen wollte sich auch nur dem Hauch eines Verdachtes aussetzen, abprallende Schrote würden jemand gefährden.

Indes, auch die unmittelbare Nähe forderte große Umsicht, denn mitunter war es unvermeidbar, einen Acker in enger Schützenlinie, mit einem Abstand von zwei bis drei Metern zum Nachbarn, durchzukämmen, wollte man Erfolg haben. Ohne ein hohes Maß an Disziplin bei allen Beteiligten ist eine solche Jagd eher ein Alptraum als ein Vergnügen.

Freigegeben wurden von dem Jagdherrn Fasanengockel, Fasanenhennen und kleine sowie kranke Hasen. Was hieß hier „kranke Hasen“? Sollte das nicht „kranke Karnickel“ heißen, wegen der Myxomatose?! Bestimmt ein Versprecher! Ungewollt war damit freilich ein kleines Dilemma programmiert. Hasen waren nur bedingt freigegeben. Wer sah schon einem Hasen an, wie krank er war? Und die Größe läßt sich in aller Regel erst hinterher bestimmen. Bewußt verzichtet wurde auf Kesseltreiben. Wohl überlegt beschränkte man sich auf Streifen, gerade Schützenlinie mit ganz kurzen Vorflügeln an beiden Seiten.

Vormittags wurden die Sturzäcker genommen, dazu einige kleinere Grünflächen, die kaum Deckung boten. Wie es die meisten erwartet hatten, hielten sich da kaum Fasanen auf. Wenig Anblick ansonsten, und so ließ bei der schweißtreibenden Trimm-dich-Übung die Aufmerksamkeit bald nach. Als dann ganz überraschend in einem grünen Winkel einmal ausreichend viele Fasane zusammengedrängt waren und nach den ersten Schüssen Gockel und Hennen, einer nach dem anderen, in schöner Regelmäßigkeit etliche Minuten lang hochburrten, wurde kaum getroffen. Reflexartig und unkonzentriert wurden von vielen die Schüsse hingeworfen, zweimal daneben und dann nachladen, während rechts und links weitere Fasanen hochstiegen.

Flugwildschießen ist ein bißchen anders als Bodenwildschießen. Die meisten Waidmänner müssen sich bei den Gesellschaftsjagden anfangs erst auf diese Kombination etwas einstellen. Die Natur ist kein Tontauben-Schießstand. Ist man nach etlichen Patzern endlich wieder angepaßt, und es kommt dann längere Zeit bei dem Marsch über die Ackerschollen kein Flugwild mehr vor, während alle naselang zwei bis drei Meter vor einem die Hasen aus der Sasse flitzen, dann erliegt mancher der Versuchung. Da werden Hasen klein, oder man glaubt sie krank, und entgegen dem guten Vorsatz wird öfter als gerechtfertigt auf sie Funken gerissen. Der Wechsel vom Flugwild zum Bodenwild erhöht meist durchaus nicht die Treffsicherheit. Hasen werden angebleit, es staubt ihre Wolle; nur fallen tun sie nicht. Unter dem ironischen Wort: „Du machst den Hasen krank, und ich erleg' ihn dann“ verwandelt sich unversehens die Fasanenjagd in eine Hasenjagd. Jagdherren schätzen so was nicht, und das ist ihr gutes Recht. Die Klarstellung: „Hier sind nicht alle Hasen krank“ bog das rasch wieder gerade. Freilich, wenig Wild, dazu kurze herbstliche Regenschauer, von innen dampfende Feuchte und von außen föhnartiger, warmer Wind; da wird die Kleidung unbequem, und es sinkt das Stimmungsbarometer.

Was tut man in einem solchen Falle?

Essen! Mittagspause halten! Es ist das einzig Richtige! Dem Magen etwas zum Arbeiten geben. Schwäbische und Pfälzer Würste aus dem Kofferraum in die Hand, ein Schluck Tee, ein Schluck Bier, ein Schluck Wein, ein Schluck Sekt, ein, zwei Klare, wie es gerade kam und was eben jeder so schätzte. Zwar fuhr der Wind uns nach wie vor ungemindert um die Ohren und bürstete mitunter die Haare der Hunde gegen das Fell, doch die gute Laune kehrte wieder. Eine Zwischenbilanz der Strecke war dürftig. Erst etwa zehn Prozent der erwarteten Tagesstrecke hingen auf den Stangen, allerdings auch fünfzehn Hasen dabei. Eine freundlich stille Ruhe des Sattseins breitete sich aus und schläferte die Aktivitäten sichtlich ein.

„Auf geht's! Jagen wollen wir heute! Zur Geselligkeit ist abends noch im Athletenheim Zeit genug!“ Ein Jagdherr sprach's und scheuchte uns auf.

Der Jagdtag begann jetzt noch einmal! Und noch immer war das Ziel 300 Fasanen. Wie sollte das gehen? Die Skepsis wurde größer. Gejagt mußte werden, palavern brachte nichts. Der Wille war ja da. Die Hasen waren fortan tabu. Bereits das Ablaufen der Schützen zeigte, wie sich jeder bemühte. Die Schützenkette selbst glich jetzt wieder mehr einer Schnurlinie. Am Vormittag sah es gelegentlich so aus, als würde eine Welle entlanglaufen. Besonnenheit und Rücksicht breiteten sich verstärkt aus. Sämtliche Hunde waren angeleint, und alle Hundeführer hatten ihre vierbeinigen Jagdkameraden gut unter Kontrolle. Betont langsam wurde das erste Treiben angegangen. Sobald Schüsse fielen, wartete die Linie, bis das erledigte Wild gebracht worden war. Das hatte mehrere Vorteile zugleich. Einmal wurde umsichtiger gejagt, es wurde besser getroffen, und die Hunde konnten arbeiten. Der Verlust von angeschossenem Wild reduzierte sich auf ein Minimum.

Gerade die Hundearbeit war nicht ganz ungefährlich. Auch für Hunde gilt, daß sie sich erst mal kennenlernen müssen. Die Beschnüffelei wird ausgiebig und gründlich vorgenommen. Hunde konkurrieren miteinander. Sie kennen Jagdfieber und Jagd-, oder sollte man besser sagen, Beuteneid. Das normalisiert sich zwar mit zunehmender Ermüdung, allein, der Hundeführer darf sich darauf nicht verlassen. Selbst bei perfekt abgerichteten Hunden gibt es Ausrutscher. Ein gesunder Hase, jäh vor dem Fang eines Hundes frisch aus seinem Lager, reißt diesen schon mal auf seine Fährte, und der Hund vergißt darüber für einen Moment seinen Auftrag, den geschossenen Fasan zu bringen. Geschieht das zufällig in der Nähe einer stark befahrenen Bundesstraße und der Hase sieht sein Heil in der Flucht über diese Straße, rast auch der Hund, blind gegenüber jeder Autokolonne, hinterher. Dann entstehen spontane Angstvisionen! Hase ins Auto, Hund ins Auto, Auto auf Auto. Nein – das ist kein Hase wert!

Der halbblinde Hirsch von Günter B.
v. l. n. r.: Hans K., Günter B., Berufsjäger Theo M. und Hubert Suter.

Mit der Trophäe präsentiert man sich vor dem Jagdhaus.

Typische Abwurfstangen mit nach innen gerichteter Abwinkelung im hinteren Kronenbereich.

Hier gibt es nur einen einzigen Schutz. In solchen Revierrandzonen bleiben die Hunde angeleint. Keiner darf frei laufen.

Die jagdliche Nutzung eines solchen Stadtreviers will verstanden sein. Nachmittags lief es besser. Man stieß öfters auf die Vögel und traf besser. Einer Zwischenmeldung zufolge war das erste Hundert erreicht. Immerhin ein Drittel, und das konnte sich bereits sehen lassen. Doch der wolkenverhangene Tag dunkelte früh, und außerdem lag nur noch ein einziger Rübenacker vor uns; dreißig bis vierzig Meter breit und 200 bis 250 Meter lang. Er begann direkt an der Straße, und zwangsläufig mußte er von der Straße weg getrieben werden. „In diesem Rübenacker stecken alle Fasanen. Er ist gestopft voll", machte mich ein interessierter Zaungast aufmerksam. Was konnte das schon heißen? Nun, wir sollten es bald erfahren.

Die Schützenkette stellte sich eng auf. Jeder dritte war ein Hundeführer, und sämtliche Vierläufigen blieben kurz angeleint. Nur wenige Schützen flügelten an beiden Seiten in einem sich öffnenden Trichter vor.

Es war ein herrlicher Rübenacker. Die Rüben standen dicht, und die großen Blätter schlossen über dem Boden zusammen, hervorragend Deckung gebend. Wohin man trat, war nicht zu sehen, die Füße mußten von selbst ihren Tritt finden. Die Blätter rauschten, als wären sie windgepeitscht, sobald die Linie sich in Bewegung setzte. Wenige Meter nur, und die erste Henne stieg hoch. Sie hatte keine Chance. Der Schuß warf prompt einen Hahn heraus. Einen Schritt vor uns stieg er flatternd auf, gewann Höhe, und gerade als er schnell wurde und seine Flugrichtung wechseln wollte, wurde er zum Fragezeichen und fiel tot wie ein Stein herunter. Prompt kam ein Paar hoch. Das hielt sich tief über dem Acker. Mehrfaches Schützenfeuer flackerte auf, und sie verschwanden zwischen den Rüben.

Ein solcher Anfang machte die Hunde munter, sie sprangen in die Leinen und gaben Laut. Darauf wurde ein Hase locker und bot einen begeisternden Anblick. In gedeckten Sätzen fächelte der lang und schlank gewordene Hasenkörper die Rübenblätter auseinander. Löffel angelegt, suchte Mümmelmann seinen Weg zwischen Jäger- und Hundeläufen hindurch nach hinten zum Ackerrand. Dort wurden seine Fluchten allerdings riesengroß. „Jiff, Jaff, Hau,

Hau“, helle und rauhe, kräftige und aufheulende Stimmen der Hunde klangen hinterher. Aber nicht jeder Hase entwand sich so elegant. Zwei, drei suchten ihr Heil in der Flucht nach vorne und warfen, was im allgemeinen nicht so häufig vorkommt, gleich einen Pulk von Fasanen heraus. Es war wahrhaftig ein erfahrungsträchtiger, weiser Entschluß, die Hasen zu schonen. In einem solchen Akker, unter solchen Bedingungen, kann nur eines gejagt werden, Flugwild oder Bodenwild. Beides zusammen und gleichzeitig dazu führt allenfalls rasch zum Verlust der Übersicht, keineswegs zu einer vernünftigen Nutzung des Wildes.
Wie soll man sich entscheiden, auf eine Distanz von fünf bis acht Meter steigen die Fasane in den Himmel, sieben, acht, neun, alle auf einmal, flügelklatschend und auseinanderstrebend. Die alten Gockel, gewitzt genug, benutzen geschickt ihren Stoß als abweisendes Schutzschild gegen die Schrote. Doppelknall, rechts und links, Dubletten, Kompaniefasane, nachladen, die Flintenverschlüsse klappen, Rübenblätter rauschen und brechen, die Hunde bellen und heulen – kurzum ein aufwühlendes und seltsames Konzert für Jägerohren.
Auf einer Fläche von dreißig mal dreißig Meter und etwas Luft darüber in einer Spanne von zehn bis zwanzig Sekunden waren alle Aktionen zusammengeballt. Eine volle Anspannung aller Sinne! Sehen, umsichtig sein, entscheiden, handeln und schnell dazu. Ich war gerade wieder mit dem Nachladen fertig, als ein hoher, querreitender Fasan zurück wollte. Erster Schuß, vorbei. Der zweite faßte ihn voll und bei seiner vollen Geschwindigkeit. Dieser Vogel stürzte nicht jäh ab. Bewegungslos, als würde er segeln, zog er in seinem Flug einen schrägen Strich zum Boden. Wo würde er aufschlagen? Ah, nur noch ein halber Meter. Doch, was war das? Kaum traute ich meinen Augen. Im allerletzten Moment rumpelte ein Hase aus der Sasse. So ist es wohl, wenn ein Greif zuschlägt. Dieses Mal hätte ihn beinahe der tote Fasan erschlagen.
Pause. Die Treiber mußten nun erst einmal die Beute einsammeln. Es nahm Zeit in Anspruch, und ohne die Hundenasen ging es sowieso nicht. Zwei der besten Hunde wurden geschnallt, und selbst diese hatten ihre Mühe, das sich steckende Wild aufzufinden. Zeit zum Beobachten und zum Nachdenken. Ein sauberer Schuß,

manchmal der Doppelschuß zweier Schützen nimmt einen Fasan vom Himmel. Er klatscht wenige Meter vor einem auf eine Kahlstelle im Acker. Noch drei Schritte, bücken und aufheben, meint man. Ja und dann ist er weg. Öfter als es einem lieb ist, kann das todkranke Wild sich noch in irgendeine Deckung einschieben. Hier helfen nur die Hunde.
Beim Hin- und Hertrampeln wurde weiteres Wild locker. Es entkam unbeschossen. Zuviel Fasanen, konzentriert auf kleiner Fläche, brachten also auch Probleme. Wie soll sich der Jagdleiter entscheiden? Erst einmal durchjagen ohne viel Nachsuche und anschließend ein zweites Mal durchkämmen und dabei das Augenmerk auf überlaufenes und krankes Wild richten? Oder Jagen und Nachsuchen in einem tun. Wir taten das letztere. Bei einem derart übervollen Ackerstreifen hat das jedoch seine Kehrseite. Manche Vögel rennen in den Furchen davon, ohne hoch zu werden. Sie nehmen angeschossene Exemplare, sofern diese noch „Infanteristen" sein können, mit. Nicht wenige davon bewältigen dabei noch einige Hundert Meter. Hunde, einmal auf dem Geläuf der kranken Fasanen, bleiben natürlich dahinter. So auch hier. Jeder apportierte seinen Vogel und scheuchte dabei außerhalb der Reichweite unserer Flinten ein gutes Dutzend Gesunde hoch. Sie bekamen rasch Wind unter die Schwingen, gewannen so Höhe und kurvten in weitem Bogen zurück, strichen hinein in die Industrieanlagen, dorthin, wo sie wußten, daß sie sicher waren. Es war faszinierend und bedauerlich zugleich. Die Hunde mußten also, so bald es ging, wieder an die Leinen.
Erneute Pause. Die Jagdgesellschaft formierte sich abermals. Die Hunde waren unter Kontrolle, die Hasen damit keine Gefahr für den Verkehr. Aber einen streichenden Fasan kann niemand beeinflussen. Wenn so einer einen bis eineinhalb Meter über dem Boden zwischen den Autoschlangen durchsegelt, wird es einem auch mulmig. Knallt er direkt auf eine Scheibe, kann er sie wie ein Stein durchschlagen.
Der Rübenacker fing an, aufregend zu werden. Gleichwohl rechneten die Jäger, wohl erst gegen Ende der Rüben wieder zu Schuß zu kommen. Doch sie irrten sich alle. Trotz aller Hunde hatte sich in unmittelbarer Nähe noch viel Wild gesteckt. Wieder flatterte es

aufrauschend auf kürzeste Distanz und zahlreich genug, um alle Schützen zu elektrisieren. Schüsse fielen, mitunter wurde in der Hast auf unnötig kurze Entfernung gefeuert, und mancher Treffer hat den Vogel gleich halb gerupft. Es regnete Federn von oben und aus der Nähe, ja mitunter stäubte sie der Wind quer an der Schützenkette entlang. Diesmal gab es ein längeres Dauergeknatter. Die Bilder wiederholten sich, und erneut begann die Suche. Etwa acht Stück mußten im Acker liegen, und nun wurden alle Hunde benötigt. Schließlich war alles gefallene Wild den Treibern übergeben.
Der Beobachter am Rande hatte also Recht. Der Acker steckte wirklich randvoll mit Fasanen. Unvermittelt wurde jedem klar, was nunmehr notwendig war. Zu kurz zu schießen war eher für die Katz als für die Jagdherren. Auch die in das Industriegelände zurückstrebenden Vögel mußten unbeschossen bleiben. Ziele und Handlungen wurden eingeengt. Fasanen sollten erst hochgestiegen sein und die Ackerränder rechts und links verlassen haben, ehe sie aufs Korn genommen wurden. Weniger schießen, besser treffen, war fortan die Parole. Das gelassenere systematische Jagen bewährte sich. Der Rübenacker brauchte eben Zeit.
Endlich kam auch ausreichender Abstand zur Bundesstraße zustande und damit die Möglichkeit, die Hunde richtig arbeiten zu lassen. Es war eine Freude, acht gut abgerichtete Vorstehhunde in ihrem Element zu sehen, und das bei ungewöhnlicher räumlicher Enge. „Kessie, apport!“, „Britta, hierher!“, „Anja, sitz!“, „Rex, anleinen!“ hallten die Kommandorufe durch die Gegend. Immer seltener jagten zwei Hunde zugleich einem Stück nach. Bei dieser Fülle hatte jeder genügend zu tun. Die unvermeidlichen Rivalitätskämpfe erübrigten sich. Es war schon fast menschlich. Wo jedermann ausreichend hat, ja, Überfluß herrscht, geht es friedlicher zu. Friedlich arbeitete ein Großer Münsterländer neben einem Weimaraner, ein Griffon neben einem Kurzhaar. Allerdings wurden die Hunde auch müde. Von den Feldjagden klassischer Art weiß man, wie sich die weit draußen revierenden Hunde bei einem langen Tag müde hetzen, denn sie schonen sich nicht. Nicht selten fällt an einem schwülwarmen Tag ein Hund plötzlich erschöpft um.

Gewiß, müde wurden die Hunde hier genauso, jedoch aus einem anderen Grund. Man muß gesehen haben, was es für eine Münsterländerhündin bedeutet, dreißig Fasane zu apportieren. Das kostet sie Kraft, und die Nackenmuskeln machen immer weniger mit. Brav und gelassen arbeitete sie mit, doch immer öfter legte sie einen Vogel nieder, setzte ab, nahm ihn wieder auf und verkürzte so den Abstand, weil Herrchen näher kam. Ja, sie schaltete sogar überlegt um, ließ die Beute liegen, bis die Jäger herankamen, und übernahm erst für den Abschluß ihren Teil des Bringens. Hier sah man geradezu das „Mitdenken" des Hundes.

Unversehens wird einem bewußt, wie in einem solchen Rahmen auch die Jagd mit den Hunden dem Wandel unterworfen ist. Früher schätzte und brauchte man weitläufig stöbernde Hühnerhunde. Kleine Rübenäcker im Großstadtraum lassen das einfach nicht zu. Hier werden Hühnerhunde benötigt, die kurz zu jagen verstehen und kurz gehalten werden müssen. Neue Umweltbedingungen verlangen eben ein Anpassen der Jagdmethoden, und das geht hier bis zu unseren treuen vierbeinigen Helfern.

Und noch ein drittes Mal wiederholten sich in diesem Acker dicht geballt die Jagdszenen der Flugwildjagd. Als der Rübenschlag zu Ende war, hatte dieser allein fast 100 Hähne und Hennen gebracht; er allein ungefähr die Hälfte der Tagesstrecke.

Vorher hätten das die Jagdherren wissen müssen, dann hätten sie sich nachmittags nur auf diesen Streifen beschränken können. Schätzungsweise ist ungefähr soviel Flugwild entkommen, wie gestreckt wurde.

Die Zahlen mögen für die heutigen allgemeinen Jagdverhältnisse kaum glaublich klingen. Wer allerdings Gelegenheit hat, im Raum der Vorderpfalz zwischen den Weinbergen der Haardt und des Rheins in gut gepflegten Revieren auf Fasanen jagen zu können, stößt hin und wieder einmal auf solche oder ähnliche Jagdmöglichkeiten. Einmal ist es ein aufgelassener, von Unkraut bis in Manneshöhe durchwucherter alter Wingert, ein andermal das stehengebliebene Maisfeld, hier war es ein schlichter Rübenacker. Die Tagesstrecke betrug dreiundachtzig Gockel, vierundneunzig Fasanenhennen und achtzehn Hasen. Mit 195 Stück Wild wurde das Ziel 300 zwar bei weitem nicht erreicht, doch das Ergebnis konnte sich sehen lassen. Alles in allem, der mißglückte Morgen und der furiose Nachmittag – es war ein Jagdtag, in dem alles steckte. Und er ließ deutlich werden, weshalb die Erwartungen der Jagdherren nicht in den Bereich des Jägerlateins gehörten. Diana hätte halt ein bißchen früher lächeln sollen. Vielleicht hatte sie nur nicht rechtzeitig ausgeschlafen, vielleicht auch bloß die Jäger nicht.

Für das Schüsseltreiben in der Athletenhalle hinterher gab dieser Tag viel Gesprächsstoff her. Neuer Wein und Pfälzer Saumagen wurden jedem Durst und Hunger gerecht. Wohliges Ausruhen der müden Glieder und aufkommende Sattheit verbreiteten bald eine allseitige Zufriedenheit. Und die aufmunternde Wärme lockerte die Stimmen wie Kohlensäure die Sektkorken. Anerkennend ein Jäger aus dem Sauerland: „Das war ganz stattlich heute. Ehrlich gesagt, heute morgen hatte ich so meine Zweifel über das, was hier zur Strecke kommen könnte."

„Dieses Revier ist stets für eine Überraschung gut. Wir kennen das schon", meinte lachend einer der Jagdherren.

Der zweite ergänzte: „Wir halten halt die Feinde unseres Niederwildes kurz."

„Das tun wir doch auch, ja, jedenfalls versuchen wir es."

„Jaja, es ist eine Zeitfrage. Nahrungsjäger sind wir alle nicht mehr. Marktjäger waren wir nie. Und als Freizeitjäger kommt man leicht in Gewissenskonflikt zwischen Wild, Amt und Weib."

„Etwas kommt eben zu kurz, und es fragt sich nur, wo kann man es sich leisten?"

Ein Jäger meinte, wieder ernsthafter: „Wir gehen davon aus, daß bei unserem Niederwild, egal ob Fasan, Hase oder Kaninchen, fünfzig Prozent des Nachwuchses das erste Jahr nicht überleben. Die Jagdnutzung durch uns, nennen sie es Jagddruck meinetwegen, erreicht nicht mal zwanzig Prozent. Mit unseren Jagden nehmen wir also nur etwas vorweg, was sowieso geschieht."

„Schwierig ist es bloß, die richtigen fünfzig Prozent zu finden", flaxte jemand.

„Die Tagesstrecke war ganz ordentlich, und wir haben dabei keineswegs zu fest in den Besatz hineingelangt", wieder der Jagdherr.

„Bei so wenig Deckung?" zweifelte ein Jagdgast.

„Der Eindruck, es sei kaum Deckung vorhanden, täuscht. Flugwild kann leichter ausweichen als Bodenwild und tut es auch. Und dann muß man sich die Randzonen dieses Reviers einmal auf die Deckung hin ansehen. Die beiden Minimumfaktoren Nahrung und Deckung sind hier, entgegen dem ersten Augenschein, gar nicht so niedrig wie in vielen anderen Revieren. Wir haben da ein Industrieareal von imposanter Größe. Am Rande und innerhalb des Werkzaunes gibt es viele Grünstellen, gepflegte sogar. Sie bieten Nahrung, Deckung und Ruhe, denn dort wird nicht gejagt."
Spontan unterbrach lachend der älteste Jagdherr, Walter: „Ausnahmen gibt es, wenn Sauen drin sind." Ungläubiges Staunen und Proteste. „Das erzähl' ich später", begütigte er.
Der andere nahm seinen Gedanken wieder auf: „Ausweichräume für unser Wild haben wir auch im Weihergebiet, in den Schrebergärten, in den Hausgärten, die die Siedlungen säumen, und ganz besonders in den vielen mit geschlossenem Niederwuchs gestalteten Autobahnkreuzen unseres Raumes. Solche Verkehrsknotenpunkte entwickeln sich geradezu zu einem 'Wildland'. Es ist lediglich die Frage, wie weit sich eine Tierart an den Lärm gewöhnen kann. Die Fasanen haben genug Schlafbäume, und es sind keine dummen Vögel. Sie wissen, wo sie hier ihren Schutz finden, und dann scheuen sie selbst die Nähe des Menschen nicht."
Ein alter Oppauer Jäger, der aufmerksam zugehört hatte, rührte sich jetzt und gab unversehens dem Gespräch eine andere Richtung. „Zwischen Oppau und Friesenheim war seit eh und je ein Paradies fürs Niederwild. Hier hat man in der Zeit der Besetzung durch die Franzosen, also nach 1945, Hasen gestochen."
„Was hat man?" zweifelte jemand, „Hasenstechen, so haben die alten Römer gejagt."
„Und mancher unserer einheimischen Bauern in unserer Zeit", fiel der andere unterbrechend dazwischen. „Das Wild darf freilich nicht selten sein. Und besonders geschärfte Sinne als Naturanlage gehören mal dazu. Ich kannte einen, der sich in der damaligen Hungerzeit im Winter ziemlich regelmäßig seinen Sonntagsbraten zu holen wußte. Er tat es konsequent vor aller Augen und fiel dabei nicht auf. Doch man muß sich wohl erst in diese Jahre wieder zurückversetzen. Der Hunger quälte alle, und die jahrelang erzwun-

genen Fastenkuren hatten uns klapperdürr gemacht. Jeder versuchte, den Küchentopf aufzufüllen. Jagd wurde hier nicht ausgeübt; wenn, dann blieb sie der Besatzungsmacht vorbehalten. Manch einer entwickelte da spontan Künste, die man längst verloren glaubte und für die jegliche traditionelle Überlieferung abgerissen war. So auch mein Spezialist im Hasenstechen." Er nahm einen Schluck, und die Runde wartete schweigend, bis er fortfuhr.

„Hasenstechen war natürlich eine Sache des Herbstes, besser noch des Winters. Die Flur mußte weitgehend abgeräumt, leer sein. Bei zu vielen Deckungsmöglichkeiten wird das Hasenstechen unergiebig. Also, dieser Oppauer fuhr täglich mit seinem Fahrrad, Mistgabel drangebunden, ins Feld hinaus. Es war so selbstverständlich, daß sich niemand etwas dabei dachte. Manchmal durfte ich ihn begleiten. Er versuchte mich sogar darin einzuweisen. Aber meine Talente reichten nicht hin. Ich konnte nur zusehen, wie er Erfolg hatte. Es fing schon mit der Beobachtungsschärfe an. Weit voraus sah er im Stoppelacker die Hasen liegen. Mich machte er dann aufmerksam, und obwohl er den Platz genau beschrieb, ich sah keinen Hasen. 'Komm, gehen wir hin, du wirst es sehen!' Prompt stand ein Hase auf, sobald wir dort waren. Bald wußte ich, seine Ankündigungen stimmten. Zu wissen wo, ist natürlich die erste Voraussetzung für eine solche Jagdweise. Aber er wußte auch, ob ein Hase vermutlich aushalten würde oder ob er so hoch und im Wind lag, daß er bei der Annäherung früh aufstehen würde. Er sortierte im Geiste die Erfolgschancen und bemühte sich nur um die aussichtsreichen. Trotzdem ging es noch oft daneben. Aber er kam auch gar nicht selten nahe genug heran, um mit der Mistgabel den Hasen aufzuspießen. Nun ist das beim Hasenstechen nicht so, man geht von einem zum anderen, und am Schluß kommt man mit fünf Stück nach Hause. Es war schon eine zeitaufwendige Sache, verlangte Geduld und Beharrlichkeit. Und es war ein Glückstag, wenn er zwei erlegt hatte. Zwei Hasen für eine Familie in einer Zeit, in der es pro Kopf wöchentlich nur hundert Gramm Fleisch gab, das waren freudige, um nicht zu sagen, festliche Anlässe für die Hausfrau."

Die Zuhörer konnten sich das vorstellen, es war glaubhaft. Aber etwas Besonderes mußte noch dabei sein, sonst könnte gar mancher heute noch genauso zum lautlosen Wilddieb werden, ginge es allzu leicht. Der Erzähler fuhr nachdenklich fort: „Ich habe mich oft gefragt, warum sieht er den Hasen und warum ich ihn nicht. Meine Augen waren an Sehschärfe nicht schlechter als seine. Es muß an der Art des Sehens gelegen haben. Er sah offenbar anders, vielleicht war das angeboren."

Jemand nickte und meinte: „Durchaus möglich, denn was und wie man etwas sieht, hängt nur bedingt von der Sehschärfe ab. Man kennt das ja von den Malern. Sieht man sich ihre Selbstbildnisse an, so hat fast immer das Auge, ihr Blick eine dominante Rolle. Ein jeder sieht anders in die Welt, und so malen sie meist auch."

Der Oppauer ging sinnierend darauf ein: „Ja, irgendwie muß es damit zusammenhängen. Besonders deutlich wurde mir seine Fähigkeit an Rauhreiftagen, Tagen, an denen noch kein Schnee lag. Jeder von uns kennt das. Eine Witterung, bei der das Ausatmen eine Nebelfahne in die Luft bläst. Atmen tut ja das Wild genauso. An solchen Tagen hatte er es leichter. Oft sah er dadurch, wo er seine Hasen in der Sasse antreffen konnte. Da suchte er einfach den Boden systematisch nach kleinen rhythmischen Dampffähnchen ab. Welcher Normalmensch sieht das schon? Ich lernte das schließlich sehen, aber ohne Anleitung hätte ich das nie registriert."

„Beobachten ist eine hohe Kunst! Vieles ist erlernbar und verfeinert sich durch Schulung und steten Gebrauch. Höchste Kunst indes gibt es darin genauso wenig wie in anderen Dingen ohne eine gute Anlage dazu", bestätigte einer aus der Runde, denn jetzt war doch noch das Besondere angeklungen.

Ein anderer schüttelte den Kopf und fand: „Ein von Wild berstender Rübenacker in der Großstadt und Hasenstechen in den Nachkriegsjahren – es liegen nur dreieinhalb Jahrzehnte dazwischen! Die örtlichen Verhältnisse ließen beides zu. Alle Achtung!"

„Ja, damit nicht genug", munterte wieder ein anderer auf und fragte: „Wie war das mit der Sau in der Fabrik? Das wollen wir jetzt auf jeden Fall noch hören." – „Was könnte uns jägerisch sonst noch überraschen?" lachte einer der Allgäuer.

Nachdenklich wiegte der Senior, der Jagdpächter Walter, den Kopf und meinte: „Ob das noch Jagd im vertrauten Sinne ist, weiß ich nicht. Mitunter gibt es Grenzfälle, zu denen die Jäger halt zugezogen werden." Und er begann bedächtig: „Da unten am Rhein, im Werk, wird im Rheinvorland wegen des Güterumschlags auch nachts gearbeitet. Da werden Güterzüge zusammengestellt und Waggons hin- und hergeschoben. In einer Nachtschicht sah nun ein Lokführer während eines Halts von seiner Lokomotive auf den Rhein hinaus. Mondhelle lag auf den Wellen des Wassers, und das Licht ließ die kleinen Kämme silbrig glänzen. Es war die Stunde vor Mitternacht. Mit einemmal bemerkte er einen dunklen Punkt im Wasser, der von dem anderen Rheinufer her kam. War es Täuschung? Nein, der Punkt kam näher, wurde auch größer, strebte sichtlich dem Ufer zu. Nächtliche Bewegung im Rhein, er ist da immerhin 300 Meter breit, erregt sofort Aufmerksamkeit. Der Punkt war angekommen, kletterte ans Ufer und entpuppte sich als ein starkes Wildschwein. Das Stück wechselte unweit der Lok auch gleich über die Bahngleise und verschwand im nächtlichen Dunkel der Werksanlagen."

„Sind auf der anderen Seite des Rheins noch Sauen in den Wäldern?" wollte jemand wissen.

„Nein, schon lange nicht mehr. Aber wir wissen von einem uralten Fernwechsel, der auf dieser Höhe etwa zu uns herüberführt."

„Ja, und wie ging das weiter? Ein starker Keiler im Industriewerk, das ist nicht alltäglich."

„So einer – gewiß nicht." lachte Walter. „Na, das gab zunächst eine Meldung an die Werkspolizei, und die hat mich, als den zuständigen Oppauer Jagdpächter, aufgestöbert. Am nächsten Abend bin ich von denen bereits mit dem Auto abgeholt worden, und stundenlang haben wir mit Scheinwerfern vom Auto aus das Gelände nach dem Schwarzkittel abgesucht. Es war von vornherein eine aussichtslose Sache, eher eine Pflichtübung."

„Ja, und dann?"

„Zwei Tage später wurde die Sau auf der angrenzenden Bundesstraße in der Abenddämmerung durch einen Lkw 'erlegt'. Es war ein Keiler! Und er wog 120 Kilogramm."

Am Fuße der Mittelhaardt in Meckenheim und Haßloch

Wie erwartet, hatte die Sonne schon früh an diesem Oktobertag den Dunst des Hochnebels durchdrungen und den Schleier in die Ferne weggeschoben. In ihrem Licht leuchteten die Herbstfarben der Flur kräftig und satt. Es schien so, als ob die Natur den üblichen Klimarhythmus vergessen und erst jetzt zu ihrer Normalität zurückgefunden hätte. Der Sommer war eher ein in die Länge gezogener grüner Winter gewesen und hatte keine wesentliche Wärmeperiode besessen. Ohne Kälteeinbruch und ohne Stürme bescherte und eröffnete ein später Altweibersommer einen prachtvollen Herbst. Hier im Rheingraben, zwischen Haardt und Rhein im Land des Weines, wo die Weinberge und Weinäcker die Landschaft prägen, hing noch das ganze Laub an den Reben und entfaltete ein grandioses Farbenspiel. Auch die vielen Zwergobstanlagen mit Apfel-, Birn- und Zwetschenbäumen boten nicht die winterlich kahlen Strubbelköpfe. Auf den Feldern standen noch der Mais, die Rüben und der Senf. Es war ein Tag wie geschaffen zur Fasanenjagd; licht genug, um gut sehen zu können.

Die berühmten Weindörfer der Mittelhaardt mit ihren angrenzenden Jagdrevieren haben in der Ferne weiche Konturen und verlieren sich zwischen den Hangausläufern des Pfälzer Waldes in der Rheinebene. Die Meckenheimer Flur hat längst keinen Wald mehr. Die Güte des Bodens läßt nahezu jede Art von Sonderkultur an Obst und Gemüse zu, und die Landwirte wissen das zu nutzen. Infolgedessen gliedert sich das Land für das schweifende Auge in Obstparzellen, Weinbauflächen und Maisäcker. Meist haben sie 200 bis 300 Meter Länge, häufig jedoch nur eine Breite von zehn bis zwanzig Metern. Wie ausgebreitete Handtücher auf der Bleiche liegen sie in der Landschaft, nur gelegentlich durch einzelne Pappelholzinseln von 150 mal 150 Meter unterbrochen. Ab und zu durchschneiden kleine Bachrinnsale, wie mit dem Lineal gezogen, das Erdreich. Dieser Boden ernährt seine Menschen gut, wie überhaupt die ganze Gegend rechts und links des Rheins von Basel bis nach Mainz in ihrem natürlichen Reichtum, ihrem warmen, teilweise sogar subtropischen Klima und den Folgen uralter menschlicher Nutzung uns Heutigen ein königlicher Landstrich geworden ist.

Hier geht man mit der Zeit und überträgt rasch neue Erkenntnisse und Ergebnisse in der Bodenbehandlung und Bodenbebauung auf die Äcker. Das geflügelte Wort: „Was der Bauer nicht kennt, das ißt er nicht“ hat hier längst der Wind verweht. Dabei ist das Verhältnis der Menschen zur Natur gänzlich ungebrochen.

Die Meckenheimer Jagd ist weit und breit berühmt als gepflegte Jagd, die gerade deswegen stets ordentliche Strecken an Niederwild zuläßt und liefert. Die fünfköpfige Jagdgemeinschaft, lauter Ortsansässige, weiß das sehr wohl und ist bedacht darauf, diesen Ruf zu behalten. Sie schauen sich ihre Jagdgäste genau an, und nicht jedem widerfährt die noble Geste, ständiger Dauergast für den ganzen Herbst sein zu dürfen. Gejagt wird hier ab Mitte Oktober bis Ende des Jahres jeden Samstag und Sonntag, natürlich mit den zwei obligaten großen Hasentreiben im Dezember. Von Buß- und Bettag an werden Hasen und Fasanengockel gleichzeitig bejagt, Kaninchen, Raubwild und Raubzeug sowieso. Stets rudelt sich eine buntgemischte Jagdgesellschaft zusammen, von der es viele gewohnt sind, Anreisestrapazen souverän zu übersehen. Aus den verschiedensten Winkeln der Windrose werden sie auch erwartet, sei es aus dem Saarland, aus dem Wasgau oder aus den großen Städten des Rhein-Neckar-Raumes. Dementsprechend ist die Skala ihrer Berufe, von den Förstern bis zu den Militärs, von Weinbauern bis zur Gutsbesitzerin.

Bei meist annähernd gleicher Zahl von Schützen, Treibern und Vorstehhunden werden zwei Gruppen von je zehn bis fünfzehn Schützen gebildet, die in getrennten großen Jagdbogen in der Flur aufeinanderzujagen. So war es auch heute. Persönlich bevorzuge ich diese Art einer gut überschaubaren Jagerei. Die handtuchartigen Maisäcker lassen sich ordentlich abstellen, und sobald die Hunde geschnallt werden, können diese dann an den verschiedenen Stellen gleichzeitig den Mais durchstöbern. Auf diese Weise stehen die Fasanen rasch auf. Sie nehmen den kürzesten Fluchtweg, und so artet das auch nicht in eine jener wilden Knallereien aus, wie sie losbrechen, wenn die Gockel im Pulk an einer einzigen Stelle hochsteigen. Dabei wird sorgfältiger gezielt, ruhiger geschossen und besser getroffen. Umgekehrt merkt man natürlich rascher als sonst, ob in einem solchen Acker überhaupt Wild steckt.

Bei den Gesellschaftsjagden ist das mit dem Jagdfieber eine besondere Sache. Es kommt vor, daß ein einziger Fuchs, der an der Schützenlinie entlangschnürt, das Schützenfeuer und das Jagdfieber von Mann zu Mann überspringen läßt. Klug angesetzte Treibjagden ersticken solche Möglichkeiten oft allein durch die Art der Anlage. In solchen Fällen tritt Jagdfieber kaum in Erscheinung, und zwar auch bei denen nicht, die auf der Pirsch oder dem einsamen Ansitz auf Schalenwild mächtig davon gebeutelt werden. Die Rübenäcker werden von beiden Seiten mit jeweils vorflügelnden Schützen angegangen und aufeinander zugetrieben. Das zwingt die Jäger dazu, die Fasanen in die Höhe steigen zu lassen und sie erst seitlich abseits oder rückwärts zu beschießen. In den Senfäkkern hält man es meistens ebenso. Gelegentlich, wenn es sich von der Örtlichkeit her besser eignet, nimmt man diese auch als direkte Streifen. Die Hühnerhunde sind durchweg gut geführt, werden kurz gehalten und nur vorsichtig geschnallt. Alles in allem ist das ein umsichtiges, geruhsames Jagen.
Wir hatten schon mehrere Stunden Jagd über die Felder hinter uns, als wir zum letzten Treiben vor der Mittagspause abliefen. Es war ein Stück Land, in dem sich dem Niederwild noch viel Deckung bot. Entlang des Baches zogen sich hohes Riedgras, Dornenhekken und Buschgestrüpp hin. In unregelmäßigen Abständen drängten sich kleinere Obstplantagen hart bis ans Wasser heran. Manchmal auch begleiteten Maisäcker den Bachlauf. Eines der Pappelkarrees stand just dort, wo sich der Bach zu einem kleinen Teich, mehr einem größeren Wasserloch, verbreitert hatte, ehe er seinen weiteren Lauf zum Rhein nahm. Eine Ansitzleiter wies den Platz als brauchbar für den Entenstrich aus. Wo es soviel Deckung gab, mußten die Hunde ihre Arbeit verrichten.
Mein Platz gegenüber den Pappeln, ziemlich am Ende des Treibens, hatte den Vorteil, seitlich und rückwärts freies Schußfeld und das Geschehen beim Treiben bereits von weither im Auge zu haben. Von der Sonne angenehm durchwärmt, hatte ich mich gerade darauf eingerichtet, entspannt der Dinge zu harren, die da kommen konnten, als es auch schon recht rasch lebendig wurde. Die vorsichtigen Fasanen warteten erst gar nicht ab, bis die Treiberfront ihnen näherkam und sie lediglich die letzte Möglichkeit hatten,

irgendwo sich zu stecken. Statt dessen marschierten sie weit voraus davon. Ein Schwarm von solchen Infanteristen kam mir flink entgegen. Mich eräugen, erkennen und sogleich wieder in die Dikkung eintauchen war eins. Keiner von diesen entschloß sich, Luft unter seine Schwingen zu nehmen und sich eine andere Ecke des Reviers auszusuchen. Es hätte gerade so schön gepaßt. Immer wieder erstaunt mich, wie frühzeitig die Fasanen reagieren.
„Achtung, Henne“, ertönte von rechts ein Ruf. „Gockel, Gockel“, kam es von den Treibern. Und nun endlich folgte das rauschende Schwingenschlagen der abreitenden Fasanen, manche mit protestierendem Gezeter. Am wild verwachsenen Böschungsrand des Wasserlaufes stand ein Hund vor, ein perfektes Bild. Schließlich wurde es ihm zu bunt, und er stieß mit dem Kopf hinein. Prompt warf er einen Gockel heraus, der mit lautem „Gock, Gock, Gock“ die Höhe suchte und Kurs auf mich nahm. Erster Schuß, der Gokkel flog weiter. Zweiter Schuß, der Gockel flog immer noch weiter. Zweimal daneben, und das wie auf einem Schießstand, das sollte nicht sein. Leicht verblüfft und resignierend verfolgte ich aufmerksam den Flug. Da, die Schrotgarben mußten ihn doch gefaßt haben, denn er suchte mit einemmal segelnd rasch Deckung. Doch, was war das? Ehe er im Wingert aufsetzte, drehte der Fasan um, flog einen Halbkreis und kam erneut direkt auf mich zu. Beschossenes Flugwild wendet sich normalerweise kaum zurück, gelegentlich „himmelt“ es, wenn Schrot in der Lunge die Atmung erschwert. Kurz vor mir änderte der Fasan erneut seine Richtung, steuerte einen Rübenacker an und fiel dort wie ein Stein herunter. Unwillkürlich erinnerte mich das Verhalten an das berühmte Todes-U, das bei starkem Schalenwild, wie Hirschen und Sauen, häufiger zu beobachten ist. Der Verlust der Orientierungsfähigkeit wird ausgelöst durch schlechte Sauerstoffversorgung des Gehirns als Folge bestimmter Kammerschüsse. Bei dem Fasan mußte das wohl genauso gewesen sein; und während ich darüber nachdachte, hatte ich den nächsten Fasan verpaßt. Mein Nachbarschütze holte ihn mit einem sauberen Schuß herunter. Inzwischen kam ein Querreiter an, der bereits ziemlich viel Fahrt besaß. Also weit vorhalten! Die Schrotgarbe faßte ihn gut, und seine hohe Geschwindigkeit verwandelte seinen Flug in einen geradlinigen Absturz.

Auf solchen Fasanenjagden werden von den einzelnen Schützen keine großen Strecken erzielt. Die Fasanenhennen werden grundsätzlich geschont, Irrtum natürlich vorbehalten. Ab und zu greifen die Hunde mal eine Henne, die partout nicht aufstehen will. Man pflegt eben seinen Fasanenbestand, und gerade dieser Herbst kam solcher Absicht außerordentlich entgegen. Die Meckenheimer Jagdherren hatten sechs Fasanenjagden abgehalten, ohne durch einen Tropfen Regen dabei beeinträchtigt worden zu sein. Stürmisches, regnerisches Wetter erhöht von sich aus die Verlustquote. Die Schrote werden vom Wind beeinflußt; vor allem bei weiten Schüssen. Sie prallen dann auch von dem nassen Schild eines Fasans beim Davonstreichen leichter ab. In Wirklichkeit finden vereinzelte Schrote doch ihren Weg zum Vogel. Denen fehlt allerdings dann die Schockwirkung einer Schrotgarbe, und die Fasanen fliegen, ohne zu reagieren, weiter, als wären sie gefehlt. Irgendwann, Tage später, verludern sie letztlich doch.
Nur erkennbar getroffenes Wild kann ja mit Ausdauer nachgesucht werden. Mit den vielen Hundeführern auf dieser Jagd klappte das recht gut: „Bello, hierher“, „Bobby, apport“ oder „Serra, such verwund“. Man nimmt sich genügend Zeit zu dieser selbstverständlichen Pflicht. Der Jagdtag wird dadurch aufgelockert, denn der organisatorische Ablauf entfaltet so weder eine Eigengesetzlichkeit noch den Zwang zur Hetze. Die anderen Schützen stellen sich zusammen, tauschen Erinnerungen aus. Es wird zwanglos gejagt, und die Familien der ortsansässigen Jäger wissen das auch. Mit den Worten: „Bring emol dem Vadder ä Flasch Woi naus, der hot sicher Dorşcht“ wird schon mal von einer verständnisvollen Jägersfrau der Sprößling mit dem Fahrrad losgeschickt. Hoch willkommen ist ein solcher „Trollschoppen“, oft schneller geleert, als die Nachsuche dauert, und es wird gefrozzelt: „Hast du Riesling in der Blutbahn, kannst du treten wie ein Truthahn.“
„Du meinst wie ein Fasanengockel“, korrigierte jemand.
„Ja natürlich, der kann es genauso gut.“
Später gibt es Verpflegung aus dem Rucksack, Tee aus der Thermosflasche. Jung und Alt finden plauschend zueinander, denn Jugend ist stets dabei, sei es als Treiber, Jungjäger oder Jagdhornbläser. Sie lernt im Dabeisein und ist fürsorglich aufgenommen. Das

Gespräch dreht sich um die Belange der Jagd, und selbstredend ist die Natur immer dabei. Aber die Überlegungen orientieren sich an der Wirklichkeit und nicht am Weltverbessern. Die Jäger akzeptieren die gegenseitige Abhängigkeit von Mensch und Natur, bleiben pragmatisch. Eine solche Einstellung verlangt freilich ein unentwegtes Beobachten, ein Bemühen ums Verstehen. Das fängt damit an, daß die Jüngeren von den Älteren das „Sehen lernen" und begreifen, weshalb dies eine nur langsam und schwierig zu erlernende Kunst ist. Lernen bedeutet allemal üben und verlangt den Jägern ab, sich einzustellen auf die Rhythmen des Wildes, wie sie Wetter und Jahresablauf bestimmen. Anpassung an die Natur aus ihrer Kenntnis heraus anstelle romantischer Träumereien – das ist Jägerart. Stimmungsvolle Momente leistet man sich allenfalls im Dämmerlicht des scheidenden Tages an der Obsthalle, wenn ins „Halali" und „Jagd vorbei" der Jagdhörner heulend und bellend die Hunde mit einfallen. Das genügt den meisten Gefühlen, besonders wenn die Strecke bunt ist: fünfunddreißig Gockel, zwei Hennen, zwei Enten, eine Taube, ein Fuchs, eine Katze.
An einem solchen Jagdtag gehört der Abend der jagdlichen Geselligkeit, schließlich fordern Hunger und Müdigkeit ihr Recht. Wer Jagdkönig geworden ist, interessiert kaum. Ein besonders geglückter Schuß mag noch mal im Erzählen nachvollzogen werden, häufiger meist jedoch der Ärger über eine dumme Patzerei. Jagdliche Zeitfragen finden dagegen mehr Aufmerksamkeit.
„Ein gutes Niederwildrevier will gepflegt sein", dachte Toni D. laut vor sich hin. „Wenn man nicht von Berufs wegen wie der Bauer oder Förster nahezu täglich und zu den verschiedensten Tageszeiten draußen ist, gehen viele Veränderungen, die unser Wild betreffen, an uns vorbei."
„Ein unbefriedigender Zustand", pflichtete jemand bei und fuhr fort: „Die meisten von uns haben ja nur am Wochenende Zeit zum Jagen. Wir sind Sonntagsjäger, gezwungenerweise. Der Sonntagsjäger unter unseren Vorfahren war noch dem Spott der Karikaturisten ausgesetzt, weil er ungeübt und mitunter tolpatschig sich im Kreis der Erfahrenen bewegte. Das wenigstens bleibt uns erspart."
„Stimmt, das hat sich geändert. Die bessere und gleichmäßigere Ausbildung unseres Jägernachwuchses macht sich bezahlt."

Ein Dritter warf Zweifel in das Gespräch: „Ist das wirklich so? Wie haben denn die Jäger früher ihr Handwerk gelernt? Die Mehrheit der Waidmänner war hirsch-, hunde- und holzgerecht; und das, obwohl ihnen bestimmt viel weniger Lehrmaterial als heutzutage uns zur Verfügung stand."

„Nun, jede Zeit hat ihre eigenen Methoden", sagte ein anderer. „Einmal erlebte ich hierzu ein eindrucksvolles Beispiel im Oberelsaß. Ein Jagdfreund hatte mich in das Haus eines über achtzig Jahre alten Jägers des Dorfes geführt." Die Wirtin kam mit Wellfleisch aus dem Wurstkessel in der Hand an den Tisch und unterbrach vorübergehend die Unterhaltung. Doch der Gesprächsfaden wurde gleich wieder aufgenommen. „Das Haus war von mittlerer Größe, gerade ausreichend, um Platz zu bieten für eine nicht allzu große Familie. Aber ich hatte kein Wohnhaus betreten, sondern ein Museum. Der alte Herr hatte das Haus vom Boden bis zum Speicher in ein persönliches Jagdmuseum umgewandelt. Und welche Liebe und Sorgfalt war da aufgewendet worden. Noch nie zuvor hatte ich ein Museum derart eindrucksvoll als Lehr- und Ausbildungsstätte empfunden wie dieses Haus im Elsaß. Da gab es eine Jagdbibliotheksecke, in der sich alle guten Standardwerke befanden, die ihm zugänglich waren. Unverkennbare Benutzerspuren an den Buchrücken kündeten von stetem Gebrauch. Natürlich besaß er eine kleine Waffensammlung, darunter französische und deutsche Karabiner aus dem 1870er Krieg, auch ein Exemplar des berühmten Zündnadelgewehres. Fein säuberlich in Formalin konserviert, fanden sich die Leberegel neben den Larven der Rachenbremsen und den verschiedenen Würmern aus der Bauchhöhle des Rehwildes sowie ein Unterkiefer mit Strahlenpilzerkrankung. Den Fährtenabdruck seines stärksten Keilers hatte er in einen Aschenbecher verwandelt. Die Fangzähne der Füchse, die in seinem fünfzigjährigen Jägerleben von ihm in die Ewigen Jagdgründe geschickt worden waren, fanden sich säuberlich geordnet auf einem einzigen Brett vereint. Die Gehörne der Rehböcke hingen im Zentimeterabstand Schild an Schild an allen vier Zimmerwänden von der Mitte bis zur Decke hoch; akkurat beschriftet, teilweise mit Anhängezettel ausgestattet. Seine Gründlichkeit verriet Kenner- und Könnerschaft. Der Mann hatte das ganze jagdliche Geschehen, wie es ihn ein Leben lang im Beruf begleitet hatte, in Erinnerungsstücke umgewandelt und diese um sich herum angeordnet. Ich stand beeindruckt davor; einmal, weil eine solche Atmosphäre, in der ich täglich leben müßte, mir die Luft nehmen würde; zum anderen, weil er konsequent eine Methode anwandte, die ihm den Schatz seiner Erinnerungen an all die Hunderte und Tausende Aktionen täglich auffrischte und sie dem Vergessenwerden entriß. Aber es war mehr als das. Aus der unglaublichen Fülle seines Materials, man hätte gut und gerne ein respektables Jagdmuseum anderswo damit einrichten können, kam er zu Vergleichen und Überlegungen, die ihm jagdlich weiterhalfen. Er hatte sich als Autodidakt, der lediglich aus der Familientradition angeleitet worden war (Vater und Großvater waren ebenfalls Berufsjäger des Gutsbarons gewesen) ein vollendetes Instrument der Weiterbildung geschaffen. Wer dort aufwuchs, hatte von klein auf eine unmittelbare Anschauung von Wild, Wald und Flur. Was mit der Jagd zu tun hatte, war ihm vertraut. Das ging soweit, daß er selbst präparierte. Über seinem Schreibtisch hing ein Habicht, der im Flug einen Nußhäher schlägt; eine absolut naturgetreue Darstellung. Warum er gerade diese Szene festgehalten hatte, wollte ich wissen. 'Weil es so war', antwortete er. Darauf ich: 'Aber ein Habicht, der in der Luft seine Beute greift, pflegt sie gewöhnlich wegzutragen. Wie kamen sie denn zu dem Habicht und dem Nußhäher?' – 'Ja, den Habicht habe ich mit der Kugel geschossen. Der Nußhäher war bereits tot, als ich ihn aufhob.'"

„Ein Kugelschuß auf Flugwild ist von besonderem Reiz", nickte jemand. „Das ist genauso, wie wenn man mit der Kugel eine Katze auf 150 Meter schießt. Da wird halt die ganze Schießkunst gefordert."

„Ja, und noch so eine Rarität hat sich mir eingeprägt. Auf dem Tisch stand ein ausgestopftes Rebhuhn, dem gerade ein Wiesel an den Hals springt. Das war so lebensecht wiedergegeben, das mußte der Jäger so gesehen haben. Auf meine wißbegierige Frage erzählte er, daß er im Januar bei Frost und wenig Schnee zur Fütterung der Rebhühner hinaus war und gerade dazukam, wie in einer Akkerfurche ein Rebhuhn sich dem Futterplatz näherte. Plötzlich wurde dieses aus einem Erdloch heraus durch das Wiesel angesprungen. Das Wiesel war in voller Deckung in Lauerstellung gewesen und hatte sich mit einem Sprung in das Rebhuhn tödlich verbissen. Das Rebhuhn hatte keine Chance mehr, und mit einem Schrotschuß hat er beide erlegt."

„Nur Berufsjäger erleben solche Szenen noch", warf ein anderer dazwischen.

„Über das Privatmuseum habe ich länger nachgedacht", fuhr der Erzähler fort. „Die Familie des Jägers stand seit Generationen im Dienste des Gutsherrn und erfüllte diese Aufgabe augenscheinlich zu großer Zufriedenheit."

„Vielleicht entstand die Sammlung einfach aus der Nachahmung der Gewohnheit der Patronatsfamilie", meinte einer. „In den Schlössern des Adels wurden ja die Erinnerungsstücke der Jagd stets zu dekorativen Zwecken benutzt. Für die Waffen waren die Wände zugleich die Aufbewahrungsorte, und nicht selten dienten Hirschgeweihe als Kleiderständer in der Garderobe. Wahrscheinlich hat es damit begonnen, aber schon recht früh muß die systematische Pflege der Sammlung ihr einen anderen Charakter gegeben haben. Unser Brauch, Jagdtrophäen und Jagdgegenstände, ja selbst Jagdszenen durch die Malerei festzuhalten und sie als bevorzugten Schmuck der Schlösser zu benutzen, kann eine weit über das Dekorative oder Praktische hinausgehende Wurzel haben. Eine solche Sammlung wird von irgendeinem Punkt ab ein hauseigener Lehrplatz für die heranwachsenden Generationen. Das Nützliche, nämlich die Jagd mit ihrem Beitrag zum täglichen Leben, wurde verbunden mit dem Notwendigen, der Ausbildung im Waidwerk. Das dekorative Element für den Lebensstil und das Wachhalten der Erinnerungen verschmolz letztlich alles zu einer geschlossenen Form der Selbstdarstellung bestimmter Familien."

„Das Brauchtum zur Aus- und Weiterbildung! Warum nicht? Man kann es so sehen. Aber jetzt will erst mal der Magen etwas haben", beendete ein anderer die Unterhaltung, und es verbreitete sich eine „gefräßige Stille".

Deutlich anders als die gemütlichen Fasanenjagden Meckenheims sind die beiden großen Weihnachtstreibjagden auf Hasen.

Die Jagdpächter wissen, wer einen Weihnachtshasen wünscht, möchte auch einen ausgewachsenen in der Pfanne haben und nicht

nur einen „Dreiläufer“. Der organisatorische Ablauf eines Dezembertreibens folgt im wesentlichen meist dem gleichen Schema. Jedoch das Wetter bestimmt stark mit. Hasen haben bevorzugte Plätze, die sie in Abhängigkeit von der Wetterlage wählen. Da gibt es gewaltige Unterschiede zwischen trockener, klarer Winterkälte, böigem Wind mit Strichregen, geschlossener Schneedecke oder gar Regen, der waagerecht daherkommt und mitunter in Schneetreiben übergeht. Je nach Einschätzung, wo an diesem Tage gerade die „Konferenzäcker“ der Hasen sein werden, wird die Kombination von Stand- und Kesseltreiben festgelegt. Die Kessel werden mitunter recht groß genommen, und das beidseitige Anlaufen kann durchaus mal eine halbe bis dreiviertel Stunde beanspruchen. Bei den großangelegten Kesseln unterliegt hie und da der einzelne auch mal einer Täuschung. Einmal kam es vor, daß die ersten Schützen, begleitet von ihren Treibern, bereits eine Weile unterwegs waren, als sie in ziemlicher Entfernung eine andere auseinandergezogene Schützenkette erblickten.
„Ach, unsere Nachbarn da drüben haben heute auch ihre große Weihnachtsjagd“, stellte einer der vordersten Schützen fest.
„Irrtum!“ wurde er korrigiert, „das sind unsere Leute. Erst wenn wir zusammentreffen, ist der Kessel geschlossen.“
Bei dieser Jagd war der Kessel derart groß gewählt worden, daß die Hasen ihrerseits sich in einem Kessel sammelten. Anfänglich sah man die Hasen in Gruppen von acht bis fünfzehn Stück weit voraus über die Felder laufen. Schließlich kamen sie aus allen Richtungen in dem Maße, wie sich der Kessel verengte; es wurden immer mehr. Am Schluß steckten weit über 100 Hasen drin, die sich irgendwann dazu entschließen mußten, gegen die Schützen und Treiber durchzubrechen. Auch Hasen haben individuelle Temperamente. Die Nervösen und Mutigen wagen das Unvermeidliche als erste, die Nervenstarken lassen überlaufen und flitzen erst hinter den Schützen aus dem Lager, und dies mit meist besserer Chance. Bald knallte es vereinzelt rund um den Kessel. Längst bevor das Hornsignal „Treiber rein“ ertönte, war das Schießen in vollem Gang. Die Hasen liefen verhalten auf die Lücken zu, erhöhten spontan ihr Tempo beim Durchgang zwischen den Schützen und schlugen beim Schuß, so sie konnten, sofort einen Haken. Wohl wurde überlegt

geschossen, gleichwohl gab es in der Schnelligkeit oft Doppelfehler, und dann hatte er seine Haut gerettet. Das Nachladen galt dem nächsten Meister Lampe.

Die ungewöhnliche Zahl der Hasen reichte aus, jeden Schützen zu beschäftigen. Dabei hatten die Hasen, die nicht die Vorreiter spielten, sondern im Mittelfeld, also in der Masse gedeckt mitkamen, die größten Chancen. Waren die führenden Hasen beschossen, erreichte selbst schnelles Laden gewöhnlich bloß den Nachzügler, eben den Zauderer, der stets hinterher zu hoppeln pflegte.

Bei solchen Treiben ist nicht jeder Schuß ein Treffer, obwohl meist alle zu Schuß kommen. Bei ausreichendem Wild haben dreißig bis vierzig Prozent der Hasen eine Chance, unbeschossen aus dem Kessel zu entkommen. Das ist nicht immer so, wie überhaupt jedes Treiben seine eigene Charakteristik besitzt. So ist es bei den großen rechteckigen Standtreiben alter Brauch, daß die älteren Schützen von dem beschwerlichen Stolpern über die Felder entlastet werden. Man pflegt sie an jenem Ende des Rechtecks anzustellen, auf das zugetrieben wird. Für diese Jäger bedeutet das eine mehr oder weniger lange Wartezeit, und so macht es sich ein jeder auf seinem Sitzstock bequem. Von weitem ist die Sitzreihe der Senioren zu sehen. Je niedriger sich die Silhouetten gegen den Himmel abheben, um so günstiger scheint dies den Hasen und um so größer ist der Anlauf. Wer aber keine Deckungsmöglichkeit als Jäger hat, bietet auch dem Wind, dem Regen, dem Schnee Angriffsfläche. Für die Senioren, durchweg Brillenträger, kann sich das glatt zum Ärgernis auswachsen, während es manchem Hasen die Überwinterung ermöglicht.

Einmal, bei einem letzten Treiben im Jahr, verschlechterte sich das Wetter binnen weniger Minuten. Als die Feldstreife begann, war es bloß windig und nieselig. Aus dem Nieseldunst wurde Regen, der bald mit Graupeln durchsetzt war, auch Schneeflocken mit sich brachte, die der auffrischende Wind kräftig vorantrieb. Aus Dunst war im Nu Schneegestöber geworden, das ebenso rasch die Augengläser der Senioren beschlug. Mit einemmal waren die Schützen blind und an ein Schießen nicht zu denken. Also Handschuhe herunter, Brillen säubern, aufsetzen. Zwei, drei Windstöße, Brillen belegt, wieder herunter, Augengläser säubern, aufsetzen. Man war nur noch mit den Brillen beschäftigt, und die Flinten ruhten friedlich auf den Beinen. An dieser Schützenreihe kamen die Hasen reihenweise ungeschoren durch. Kaum hatten es die ersten Hasen geschafft, hatten die Nachkommenden sofort die Lücke entdeckt und benutzt. Die Szene war von einer seltsamen Komik bestimmt, wie da die Jäger von elementarer Naturkraft ausgeschaltet wurden und die bejagten Hasen sich davonstahlen.

Aber selbst wenn die Natur nicht immer so drastisch eingreift wie mit diesem Schneegestöber, kann es passieren, daß vorgestellte Schützen aus nicht erkennbaren Gründen völlig unterschiedlichen Hasenanlauf haben. Da kommt der erste Hase direkt auf einen zu. Auf fünfzig Meter schlägt er einen Haken, dann einen zweiten und läuft den Nachbarn an. Dort bleibt er in der Schrotgarbe liegen. Darauf kommt der zweite, macht es genauso und hat das gleiche Schicksal. Dem dritten geht es ebenso. Der erste Schütze hat sich inzwischen klein gemacht wie ein Hund. Es hilft nichts. Alle Hasen nehmen unbeirrbar denselben Weg, und zu guter Letzt hat der Nachbar acht Hasen in die Furche nebeneinandergelegt. Solche Situationen muß man erlebt haben. Sie lassen sich optisch nicht konservieren und fristen ihr Weiterleben durch die Erzählung. Und wenn sich die Phantasie dazugesellt, werden sie unkenntlich bis zum Jägerlatein. Mitunter sieht es dann aus, als ob ein Glücklicher nur die Äpfel aufzuklauben braucht, die andere ihm vom Baum schütteln. Der Erfahrene ist sich jedoch bewußt, daß Treiber, Hunde und der Jagdleiter jene Arbeit tun, der er Jagdglück und Jagderfolg verdankt.

Das Revier Haßloch grenzt auf der Südseite an Meckenheims Flur an und hat einen ähnlich guten Besatz an Niederwild wie Meckenheim. Vor Jahren noch pflegten die Hasen, je nachdem, wo gerade gejagt wurde, zum Nachbarn auszuweichen. Seitdem jedoch entlang der Gemeindegrenze eine Autobahntrasse durchgezogen wurde, hat sich das geändert. Für die Hasen ist eine solche Verkehrsader ohne Zweifel ein Hindernis, das sie nicht leicht überwinden können und vor dem sie gerade auf der Flucht zurückscheuen. Die Jagdgrenze zwischen den beiden Orten war ehedem ein schlichter Feldweg und für die Hasen nicht existent. Mit der Auto-

bahn ist das anders geworden. Die beiden Reviere, so sehr sie sich beim Niederwild gleichen, unterscheiden sich zudem in einem Punkt markant.
Haßloch, das mit seinen 18000 Einwohnern als das größte Dorf Deutschlands gilt, liegt wie ein zerschnittener Pfannkuchen in der Rheinebene. Es wächst mit seinen verschiedenen Neubaugebieten geradezu rücksichtslos immer weiter und weiter in seine Gemarkung hinein. Südlich begrenzt der Speyerer Wald den Ausdehnungstrend, wobei der Rehbach zur Nahtlinie wird zwischen Wald und Feld. Auf Haßlochs Wiesen steht daher noch Rehwild, während Meckenheim, dem rundum jeglicher Waldzipfel fehlt, dieses als Standwild nicht mehr kennt. So etwas schlägt auf den Jagdbetrieb durch. Im Oktober und November bevorzugt man kleine, individuelle Fasanenjagden, und erst im Dezember geht man zu zwei großen, weiträumigen Wintertreibjagden über.
Der Jagdherr Walter H. versteht es, humorvoll mit Großzügigkeit und Gelassenheit einen Kreis von gleichgesinnten Waidgenossen um sich zu versammeln. Wie bei fast allen gut gepflegten Niederwildrevieren der Rheinebene ist es auch bei ihm üblich, Gäste aus der Ferne einzuladen. Und sie kommen gern. Denn was ein leidenschaftlicher Niederwildjäger ist, läßt sich heutzutage ja nicht von etlichen Hundert Autobahnkilometern abhalten. Ob aus der Eifel oder den Waldenburger Bergen, aus Stuttgart oder Ludwigshafen, wenn Walter H. ruft, dann sind sie zur Stelle, von den Einheimischen ganz abgesehen. Immer wieder taucht auch mal ein neues Gesicht auf. Obgleich wohlwollend aufgenommen, wird der Neuling scharf beäugt, vor allem darauf, ob er schußhitzig ist. Ist er das, gibt ihm das der Jagdherr ohne viel Federlesens zu verstehen, und dem Angesprochenen bleibt nur die Wahl, sein Temperament zu zügeln oder heimzugehen bzw. künftig fortzubleiben. Viele Laien meinen, dies sei eine Selbstverständlichkeit, und vergessen darüber, daß es auch bei einer Selbstverständlichkeit oft mühevoll ist, sie konsequent durchzuhalten. Nun, Jagdherren, deren Klarheit darin nichts zu wünschen übrigläßt, sind mir sympathisch, denn sie erhöhen von vornherein mit ihrer Haltung die Sicherheit einer Gesellschaftsjagd. Trotz aller Vorsicht gibt es nämlich genügend Überraschungen mit kritischen Momenten. Nur der zuverlässige Aus-

schluß voraussehbarer Gefahrensituationen verhindert dann, daß eine einzige kritische Situation sich zu einem schweren Unfall verdichtet. Dem Tod an der Spitze der Gefahrenpyramide fehlt quasi der breite Unterbau an anderen Gefahren. Er kann nicht stattfinden, weil mehrere Ursachen eben nicht gleichzeitig dafür zusammentreffen.

Zu welcher Persiflage von Jagdszenen es in Wahrheit zu kommen vermag, wurde gerade auf diesem Jagdbogen bei einer Fasanenjagd vorgeführt. Es war ein obskures Gaudium, das Gaudium blieb und nicht zum Debakel wurde, weil allgemeines umsichtiges Verhalten die Situation nicht zuspitzte. Man jagte in offener Schützenlinie und war gerade an einem hohen Senfacker angekommen. Rechts und links wurden zwei Schützen zum Vorflügeln eingeteilt, die also etwa dreißig bis vierzig Meter dem Karree vorweg gingen. Der Senfacker selbst war über 100 Meter breit und ließ von Nachbar zu Nachbar einen vernünftigen Abstand von circa zehn Metern zu. Der Senf stand dicht und hoch. Man verschwand bis über die Knie in ihm, und so was bot dem Wild gute Deckung. Die hin und her revidierenden Vorstehhunde sah man nur, sobald sie ihren Fang in die Höhe reckten und Wind holten oder wenn sie in ihren Fluchten wie Delphine aus dem grünen Meer auftauchten. Die Wege der Hunde ließen sich an ihren Blätterspuren ablesen. Sie waren wie Bootskiellinien in den Senf gezeichnet.

Bei derart günstigen Deckungsmöglichkeiten kommt es mitunter vor, daß man auf einen Fasan, ohne diesen sehen zu können, tritt und dieser sich erst dann zur Flucht entschließt. Gejagtes Wild kennt nicht nur die Flucht als Möglichkeit seiner Rettung. Ebenso nutzt es seine Tarnfarbe und läßt sich überlaufen. Ob Hase oder Fasan, macht hier keinen Unterschied. Die klugen Vögel wissen, wo die Deckung für sie gut ist. Derartige Äcker werden deshalb von den Jägern behutsam angegangen. Man überläßt den freisuchenden Hunden die Arbeit und vertraut auf ihre guten Nasen, das Wild in den Wind zu bekommen. Die Jäger als Akteure können sich Zeit lassen. Allein, dies gilt lediglich für die Vorbereitung. Am Schluß verdichtet sich allemal alles zu schnellem Handeln. Anscheinend bedeutet das stetige, langsame Näherkommen der Gefahr für manches Stück Wild eine stärkere Belastung als ein eiliges Durchstreifen der Schützenkette. Wenn im letzten Moment mit lautem Geflatter dann doch noch ein Vogel auf Armlänge vor dem Schützen hochsteigt, wird nicht selten auch der Jäger überrumpelt. Mit rein reflexartig hingeworfenen Schüssen wird auf kurze Distanz prächtig vorbeigeschossen, und der Vogel reitet ab. Die Schrotgarbe ist da ja stark gebündelt und Verletzung durch Randschrote selten. Für jäh aufstehendes Flugwild muß man sich Zeit lassen, und es reicht ja stets noch für einen Schuß auf fünfzehn Meter. Nun, das gehört zur normalen Fasanenjagd. Wenn allerdings statt des Fasans auf eineinhalb Meter ein Rehbock hoch wird und dieser bei seinem Fluchtreflex dem Jäger sogar entgegenspringt, lähmt das jegliche Handlungsfähigkeit.

Der Bock geriet mit seinem vollen Kopfschmuck, mir nichts, dir nichts, in den Abzugsbügel der Flinte. Er verriß die Waffe in der Hand des Jägers, zog ab und rums, raus war der Schuß – Gott sei Dank in die Luft. Hier tobte ein alter, ausgewachsener Rehbock in seiner Angst und Orientierungslosigkeit. Nein, nicht das Häslein aus der „Geschichte vom wilden Jäger" im Strubbelpeter war da am Werk. Verzweifelt mühte er sich zu entkommen. Statt dessen verhedderte er sich im Riemen der Flinte. Der Bock zerrte, der Schütze hielt fest und zog auch. Hin, her, hin, her – grotesk! Der Bock blieb der Stärkere. Er entriß dem Jäger sein Gewehr und entführte es, verschwand mit ihm in kopfloser Flucht im Senfacker.

Schlagartig war die Jagd unterbrochen. Alle Jäger starrten wie gebannt auf die Szene; der Jagdherr mit gemischten Gefühlen. Der Bock bockte und fuhrwerkte herum, bis er sich endlich von dem ungewohnten Anhängsel befreit hatte, und suchte schließlich in riesigen Fluchten das Weite. Es ist gewiß kein alltägliches Ereignis, wenn einem Schützen auf einer Fasanenjagd von einem Reh sein eigenes Gewehr entführt wird und er es unter dem Gespött der Jagdkumpane im Senf suchen muß. Im übrigen bedurfte das einer gewissen Vorsicht. Schließlich fand er es nach fünfundzwanzig Metern, ruiniert! Der Rehbock war mit der Flinte recht unsanft umgegangen. Sogar der Schaft war zerbrochen. Die Spannung entlud sich in einem erleichternden Gelächter.

„Wo gibt es denn so was, ein Rehbock zerbricht einem Jäger die Waffe!" rief einer der Schützen.

Ein zweiter fiel ein: „Und das in der Schonzeit vom Rehbock, sichtlich zugunsten der Fasanen."
Walter H. lachte befreit: „Wem kann das schon passieren? Natürlich unserem Schwaben."
Mit gutmütiger Ironie wieder ein anderer: „Ja, mein Lieber, nun hört es sich auf, eine Fasanendublette nach der anderen an den Himmel zu setzen. Jetzt mußt schon den Kolbenschaft werfen."
Der Schwabe war ein leidenschaftlicher Flugwildjäger und hatte als unbestrittener Könner, der er war, schon mal zwölf Fasanen ohne Fehlschuß nacheinander demonstrativ hingelegt. Na, wer den Schaden hat, der . . .
Natürlich wurde der närrische Rehbock das Thema des Tages, und das Frotzeln beim Schüsseltreiben wollte und wollte nicht aufhören. Schließlich verschaffte ein Parforce-Hornbläser der „Modenbacher" mit seinem Solo „Freude, schöner Götterfunken" dem Geplagten verständnisvoll die Pause und Wende in der Unterhaltung. Aber einmal ungewollt im Mittelpunkt, konnte er nur herauskommen, indem er ablenkte, und so fing er an, aus seiner jägerischen Praxis zu plaudern. Provozierend fragte er die Runde: „Habt ihr schon einmal mit einer zahmen Rehgeiß gejagt?" Verdutztes Innehalten aller. Kam er nun mit Jägerlatein, oder versuchte er bloß, die Runde zu verschaukeln?
Allein, er fuhr recht ernsthaft fort: „Einmal Scherz beiseite. Rehe sind klug, und ihre Sinne sind jedem Hund überlegen. Ich weiß, von was ich spreche. Nicht oft zwar gerät man in die Verlegenheit, ein Rehkitz aufziehen zu müssen, aber es kommt vor. Mir hatte man einfach ein Geißkitz gebracht, und letztlich blieb es bei mir. Ich sollte es nicht bereuen. Zahme Geißen sind ja wesentlich umgänglicher. Aus jedem Bockkitz, das unter Menschen heranwächst, wird spätestens im dritten Jahr ein rabiater Teufel, und heute habt ihr es alle gesehen, wie die sich aufführen können", seufzte er etwas bedrückt. „Mit den Geißen ist das anders. Wenn man sie gut behandelt, danken sie es einem auch. Sie lassen sich sogar abrichten."
Hier unterbrach einer: „Na, Rehe abrichten?" zweifelte er und fuhr fort: „Es hat ja zu allen Zeiten Künstler in der Tierdressur gegeben, aber ein zahmes Geißkitz so abzurichten, daß sie geführt werden kann? Häufig ist das gewiß nicht."

„Mag sein“, räumte der Schwabe ein, „irgendwie gelang es jedenfalls, und ich konnte meine Geiß sogar zur Brunft für den Bock mit nach draußen nehmen. Sie war zahm und blieb zahm. Auch der Brunftablauf, an dem sie selbst teilnahm, hat sie nicht dazu verlockt, in die Natur zurückzukehren. Und das war lehrreich. Nur wer das Glück hat, wegen eines solchen Zufalls aus unmittelbarer Nähe das Fiepen und Blatten, die ganze Skala der melodischen Variationen erleben zu können, der ahnt, welche Kunst hinter der Blattjagd eines Jägers stecken muß, so dieser erfolgreich ist. Die allermeisten von uns sind mit ihren groben Nachahmungen des Blattens weit von den intimen Lockkünsten einer brunftigen Geiß entfernt.“
„Ja, freilich“, protestierte jemand, „jetzt spendiert er uns noch Trost, wenn die Jäger in der Blattzeit patzen. Am Nachmittag macht die Attacke eines Rehbocks ihn schießunfähig, und am Abend tröstet er uns mit seiner zahmen Rehgeiß, wenn wir in der Rehbrunft schlecht dastehen. Das ist schon gekonnt!“
Der Schwabe verteidigte sich schwach: „Also, Jägerlatein ist es keins, gewiß aber eine Seltenheit. Zu gleicher Zeit hatte ich auch einen Hund, und gelegentlich nahm ich sie beide mit. Zunächst staunte ich, doch bald war es mir zur Gewohnheit geworden, mehr auf das Reh als auf den Hund zu achten. Ganz eindeutig sind die Sinne des Rehs viel schärfer als die des Hundes und ihnen in jeder Hinsicht überlegen. Die Geiß reagierte längst, bevor der Hund etwas wahrnahm.“
Unversehens war die Fasanenjagd eingemündet in Reflexionen über unser Rehwild. Und wie das meist so ist, am schnellsten und nachhaltigsten lernt man durch Vergleich und Augenschein dazu. Das darf ruhig locker vom Hocker kommen. Langsam verbreitet sich ja die Erkenntnis, daß Tierarten, die sich nicht domestizieren lassen, sich durch ihre Intelligenz und ihre überlegenen Sinne auszeichnen. Gerade darin besteht ihre Hauptchance zum Überleben. Außer dem Delphin und dem Hund nähert und näherte sich wohl kein Säuger von sich aus dem Menschen. Nicht alle fürchten ihn, wenngleich ihn fast alle meiden, und nur die „begriffsstutzigeren“ Arten ließen sich fangen und züchten.

Jagen rund um eine landwirtschaftliche Versuchsstation

Auf dem fruchtbaren Boden der Rheinebene wird eine hochintensive Landwirtschaft betrieben. So ist das schon von alters her. In unserem Jahrhundert verstärkte sich das noch infolge der Ausstrahlung, wie sie wegen moderner landwirtschaftlicher Produktionsmethoden von einem Platz wie dem Limburgerhof ausgeht. Einen Fernerstehenden mag das heutzutage vielleicht auch bedenklich stimmen, oder er kann der Meinung sein, hier hätte der Mensch den biblischen Auftrag „hinauszugehen und sich die Erde untertan zu machen" zu vollendet erfüllt, um noch Raum für anderes Getier zu lassen. Allein, dem ist nicht so. Wie seit eh und je wird im Limburgerhof gejagt, und die Jagdstrecken unterscheiden sich nicht von denen, wie sie in den angrenzenden Ortschaften der Vorderpfalz üblich sind. Lediglich die Jagdflächen reduzieren sich in dem Maß, wie sich der Mensch mit seinen Wohn- und Gewerbesiedlungen und seinen Freizeitaktivitäten in Bruch, Feld und Wald hinein ausbreitet.

Sobald heute in Jägerkreisen darüber diskutiert wird, warum, wo und seit wann alte, gute Niederwildreviere von Jahr zu Jahr einen deutlichen Rückgang der Niederwildstrecken aufweisen, dann werden alle Schlagworte in die Debatte geworfen, die sich gerade wohlfeil anbieten. Das fängt an mit der Naturfeindlichkeit des modernen technischen Fortschritts in der Landwirtschaft, also dem Maschineneinsatz auf den Feldern, und natürlich wird die „chemische Keule" angeprangert. Die Meliorationsarbeiten zur Trockenlegung von Sumpf- und Feuchtgebieten werden zitiert als Verursacher des immer weiter absinkenden Grundwasserspiegels. Die Nutzung von Tiefbrunnen zur Berieselung der Gemüsefelder wird ebensowenig vergessen wie die Veränderung des Grundwasserspiegels als Folge der Erschließung neuen Baulandes für die Schlafvororte industrieller und städtischer Ballungsgebiete. Man weiß von den Flurbereinigungsmaßnahmen, wie sie der Winderosion Vorschub leisten, weil dadurch schützende Heckenstreifen als Windschutz verschwanden. Und natürlich kommen auch die großen Monokulturen nicht ungeschoren davon, denn auf diesen Flächen bietet sich nach der Ernte bis zum Aufgehen der Wintersaat keinerlei

Deckung für das Wild. Die Verwendung von Düngemitteln zur Erzielung von Höchsterträgen, unterstützt von Herbiziden, Insektiziden und Fungiziden, verringert dem Wild sein ursprünglich gemischtes Nahrungsangebot und erhöht die Vergiftungsgefahr.
Des Menschen Unkraut ist dem Wilde aber Nahrung. Wahrscheinlich ist es sogar mehr. So wie der Mensch seine verschiedenen Heiltees hat gegen die mannigfaltigsten Wehwehchen, von der Niere bis zur Galle und dem Gedächtnisschwund, so braucht das Wild die verschiedensten Samenkörner, auch das Unkraut. Immerhin kann es sich seine Arznei nicht im Tee aufbrühen. Der Fasan mag von morgens bis abends im Mais picken, indes, es scheint nicht ganz ausreichend zu sein. So plausibel es klingt, genaues wissen wir darüber freilich nicht.
Der Prügelknabe unter den verschiedenen Verursachern, die alle in ihrem Zusammenspiel unstreitig eine Wirkung entfalten, wird jedoch gewöhnlich nach persönlicher emotionaler Neigung und dem mehr oder weniger großen Wissensstand bestimmt. Dabei ist in Wahrheit die Situation so komplex wie beim Waldsterben. Niemand kann genau sagen, inwieweit sich die vielen geänderten Bedingungen ausbalancieren, verschärfen oder entlasten. In welchem Maß die extreme, intensive landwirtschaftliche Nutzung unserer Böden die Ergebnisse der Wildernte auf ein niederes Niveau herabgedrückt hat, läßt sich einigermaßen vernünftig nur ermitteln, wenn man auf Statistik über mehrere Jahrzehnte zurückgreifen kann. Bereits Schwankungen in der Spanne eines Jahrzehntes sind zu wenig aussagekräftig.
Drei Haupteinflüsse finden häufig bei dem Rätselraten um diese Erscheinung kaum Beachtung. Verständlich ist das, denn erst in den letzten Jahren wird zunehmend jene alte Waidmannsbeobachtung durch wissenschaftliches Zahlenmaterial untermauert, nach der bei den meisten Wildarten über die Hälfte der Jungtiere das erste Lebensjahr sowieso nicht überstehen. Die Haupttodesursache, nämlich die Unterkühlung der Jungtiere, wird nur selten erwähnt und kaum in ihrer gravierenden Bedeutung gesehen. Auch die zweite gewichtige Komponente, die schlichte Verdrängung unseres Wildes durch die Ausuferungen des Menschen in die Landschaft hinein, wird gerne ignoriert. Wollen nicht etwa die meisten von uns

im Grünen wohnen, und heißt das nicht Eigenheime mit Gärten, letztlich also neue Wohnbaugebiete dort, wo früher gejagt wurde. Gewöhnlich registrieren ja nur die betroffenen Pächter, in welchem Maße durch das Wachsen der Kommunen ihre Reviere kleiner und kleiner werden, dem Wild eben Bodenflächen zum Leben entzogen werden. Beide Ursachen dürften mit großer Wahrscheinlichkeit unheilvoll zusammenwirken. Geht man drittens davon aus, daß viele Krankheitserreger in der Natur weit verbreitet sind und sich kein Wild, und der Nachwuchs des Niederwildes schon gar nicht, auf die Dauer vor ihnen schützen kann, bedarf es nicht viel Phantasie, um sich vorzustellen, was bei Kälte, mangelnder Dekkung, Unruhe und schlechter Äsung passieren wird. Die Widerstandsfähigkeit der Kinder der Natur wird geschwächt, die Krankheiten blühen auf, und der Tod hält reiche Ernte. Wenn sich über Salatfelder Gewächshäuser erheben, steht dem Hasen in seiner Morgen- und Abendstunde zum Mümmeln nicht mehr viel zur Verfügung.
Ohne die verschiedenen Umweltfaktoren hochspielen zu wollen, gibt es doch ein paar wenige elementare Voraussetzungen für eine gesunde Populationsdichte. Der Mensch braucht eine bekömmliche und ausreichende Nahrung und einen zuverlässigen äußeren Schutz gegen die Unbill von außen. Nicht umsonst strebt jeder nach seiner privaten Burg. Ja, und nicht zu vergessen, man braucht auch eine wohlbehütete Kindheit. Beim Wild ist das nicht anders! Das Äsungsangebot muß stimmen, und der Schutz vor den äußeren Widrigkeiten ist die Deckung. Und auch in den Kinderstuben der Natur bedarf es der Ruhe. Sind diese drei Voraussetzungen ausreichend erfüllt, zeigen sich Hasen und Fasanen überraschend stabil gegenüber den Änderungen ihrer Umweltverhältnisse. Gerade der Limburgerhof liefert für diese wesentlichen Zusammenhänge ein interessantes Beispiel.
Der Ort liegt in der Mitte zwischen Ludwigshafen am Rhein und Speyer, exakt am Hochwasserschutzrand des alten Rheinauengebietes. In seiner Umgebung gibt es Moorbereiche aus verlandeten Altrheinarmen, Feuchtgebiete und noch einige flache Weiher als Überbleibsel ehemaliger Rheinschlingen. Der Ort hat Geschichte und hat sie wiederum auch nicht. Dort, wo heute viele „grüne Wit-

wen“ wohnen, breitete sich noch vor sechzig Jahren ein Buschwald aus, bestehend aus kleinen Kiefern und Haselnußsträuchern, der das Modergelände des Bruchs begleitete und abgrenzte.
Wahrhaftig eine Idylle für das Wild. Es fand in dieser damals wenig bewirtschafteten Auenlandschaft jedes Wildtier alles, um gedeihen zu können: ein breites Äsungsangebot, Deckung und Ruhe. Damals sprengte dort in der Blattzeit der Bock noch seine Geiß; heute ist das Rehwild verschwunden. Die vielfältigen Aktivitäten der Menschen haben die Gegend inzwischen geradezu auf den Kopf gestellt. Und da nun mal die Freizeitgestaltungen unserer Tage in der näheren Umgebung des Menschen keinen stillen Winkel mehr unberührt lassen, ziehen sich Hasen und Kaninchen in bemerkenswert „kluger“ Anpassung an die veränderten Bedingungen aus der aufgescheuchten Flur in die schonende Vertrautheit der Ziergärten zurück, wo sie in Ruhe gelassen werden. Über lange Zeiten hinweg hat die Niederwildjagd sich nur geändert, wenn eine Verbesserung in den Waffen den Jagderfolg deutlich erhöhte. Später beschränkte die Einführung einer gesetzlichen Schonzeit für die einzelnen Wildarten die Jagdausübung auf einen Bruchteil des Jahres. Es konnte ja nicht das Interesse sein, unter Ausnutzung der verfeinerten Techniken etwa Hase, Rebhuhn oder Fasan auszurotten.
Das Waidwerk hatte die Anpassungsmöglichkeiten des Wildes nie aus seinem Blickfeld verloren. Heute jedoch hat der Mensch mit seiner unausrottbaren Neugierde und Lust, immer wieder mal etwas Neues zu tun, die Dämme der Einsicht und der vernünftigen Selbstbeschränkung geradezu fortgespült. Zumindest in Zentraleuropa betreibt er eine extreme Intensivnutzung des Bodens, der das Wild nichts entgegensetzen kann, ja, der es sich nicht mal durch Flucht zu entziehen vermag. Ob der Boden aus Gründen der Existenzerhaltung bewirtschaftet wird, ob Freizeitaktivitäten vom Camping über lärmvolle Grill- und Sauffeste bis zur Fliegerei mit ultraleichten Flugzeugen die Landschaft erfüllen, ob das Urerbe des Nomadentums mit dem Auto wieder bei uns durchbricht und man so mit Krach und quietschenden Reifen bis in abseitigste Ekken vordringt, alles läuft auf dasselbe hinaus. Es sind Eingriffe in die kleinen und großen Ökosysteme unserer Umwelt.
So kann es nicht verwundern, wenn die Ziergärten der „grünen Witwen“ in den Schlafstädten unserer Metropolen zu Zufluchts-

räumen unseres Niederwildes werden. Denn nicht nur der Mensch sucht sich der allgegenwärtigen Lärmverschmutzung zu entziehen. Auch was da in Feld und Wald kriecht und fliegt, meidet, so es kann, das Getöse und den Radau. Aus gutem Grund, denn für Tierarten mit größerer Sensibilität des Gehörsinns kann eine Dauerbelastung durch Lärm und die damit verbundenen Schwingungsfrequenzen durchaus die natürliche Lebensspanne wesentlich verkürzen. Nerzzüchter wissen längst, daß sie ihre Farmen nicht in der Nähe eines stark frequentierten Jet-Flughafens haben dürfen. An der regelmäßigen Lärmbelästigung mit zu hohem Geräuschpegel sterben nämlich die Tiere. Andererseits ist jedem Gärtner die alte Methode bekannt, wie er Mäuse von seinen Gartenpflanzen wirkungsvoll abhalten kann. Dazu braucht er bloß eine Reihe leerer Flaschen so in die Erde einzubuddeln, daß die offenen Flaschenhälse in unterschiedlicher Höhe kleine Orgelpfeifen bilden und der darüberstreichende Wind sich mit hohen Tönen darin verfangen kann. Den Nagern ist dies unangenehm, und sie meiden dieses Gebiet. Solange Tiere widrigen Zonen ausweichen können, tun sie das. Haben sie keine Fluchträume mehr, gehen sie ein, und ihre Populationsdichte sinkt auf ein recht niedriges Niveau herab.

Wenn die Alteingesessenen des Ortes ins Erzählen geraten und zwei Jahrhunderte zurückgreifen, entsteht ein ganz anderes Bild um Jagen und Leben in dieser Landschaft. Damals kam der Kurfürst Karl Theodor von Mannheim über den Rhein. Anscheinend schätzte er die Bruchlandschaft auf beiden Seiten des Rheins. Zwischen Kohlhof und Park hielt er seine mit Lappen eingestellten Barockjagden ab. Dabei ging es ihm gar nicht um das hohe Wild, den Hirsch. Von der Mennonitensiedlung des Kohlhofs am Rehbach trieb man das Wild über das Gelände der heutigen Versuchsstation der BASF auf den gemauerten, tiefen Wildgraben im Park zu. Die sumpfigen Randzonen der Weiher ließen dem Wild keine Ausbruchsmöglichkeiten nach Osten offen. Nach Westen war die Flur mit Lappen eingestellt. Der Graben war mit herausnehmbaren Gattertüren abgeriegelt und für Rehwild wie Sauen ein nicht überwindbares Hindernis. An den Gitter-Stabtoren wurde das Wild dann mit Saufedern oder anderen blanken Waffen abgefangen sofern es sich beim Sturz nicht schon die Läufe gebrochen hat-

Vor der Kulisse großer Industriewerke (BASF) wird ein reichhaltiges Niederwildvorkommen bejagt.

Trotz der nahen Besiedlung finden die Fasanen noch immer hervorragende Lebensbedingungen in der Vorderpfalz.

Voll gespannter Erwartungen marschiert die Jägerkorona zum ersten Treiben.

Hasenstrecken, die das Jagen noch wirklich lohnenswert machen.

te. Was deswegen liegenblieb, wurde erschlagen. Gar mancher Hase ist hierbei angefallen. Die Überreste der Gattereinrichtungen von einst und die das Land durchziehenden Wassergräben sind mittlerweile verschwunden. Lediglich das Lappzeug von damals ruht noch in Kästen im Schwetzinger Schloß. In den Kindheitserinnerungen der Erzähler haften allerdings auch noch die Eisenspitzen der Torgitter, an denen sie sich bis Ende der zwanziger Jahre beim Überklettern im Winter die Mäntel zerrissen. Heute gibt es weder den Wildgraben noch den Wildkeller mehr. Das Rehwild ist verschwunden, und nur vereinzelte Stücke aus der Nachbarflur suchen ab und zu einen Unterstand in den Resten des Domholzes.

Der Tisch, den die Natur hier über Jahrhunderte für das Wild deckte, war reich bestellt. Für die Menschen freilich war er lange, lange Zeit mehr als bescheiden. Bereits die Namen, wie Gewanne Eichelgarten, verraten das. Vom Garten spricht man ja gewöhnlich nur, wenn etwas besonders dicht bepflanzt ist und prächtig gedeiht. Hier standen die Eichen in jedem Alter, und kam die Zeit der Eichelmast, trieben die Bauern ihre Hausschweine dorthin, zur Gemeinschaft mit ihren wilden Vettern. Wer heute solches in anderen Gegenden unseres Kontinents noch beobachten kann, kommt nicht umhin, gleichzeitig dann eine Armut zu registrieren, die uns fremd geworden ist. Über eineinhalb Jahrtausende hinweg kann es hier nicht viel anders gewesen sein. Es geht die Fama, ein Meierhof hätte hier gestanden und dem Kaiser Konrad II auf seinem Weg von seiner Limburg bei Bad Dürkheim nach Speyer zum Reichstag als Umspannstation gedient. Vielleicht war es so oder so ähnlich, obwohl die urkundlichen Quellen dazu mehr als dürftig sind; vielleicht ist es nur erfunden. Immerhin setzte die erste dauerhafte Besiedlung erst um etwa 1800 ein, und dies, obwohl eine alte Römerstraße von Speyer nach Mainz seit fast 2000 Jahren diesen Ort durchquerte. Seither wurden Weiher trockengelegt und der Eichelgarten abgeholzt. Relativ spät hatte sich der Mensch dieses Fleckchens Erde bemächtigt, dafür jedoch mit jener Gründlichkeit, die gerade noch Platz ließ für Hase, Fuchs und Federwild.

Für diese Wandlung ist keineswegs in erster Linie etwa unser technischer Fortschritt verantwortlich, sondern die nüchterne Tatsache, daß sich in Deutschland die Zahl der Menschen gewaltig ver-

mehrte und sich die Neuhinzugekommenen ihren Platz dort nahmen, wo sie ihn noch vorfanden und bekamen.
Konstant in so einem Landstrich sind – im Vergleich zu historischen Perspektiven – nur die Rhythmen des Jahres. Am Buß- und Bettag, wenn der Jagdherr Hans B. vom Kohlhof seine Jäger zur Treibjagd um sich versammelt, liegt der Geruch des welkenden Laubes über den abgeernteten Feldern. Dieses Mal stand das Thermometer bei fast 0° C, und da es trocken war, versprach alles, ein ordentlicher Jagdtag zu werden. Viele Jagdgäste hatten sich, zum Teil wegen ihrer längeren Anfahrt, vorzeitig eingefunden. Man stand plaudernd in kleinen Gruppen beieinander. Ein Tablett Obstler machte die Runde. Obwohl es nicht jedermanns Sache ist, sich in aller Frühe mit Alkohol aufzuwärmen, wurde halt der Höflichkeit Genüge getan. Pünktlich begrüßte der Jagdherr seine Gäste, erklärte, was vorgesehen war für diesen Tag und wie es ablaufen sollte.
„Seid vor allem vorsichtig! Kein Stück Wild ist einen Unfall wert. In jeder unübersichtlichen Situation hat der Schuß im Lauf zu bleiben! Freigegeben sind Hasen, Kaninchen, Fasanenhähne und Raubzeug; nicht dagegen Hennen." Hans B. lachte freundlich in die Runde: „Wir sind hier unserem Brauchtum verhaftet und praktizieren noch das Jagdgericht wie vor einem Jahrhundert. Damals wurde in den alten königlich-bayerischen Regiejagden jeder, der gegen die Jagdordnung verstieß, nach einem klaren Bußgeldkatalog unnachsichtig zur königlichen Kasse gebeten. Das soll der Selbstdisziplin viel geholfen haben, erzählte mir mein Großvater. Immerhin waren zu jener Zeit die Strafen für ein falsch geschossenes Schmalreh so hoch wie für einen Hirsch, und auch Tierquälerei wurde bestraft. Wie ihr seht, weiß man schon sehr lange, weshalb Gemeinschaftsjagden nicht auf Gewissenhaftigkeit und Disziplin verzichten können, und früher fackelte man nicht lange. Wer sich den Strafen nicht unterwarf, schied automatisch aus dem Kreis der Jäger aus. Das war einfach und wirkungsvoll geregelt. Nun, wir Nachkommen sind in den Strafen moderater geworden, und am liebsten wäre es mir, wenn das Jagdgericht gar nicht zu sein bräuchte, allenfalls für leichte Verstöße. Aber in einem halten wir es mit den Alten, wer sich dem Spruch nicht unterwirft, scheidet aus unserem Kreis künftig aus. In demselben Sinn erwarte ich, daß jeder,

der hier zur Jagd kommt, auch hinterher Zeit hat, den Abend mit uns zu verbringen. Wer nur zum Schießen kommt und hinterher gleich wieder verschwindet, ist ebenfalls fehl am Platz. Und nun viel Waidmannsheil!"

„Aufbruch zur Jagd", das Hörnersignal blies die letzte Schläfrigkeit aus den Gliedern, und Schützen wie Treiber suchten ihre Transportvehikel auf. Auf den Traktor-Anhängern waren gepreßte Strohballen zu einer rundum laufenden Bank geschichtet. Eng zusammengerückt bot die gegenseitige Tuchfühlung Schutz gegen den Fahrwind, der recht frisch am Gesicht und den Ohren vorbeistrich. Auf der Rolle, wie das Gefährt hier heißt, waren die meisten recht mundfaul. Mancher hing seinen eigenen Gedanken nach, und außerdem war die Zeit der gegenseitigen Beschnüffelung noch nicht vorüber.

Jeder Pächter hält es, was den Kreis seiner Gäste betrifft, ein bißchen anders. Oft spiegelt sich in der Zusammensetzung der Jäger etwas von der Lebensart und -haltung des Jagdherrn wider. Natürlich steht jeder von diesen bei den herbstlichen Treibjagden immer wieder vor demselben Problem. Ein über das Jahr gut gepflegtes Revier steht im Herbst zur Ernte an. Es ist nicht anders als mit dem bestellten Acker. Wie man es am vernünftigsten macht, wird vom Klimaverlauf des Jahres mitbestimmt, und selbst im letzten Augenblick fällt dem Wetter am Treibjagdtag noch eine gewichtige Rolle zu. Ein nasses Frühjahr mit einem verregneten Frühsommer hinterläßt kräftige Spuren im Nachwuchs. Der Jagdherr, so er auch Landwirt ist, weiß schon Anfang September, wie gut oder schlecht es um seine Hasen und Fasanen bestellt ist. In schlechten Jahren bleibt ihm oft nichts anderes übrig, als die großen Herbstjagden ausfallen zu lassen. Allenfalls kann er mit einem kleinen Kern seiner Jagdfreunde behutsam an den Wochenenden ausgewählte Teile des Reviers bejagen. Die Strecken sind klein, reichen gerade für die private Küche. Die Verluste werden gering gehalten, weil jedes angeschossene Stück nachgesucht wird.

War dagegen das Jahr gut und ist viel Wild vorhanden, reicht diese Methode nicht aus. Ein oder zwei große Treibjagdtage werden dann allemal benötigt. Dazu bedarf es eines größeren Aufwands an Schützen, Treibern und Hunden. Natürlich begrüßen Jäger ohne

eigenes Revier solche Tage, sind sie ja als Gäste gern gesehen. Ein solcher Tag der Ernte will gut vorbereitet sein. Schließlich ist es in dieser Gegend auch heute noch nichts Ungewöhnliches, mit drei Kesseltreiben und vierzig Schützen Tages-Jagdstrecken von 100 bis 150 Hasen zu erzielen. Ohne die Umsicht des Beständers geht das allerdings nicht. Natürlich sind sich die Erfahrenen dessen bewußt, daß Treiber, Hunde und der Jagdleiter die Arbeit tun. Wiederholt erlebte ich es hier, und dies scheint sich zunehmend einzubürgern, wie der Jagdherr selbst nur mit gebrochenem Gewehr den Jagdablauf begleitete. Er ist zufrieden, wenn seine Gäste quasi die Äpfel aufklauben können, die er ihnen von den Bäumen schüttelt. Wer als Jagdherr oft im Revier ist und nur einmal im Jahr eine große Jagd veranstaltet, will ja gerade nicht diesen Tag zum Tag des Mißmutes und des Ärgers werden lassen.
Das erste Treiben war als ein Kessel zur Flurgrenze eines eingemeindeten Vorortes von Ludwigshafen angelegt. Der Ablauf der Jäger in beide Richtungen hatte vor geraumer Zeit begonnen. Wieder startete einer. Der Dirigent verabschiedete ihn freundlich flachsend: „Dich schicken wir auf die Grenze, du kennst ja die Linie. Achte darauf, daß nicht zuviele Hasen hinüberkommen." Der so Angeredete lachte, nickte mit dem Kopf, sagte aber nichts und zog los. Neugierig geworden, fragte ich: „Warum wurde der so speziell aufgefordert?"
Lachend erhielt ich die Antwort: „Nun, das ist der frühere Jagdpächter von nebenan. Wir haben uns immer gut vertragen, und jetzt jagt er bei uns."
„Hat er seine Jagd nicht mehr?"
„Nein. – Als er die Jagd noch besaß, hatte er im Sommer Türken erwischt, wie sie junge Fasanen und Rebhühner einfingen, und vermutlich haben die auch Junghasen eifrig eingesammelt. Brav und bieder, wie er ist, hat er Anzeige erstattet. Das hätte er besser nicht getan. Die Polizei verfolgte die Sache, und dabei stieß sie auf etwas für sie weit Interessanteres. Diese Türken und noch andere waren bei den Bauern als Schwarzarbeiter beschäftigt. Daraufhin wurde der ganze Ort nach illegalen Einwanderern durchgefilzt, und etliche Landwirte bekamen saftige Strafen aufgebrummt. Das Ende vom Lied war: Die Bauern wurden auf ihren Jagdpächter böse,

weil der – ungewollt – den Stein ins Rollen gebracht hatte. Und sie haben ihm die Jagd nicht mehr verpachtet. An das hatte er natürlich nicht gedacht, und das hatte er ja auch nicht gewollt."
„Er kannte halt seine Bauern nicht", bemerkte trocken und sarkastisch ein Dritter.
Eine grüne Signalpatrone verkündete laut und allen sichtbar den Beginn des Treibens. Die weitmaschige Linie von Schützen und Treibern bewegte sich gemächlich über Ackerschollen, Getreidestoppeln und aufgegangene Wintersaat aufeinander zu. Langsam wurden die Abstände von Mann zu Mann kleiner. Noch fielen keine Schüsse, aber jeder sah, wie weit voraus die Hasen bereits aufstanden und auf die andere Seite des Kessels flüchteten. Damit kam Leben in das Rund. Denn jeder flüchtende Hase nimmt noch den einen oder anderen aus seinem Lager mit. Aufmerksam wurde verfolgt, wo die Hasen verhofften, wendeten oder unschlüssig hin und her hoppelten. Manche kehrten um, andere schlugen einen Haken im rechten Winkel und flüchteten an der Schützenkette entlang. Die Hasen begegneten sich, denn im Kessel hatten die Löffelmänner auf den anderen Seiten das Treiben ebenfalls verspürt.
Zusehends entwickelte sich das hinreißende Bild von quirliger Bewegung im Zentrum eines groß angelegten Kessels, wenn viele Hasen vorhanden sind. Je enger der Kessel wurde, um so stärker rückten die Mitglieder der Sippe Lampe selbst zusammen. Nun fiel ab und zu der eine oder andere Schuß oder Doppelschuß. Von den Ungeduldigen versuchte mancher bereits jetzt, den Kessel zu verlassen. Enger und enger wurde der Kessel. Die kleineren und größeren Hasenansammlungen im Zentrum haben natürlich die Aufmerksamkeit aller. Wer da glaubt, dieses Verhalten der Hasen sei recht dumm, weil sie damit alle hoffnungslos den Schützen ausgeliefert seien, irrt gewaltig. Das instinktive Verhalten, sich im Moment großer Gefahr zusammenzuscharen, ist zigtausend Jahre erprobt, und darin unterscheiden sich die Hasen nicht mal vom Menschen. Tatsächlich hält die Natur damit ein wesentliches Element der Überlebensfähigkeit für jede Tierart bereit, freilich auf Kosten vieler einzelner Individuen.
De erfahrenen Jäger wissen, was kommt. Für sie besteht die Spannung darin, wie lange so ein Hasenpulk das Näherkommen der

Schützenlinie aushält. leiben sie beisammen, bis das Signal kommt, nicht mehr in den Kessel zu schießen, oder suchen sie vorher durchzubrechen. Vor dem Signal hat die Jägerei mehr Möglichkeiten, zu Schuß zu kommen, nach dem Signal steigen die Chancen der Krummen. Das aufflackernde Schützenfeuer sprengt stets die Hasenversammlung. Sobald jedoch nur noch nach außen geschossen werden darf, fallen viel weniger Hasen, weil bei zu großer Zahl die Jäger mit dem Nachladen nicht nachkommen. Es verblüfft immer wieder, mit welchem Erfolg die Taktik der Krummen funktioniert. Wahrscheinlich ist es abhängig davon, wieviel alte Hasen, erfahren und nervenstark, gerade mit von der Partie sind. Sie führen an, bezahlen es allerdings meist mit ihrem Leben, während die Jüngeren weiter hinten im Gefolge davonkommen.
So geschah es auch diesmal. Als endlich sich ein Hase entschloß und den Fluchtweg zwischen zwei Männern suchte, nahm er gleich andere mit. Nur er und ein zweiter fielen, die anderen blieben unbeschossen, und prompt folgte ein ganzer Pulk der gleichen Richtung. Die beiden Schützen setzten ihre Doppelschüsse ab, und mit dem Nachladen erreichte der eine gerade noch den letzten Nachzügler. Die Hasenverluste hatten sich in engen Grenzen gehalten. Das Ergebnis der Strecke an dieser Stelle waren ganze drei Hasen. Die Randhasen eines Pulks sind am meisten bedroht, und stets müssen sich einige der Äußeren für die große Menge opfern. Hasen kennen keine Strategie. Sie kennen nur die Flucht, aber sie wissen um den Schutz in der Masse. Deshalb gehört neben der Leistung der Jagdleitung auch ein Quentchen Glück dazu, mit einem Kesseltreiben zu einem guten Ernteergebnis zu kommen. Dieses Mal war es bescheiden geblieben.
Entgegen der ursprünglichen Absicht änderte man wegen des mageren Ergebnisses aus dem ersten Kessel den Jagdablauf. Man ließ das zweite Kesseltreiben ausfallen und ersetzte es durch ein großes Vorstehtreiben im Eichelgarten und Domholzwald. Die eine Seite wurde begrenzt durch die Eisenbahnlinie und den Siedlungsrand vom Limburgerhof. Die andere Seite war offen zur Flur, indes, sie war wenig versprechend, und so war es geboten, einmal den Wald durchzukämmen.

Mir war ein übersichtlicher Platz zwischen Kiefern und hohen Eichen zugeteilt worden, nahe dem Waldrand, mit guter Deckung. Im Bestand war es relativ windstill, und es ließ sich das Warten, ohne zu frieren, gut aushalten. Solange die Treiberlinien noch weit weg sind, jagt man ja mit den Ohren mit. Da klopfen die Treiber, dort das „Hussasa“, „Has, Has“. Langsam kommt das Geschehen näher. Die Fasanen werden von den Hunden aufgestöbert, und laut schimpfend steigen sie mit „Gock, Gock“ hoch. An ihrem Gezeter läßt sich die Richtung ihrer Fahrt erkennen, und an der Schußserie, die hinter ihnen her fällt, ist zu verfolgen, mit welcher Hartnäckigkeit die Waidmänner daneben treffen. In diesem Baumbestand mit gutem Unterwuchs müssen die Fasanen, wenn sie einmal herausgeworfen sind, rasch Luft unter die Schwingen kriegen und bis in die Baumwipfel aufsteigen. Es ist ein wundervolles, gänzlich anderes Bild als draußen auf den Feldern, diesen farbenprächtigen Vogel, der erst seit dem 14. Jahrhundert bei uns heimisch ist, zwischen den Wipfeln des buntleuchtenden Herbstwaldes elegant umherstreichen zu sehen. Schlagartig erkennt man seine verblüffend angepaßte Tarnkleidung. Vielleicht ist am Flusse Phasis an der Ostküste des Schwarzen Meeres, wo ihm seine Urheimat im Altertum zugeschrieben wird, die Natur über die meiste Zeit des Jahres ziemlich farbenfroh. Bei uns im Herbst bieten ihm die Farben jedenfalls Deckung.

Ein hoher Fasan, der zwischen Eichen und Kiefern hindurchreitet, gewinnt nicht so rasch an Geschwindigkeit wie draußen, und sein Flug ist fast so gaukelnd wie der einer Eule. Im Geäst der Baumkronen bietet sich den Schützen nicht immer freies Schußfeld. Die Vögel haben eine recht gute Chance zu entkommen. Natürlich fällt der eine oder andere, wenn er eine kleine Serie von Doppelschüssen ausgelöst hat, schließlich doch mit einem hörbaren Plumps auf die Erde. Kein Zweifel, ein Waldfasan hat seinen eigenen Reiz.

Während ich dem letzten Geräusch noch nachhing, sah ich aus dem Augenwinkel einen Wischer und wußte blitzartig, hier will sich Meister Lampe aufs Feld hinaus durchmogeln. Dabei sollte er über eine kleine Lichtung vor mir kommen, und möglicherweise konnte es zum Schuß reichen. Tatsächlich, er kam wie erwartet, und die Schrote faßten den Hasen; es stäubte seine Wolle, aber er lag nicht.

Statt dessen wurden seine Fluchten länger und schneller. Mit einem Riesensatz setzte er über einen Graben am Waldrand, fegte mit unvermindertem Tempo in eine Furche weiter und drückte sich, am Schluß des Ackers langsamer werdend, in das angrenzende Krautfeld. Der Hase war krank, soviel war klar, und er mußte nachgesucht werden. Das fügte sich gerade gut, denn anschließend an dieses Treiben war Mittagsrast auf dem Hundedressurplatz bei Wein und Erbsensuppe vorgesehen. Da konnte man später kommen. Ich bat einen Jäger des Reviers und meinen Jagdfreund Frieder H. mit seinem Hund Britta, die Nachsuche mitzumachen. Drei Gewehre schienen mir wahrhaftig genug. Zu diesem Zeitpunkt hatte ich keine Ahnung davon, welche Überraschung mich dabei erwarten würde.

Wir waren gerade mitten im Acker, als vor dem bereits geschnallten Hund, der gründlich umhersuchte, ein Hase aus der Sasse federte. Dieses neue Wild, so kurz vor dem Fang des Hundes, lockte ihn prompt weg von der Fährte. Auf das Abpfeifen reagierte Britta zunächst nicht, obgleich der Abstand zwischen Hase und Hund bald größer wurde. Doch plötzlich, was war das? Ein riesiger Schatten schoß aus der Luft heran, war im Nu über dem hoppelnden Hasen und stürzte wie ein Stein auf ihn zu. „Ähhh, Ähh, Ähh", klagte es vom Hasen zu uns herüber. Ein paar kräftige Schwingenschläge des Greifs, und der Hase verstummte. Dann mantelte der Greif über dem Hasen am Boden.

Verblüfft sahen wir drei uns an. Nun, Habichte können Hasen schlagen. Auch Bussarde, so sie arg vom Hunger geplagt werden, wagen sich in ihrer Not mal an einen Hasen heran; meist mit nicht viel Erfolg, denn sie sind viel ungeschickter als ein Habicht. Aber Habicht und Bussard sind viel kleiner als dieser Vogel, der dort mit halb ausgebreiteten Schwingen über seiner Beute ruhte. Das konnte nur ein Adler sein, doch woher sollte er in dieser Gegend kommen? Über den Rheinauen zog er seit langer Zeit nicht mehr seine Kreise.

Der Hund, zuerst verdutzt innehaltend, näherte sich jetzt dem Vogel, bis er ihm auf wenige Meter gegenüberstand. Sichtlich wußte er nicht recht, wie das weitergehen sollte. Der Vogel breitete seine Schwingen aus, bereit zum Schlagen, und zischte rauhkehlig durch

den weit aufgerissenen Schnabel. Er dachte nicht im geringsten daran, von seiner Beute zu lassen. Unverwandt stand Britta vor ihm. Welch noch nie gesehene Situation! Der Vogel hielt auch unser Näherkommen aus, und dann gab es keine Zweifel mehr: wahrhaftig, ein Adler!
Während wir reichlich hilflos herumstanden und rätselten, wie es nun weitergehen sollte, steuerten uns zwei Männer so zielstrebig an, als ob sie uns helfen könnten. Der eine war bekannt und Jagdpächter von nebenan. Er stellte seinen Begleiter als Offizier der Bundeswehr vor, dem dieser Beizadler gehörte. Ja, ein Adler kennt natürlich keine Reviergrenzen. So verständlich es ist, daß jemand, der sich einen Beizadler hält, mit diesem einmal beizen möchte, so naiv ist es allerdings auch, in dieser zerstückelten und extrem genutzten Landschaft eines wirtschaftlichen Ballungsgebietes die Falknerei zu versuchen. Der Adler hatte im fremden Revier gewildert, das war dem Soldaten peinlich. Andererseits, daß er mit seinem Adler erfolgreich gebeizt hatte, darauf war er ein bißchen stolz, und beide Gefühle waren ihm ins Gesicht geschrieben.
„Woher haben sie denn den Vogel?“ erkundigte sich Frieder H.
„Ich habe ihn vom Khaiberpaß aus Afghanistan vor Jahren mitgebracht, als ich vor dem Russeneinfall für einige Zeit dort im diplomatischen Dienst tätig war. Dort habe ich die Beizjagd mit dem Adler kennengelernt. Sie hat mich fasziniert, ist sie doch ungemein reizvoll. Und ich hatte gehofft, das läßt sich irgendwo in unserem Lande ab und zu mal betreiben.“
„Na, wir leben aber hier nicht mehr im Mittelalter“, bemerkte trokken der Revierjäger. Nüchtern, wie er war, fuhr er fort: „Sie können den Hasen mitnehmen, freilich zahlen müssen sie ihn uns. Er kostet 25 DM. Am besten ist, ich kassiere gleich“, und damit hielt er die Hand hin. Lachend fuhr er fort: „Ohne das Geld und eure Zeugenschaft würde das niemand von unserer Jagdgesellschaft glauben.“
„Ja“, entschuldigte sich der Offizier, „es ist wirklich schwierig, in der Bundesrepublik eine Gelegenheit zur Beizjagd zu bekommen. In den guten Niederwildrevieren am Rhein, dachte ich, ginge es noch am leichtesten. Aber da habe ich mich geirrt.“
Britta wurde wieder auf die Nachsuche gesetzt und hatte bald den kranken Hasen erreicht. Sein letzter Fluchtversuch endete rasch.

Als wir endlich beim offenen Feuer angekommen waren, überfiel der Revierjäger die versammelte Runde mit der Scherzfrage: „Wie macht man aus einem Hasen zwei?“ Dabei hielt er in der einen Hand den Hasen und in der anderen die 25 DM. Keiner konnte etwas mit der Frage anfangen, und so wartete er gar nicht lange, sondern antwortete selbst: „Mit einem Adler!“ Das nun verstand freilich gar keiner mehr. Und als er die Sache erzählte, war niemand bereit, ihm und unseren Beteuerungen zu glauben. „Na klar, wir haben ja bereits wieder genügend Falkner“, witzelte jemand. „Was wir nicht schaffen, überlassen wir den Beizadlern. Da gibt's keine Bleivergiftung des Bodens durch Schrote und überhaupt, das ist die Idee: Wir könnten unsere Jagden unterverpachten an Falkner und solche, die es werden wollen.“ Es war nichts zu machen. Alle, die dabeigewesen waren, waren unisono unglaubwürdig. Erst abends, als der Jagdherr bei seinem Nachbarn telefonisch die jagdliche Rarität bestätigt bekam, hörte das Frotzeln auf.
Das Merkwürdige an dem Ganzen war, wie durch eine solche Story der Jagdnachmittag in seiner Geselligkeit eine neue Wende bekam. Ob sie erfunden oder wahr war, spielte längst keine Rolle mehr. Die Sache hatte einfach die Gemüter mobilisiert und die Geister befeuert und vermutlich mit dazu beigetragen, dem letzten Treiben seinen Schwung zu geben und den Jagdherrn mit dem Ergebnis zufriedenzustellen. Man schoß allgemein besser, gerade, als wären die Reflexe aufgerüttelt worden, ähnlich etwa wie bei den Jet-Piloten der Luftwaffe, die als Reflexschulung dienstlich Skeet- und Trap-Schießen verordnet bekommen. Nach 100 Schüssen sind die Schützen richtig aufgekratzt. Stimulantien dieser Art haben auf Gesellschaftsjagden jedoch ungeahnte Begleiterscheinungen. Da wird nicht bloß schneller geschossen, sondern auch auf kürzere Entfernung, und stehen Nachbarn zu nahe beieinander, dann fällt schon mal ein Fasan nach einem Doppeltreffer bereits halb gerupft oder halb tranchiert vom Himmel. Eine derartige Schußleistung ist natürlich ein Fall für das Jagdgericht.
Der joviale Hans B. hatte indes in verständnisvoller Kenntnis menschlicher Bedürfnisse den Übergang von „Hahn in Ruh“ zum Jagdgericht erst einmal mit einem Schlachtfest-Schüsseltreiben im Gemeinschaftshaus der Mennoniten unterbrochen.

Das Gemeinschaftshaus war noch im Rohbau, aber für die Jäger war es wind- und wasserdicht zugehängt worden. Für alle unübersehbar baumelte auf einem Plakat die „Hausordnung für Jäger“ von einem Balken.

1. Das Mennonitenhaus darf nur mit sauberen Läufen, Lauschern, Wedeln usw. betreten werden.
2. Es ist verboten, den Jagdbeständer im Glücksrausch der Begrüßung zu beißen, zu treten, zu picken oder mit sonstigem Gewaff sein dickes Fell zu verletzen.
3. Die friedvolle häusliche Ruhe darf nicht durch übermäßiges Röhren, Grunzen, Keckern oder Blöken gestört werden.
4. Reviermarkierungen, wie Nässen, Sich-Lösen, das Befegen von Stuhlbeinen usw., sind in diesem Haus zu unterlassen.
5. Böcken ist es im Hause des Jagdbeständers untersagt, Geißen zu treiben oder gar zu beschlagen – dies gilt sinngemäß auch für Fuchsrüden in der Ranz, für brunftige Hirsche sowie auch für Hauptschweine in der Rauschzeit.
6. Die Hündinnen sind als rechte Hand des Jagdherrn zu betrachten – ihnen ist mit Achtung und Anstand zu begegnen –, keinesfalls dürfen sie mit den edlen Blumen der Hausfrau gefüttert werden.
7. Während des Schüsseltreibens sind beim Zermalmen der Atzung Äser, Fang und Gebrech geschlossen zu halten – Schmatzen, Grunzen und Rülpsen sind unerwünscht –, auch das Verbreiten klangvoller körpereigener Gerüche entspricht nicht dem ehrwürdigen Stil des Hauses.
8. Der Jagdbeständer liebt es nicht, wenn unter dem Äsungsplatz abgenagte Knochen, Käseschwarten, Wurstpellen oder Gewölle zurückgelassen werden.
9. Nach Beendigung des Schüsseltreibens haben sich die Gäste friedfertig in ihre Einstände, Baue, Kobel und Nester zu begeben.
10. Gegenüber Dritten, Wald-, Feld- und Baubewohnern ist das Schüsseltreiben des Jagdbeständers zu loben und zu preisen, auf daß er allen weiterhin wohlgesonnen bleibe!

Ein breites Brett war die Theke für die Schlachtschüssel. Ein weiteres Brett, auf zwei Böcken aufgelegt, stellte die Schankecke dar.

Ob Wellfleisch, Bratwürste, Schwartenmagen, Blutwürste, Kranzbrezeln oder Brot, ob große Portionen oder kleine, alles hatte einen Einheitspreis, der recht, recht bescheiden war. Den Pfälzer Wein gab es nur in Literflaschen. Bezahlt wurde in die Mennonitenkasse. Die drangvolle Enge, mit der dieser Rohbau von den Hungrigen belebt wurde, heizte von alleine ein. Über den dampfenden Tellern, voll mit Wellfleisch, einem Obstler und einem Schluck Wein, sprang spontan der Funke der Unterhaltung über. Eine Frau nach der anderen aus der Mennonitengemeinde schlüpfte durch die Planen und gesellte sich zu uns. Sie standen an den Fleischtöpfen und am Schanktisch und halfen, kräftig zulangend, Treiber und Jäger zu atzen. Aus einer Ecke klang Musik auf, und Jägerlieder füllten den Raum. Die Feierabendvertriebenen wurden zunehmend munterer. Einer hatte seine Ziehharmonika dabei und gab eine Soloeinlage:

Lang soll der Speyerer Dom bestehn!
Doch bleibt uns im Leben
bloß mehr eine einzig' Geiß,
dann soll ihr der Herrgott geben
zwei Tittlein, prall und heiß –
und fließen soll daraus der Saft der Reben
zu unserem Herren Preis.
Links soll sie Rotwein geben
und rechts den Rießling weiß.

Nun übernahm der Jagdherr Hans B. das Mikrophon, denn das war jetzt seine Stunde.

„Liebe Waidgenossen! Wenn ich so in die Runde sehe, freue ich mich über zweierlei. Einmal über den gelungenen Jagdtag, der ohne Zwischenfall ablief, und dafür danke ich ihnen allen. Schließlich haben das ja ihre Umsicht, ihre Vorsicht und ihre Rücksicht mit bewerkstelligt. Wir haben eine bunte Jagdstrecke erzielt, die sich nicht messen kann an denen der vergangenen Jahre. Aber das wußten wir von vornherein, denn das zweimalige Frühjahrshochwasser hatte kaum viel von dem ersten Nachwuchs des Jahres übriggelas-

sen. Wir Haben zwei Füchse, einundsechzig Hasen, sieben Kaninchen, zweiundzwanzig Fasanen, zwei Krähen und eine Elster erlegt.
Zum anderen freue ich mich darüber, daß euch alle die Anziehungskraft des häuslichen Herdes noch nicht abgerufen hat. Das ist gut so, denn der Jagdtag ist ja nicht zu Ende. Wir werden einen Treiberhasen nach amerikanischer Art versteigern und verzichten heute auf die Krönung eines Jagdkönigs. Statt dessen schreiten wir spornstreichs zum Jagdgericht!“ Freundlich in die Runde lachend fuhr er fort: „Bei uns kann jeder zu Ehren kommen: der beste Schütze, der schlechteste Schütze, der Brave, der Schweigsame, der Jagdkönig, wenn es sein muß; aber vor allem die, die Jagdkönig werden wollten, und, es versteht sich, die Nachkommen von Münchhausen. Ich hatte schon geglaubt, die Beizadlergeschichte vom Limburgerhof würde das Jagdgericht total beherrschen. Mir wurde aber, wie ich hiermit allen kundtun kann, von meinem Nachbarn bestätigt: Sie hat so stattgefunden. Im nachhinein können wir übrigens bloß bedauern, nicht dabeigewesen zu sein. Aber es wurde ja so plastisch geschildert, daß jeder von uns in seiner Phantasie die Beizjagd nachzuvollziehen vermag. Doch kehren wir wieder zu unseren Schützen zurück“, und damit hob er einen ziemlich zu Ende gerupften Fasanengockel hoch.
Gelächter brandete auf, und Hans B. fuhr anzüglich fort: „Wer etwa meint, hier waren fleißige Hände am Werk, der irrt. Waidgenossen, hier seht ihr mal was Neues. Es ist das Kunststück, mit zwei Schrotschüssen aus nächster Nähe einen Fasan fast grillfähig vom Himmel zu holen. Er ist gerupft und auseinandergenommen, lediglich ein bißchen schwerer als die anderen. Zwei volle Schrotladungen spürt man im Gewicht: Wie weit solche Fertigkeit unseren Jungjägern zur Nachahmung empfohlen werden kann, müssen wir erst zu späterer Stunde im Jagdrat noch beschließen. Jetzt wollen wir das Ungewöhnliche anerkennen und ernennen den Meisterschützen Georg hier zum Oberjäger.“ Inzwischen hatte sich Georg erhoben und ging lachend auf den Jagdherrn zu, während dieser fortfuhr: „Und dazu überreichen wir ihm als Zeichen seiner neuen Würde Pfeil und Bogen. Mit diesem Urteil legen wir ihm zugleich die Verpflichtung auf, den Dank an die Treiber zu entrichten.“

Formlos übernahm Georg das Mikrophon. „Weil es hervorragend geschmeckt hat, verzichte ich gern auf meinen Einspruch. Allein, den Treibern im Namen aller zu danken, das tue ich gern. Ohne sie geht es nicht, und ohne sie hat trotz vieler Jäger der Pächter keine große Strecke am Ende eines Jagdtages. Wer sie beobachtet, weiß auch, welche Unterschiede es bei ihnen gibt. Manchen Treibern ist alles gleich. Sie poltern durch Gebüsch und Strauchwerk mit einer Schnelligkeit, als würde ein Hirsch nach hinten durchbrechen, kümmern sich wenig um das, was um sie vorgeht. Die sehen den Hauptreiz darin, einmal einen ganzen Tag sich frische Luft in die Lungen gepumpt zu haben. Gottlob, heute hatten wir keinen von dieser Sorte unter unseren Treibern. Im Gegenteil, einen von ihnen können wir heute zum Obertreiber ernennen, und das ist unser altbewährter, stets bereitstehender Harald K. Zum Zeichen seiner neuen Würde überreichen wir ihm deshalb den Marschallstab der Treiber – den Treiberstock! Im übrigen, gar mancher fing als Treiber an und endete als Jägersmann.

> Indes, wer nicht liebt Wein, Weib und andere Weiber,
> wird nie ein Jäger, bleibt ewig Treiber."

Für geraume Weile verschluckten der Lärm und das Lachen die weiteren Worte. Georg ist ein Original, blitzgescheit und schlagfertig. Er ist selbst erst spät zur Jägerei gestoßen, und manchmal gibt er sich als souveränes Unikum. Seine Heraushebung von Harald K. zum Obertreiber veranlaßte meinen Nachbarn, auch dessen Originalität zu würdigen. Der frischgebackene Obertreiber war nämlich stets mit von der Partie, wenn es um das Jagen überhaupt ging, gleichgültig auf was. Und so wurde nun berichtet, wie es einmal bei einer Frettierjagd auf Karnickel zuging.
„Wenn man hierzulande Kaninchen jagt, benutzt man gern, falls vorhanden, Frettchen. Nicht jeder Jäger hat jedoch ein Frettchen zu Hause. Und selbst mit diesen Jagdhelfern gelingt es nicht immer zum richtigen Zeitpunkt, den Karnickeln beizukommen. Prompt hatte Harald K. eine Idee. Er meinte, was an Neujahr und im Karneval die Kleinen und die Großen erfreut oder verschreckt, sollte ein Kaninchen ebenfalls beeindrucken. Da es ihn stets reizte

zu experimentieren, mußten Feuerwerkskörper her. Also, einer wurde angezündet und in einen Bau gesteckt. Der Erfolg war beeindruckend. Das Kaninchen kam, wie aus dem Rohr geschossen, heraus, viel schneller, als wir alle erwartet hatten; vermutlich wegen des eigenartigen Zischgeräusches. Das wiederholte sich mehrere Male, und Harald K. verstand es, die Jäger für die neue Methode zu erwärmen. Vorsorglich packte er sich eine Gesäßtasche voll von diesen Krachern. Nun wurde es ernster. Wieder wurde ein Kracher angezündet und reingesteckt in den Kaninchenbau. Wider Erwarten reagierte das Karnickel schneller, als gewohnt. Reflexartig zog Harald K. den brennenden Schwärmer zurück und steckte ihn, von der Jagd abgelenkt, automatisch in die Tasche zurück. Das Kaninchen sprang. Ein Schuß! Das Kaninchen wurde verfehlt. Ein zweiter Knall! Ein Satz! Ein Aufschrei zugleich, und Harald K.s Gesäßtasche stand in Flammen. Urkomisch! Der Schwärmer hatte den ganzen Vorrat der Kracher hochgehen lassen. Die Jagd war für diesen Tag vorbei, denn jetzt war der Arzt gefragt."
„Ja, selbst Kaninchenjagd will gelernt sein. Bewährte Methoden, wie das Frettieren, durch neue zu ersetzen, und seien es bloß Feuerwerkskörper, birgt halt Überraschungen."
Es wurde noch ein langer Abend; einer von jenen, die man nicht missen möchte. In dieser Runde war es gleichgültig, wie oft man geschossen hatte, wieviel man traf oder ob man gar mit blanken Läufen nach Hause kam. Hier war ich einem Kreis von Waidgenossen begegnet, in dem man sich wohlfühlen konnte und dem keiner angehörte, den man partout nicht mehr wiedersehen wollte oder der etwa gar einen veranlaßt hätte, bei künftigen Einladungen wählerisch zu sein.

Dunakiliti

Die Auwälder der Donau sind vielfach beschrieben worden. Teilweise auf Inseln eingesprengt, in den Altwasserarmen der Donau und an deren Buhnen erstrecken sie sich südöstlich von Wien über Ungarn in den Balkan hinein. Sie erregten seit geraumer Weile meine jagdliche Neugierde und Phantasie, mußte es sich ja nach allem, was man erfahren konnte, um Paradiese für Schwarz- und Rotwild handeln. Dort Jagdurlaub zu machen, lockte reizvoll bis herüber zum Rhein. Im übrigen war 1500 Jahre nach dem Nibelungenzug die Entfernung auf eine Tagesreise zusammengeschrumpft.
Wer, so wie ich, den ganzen Sommer über in den heimatlichen Gefilden keine Zeit für die Jagd erübrigen konnte, dem blieb als letzte Möglichkeit, die Herbstferien der Buben zu nutzen, um in ein Jagdrevier nach Ungarn aufzubrechen. Es war wohl mein ausdrücklicher Wunsch nach einem starken Keiler, der die MAVAD-Organisation veranlaßte, uns ein Auenrevier an der Donau in der Forstverwaltung von Györ zuzuteilen.
Bereits der Aufbruch wich gänzlich von der üblichen Routine ab, sobald ich fernen Jagdgefilden zustrebte. Kein Jagdfreund war mit von der Partie, statt dessen die ganze Familie. Natürlich fieberten die Buben der Fahrt entgegen, während sich ihre Mutter mit gemischten Gefühlen ihre Einsamkeit in einer kärglich ausgestatteten Jagdhütte ausmalte. Zusammen mit der Tochter dort geduldig auszuharren, wo sich Fuchs und Hase gute Nacht sagten, bis die müde Waidmännerschar, verdreckt und durchnäßt, spät am Vormittag oder aus stockdunkler Nacht zurückkäme, war nicht gerade das, was sie unter Urlaub verstand. Ihre heimliche Hoffnung, bei den Ungarn, dem Volk der Pferdenarren, wenigstens wieder mal zum Reiten kommen zu können, half jedoch kräftig mit, alle Vorbehalte beiseite zu schieben. Überraschungen gehören ja zu einem Urlaub dieser Art, mehr noch, sie machen erst dessen versteckten Reiz aus.

Die Donau bildet an dieser Stelle die Grenze zwischen der Tschechoslowakei und Ungarn.

Hannes und Max auf dem Pferdewagen in den Donau-Auen.

Hubert Suter mit einem Rotwildkalb aus dem Revier Kisalföldi in Dunakiliti.

Endlich, am 19. Oktober, ließen wir den Rhein hinter uns, um eine Woche rund 900 Kilometer weiter östlich an der Donau zu verbringen. Das Auto war ziemlich vollgepfropft, doch es hat alles aufgenommen, was für einen Jagdurlaub gebraucht wurde. Die Familie hatte gestaunt, was da für jeden an Wechselkleidung für warmes, nasses und kaltes Wetter, einschließlich Schuhwerk und Ausrüstung, zusammenkam und verstaut sein wollte. Immerhin bescherte uns das Wetter, nach dem langgezogenen winterlichen Sommer des Ausnahmejahres 1984, einen Anreisetag bei prachtvoller Föhnstimmung. Klare Fernsicht und strahlender Himmel stimmten uns ein auf das pannonische Klima, in dem kurze Nachtfröste nicht viel zu melden haben. Jagdlich gesehen lag der Zeitpunkt ziemlich genau zwischen der vergangenen Hirschbrunft und den bevorstehenden Saudrückjagden des Winters.
In Dunakiliti wurden wir bereits erwartet, denn wir hatten uns verspätet. Nun, wer nur gewohnt ist, im Westen zu reisen, unterschätzt den Zeitaufwand, der bei östlichen Grenzkontrollstellen obligat ist. Dabei gab es nicht einmal Kontrollen. Die Routineabfertigung ist zeitraubend genug. Jedenfalls war es nicht möglich, noch am selben Abend den ersten Reviergang zu machen, und so lernte ich den Auwald erst in morgendlicher, dunkler Nacht kennen. Bereits bei der nächtlichen Anfahrt auf dem Hochwasserschutzdamm der Donau wechselte auf etwa siebzig Schritt ein Rudel Rotwild aus dem Kukuruzacker über die Dammkrone hinweg in den Auwald hinein. Im Scheinwerferlicht zählte ich, kaum nachkommend, schließlich sechzehn Stück Wild und hatte einen starken Hirsch neben zwei schwächeren unter den Alttieren und Kälbern erkennen können.
Die Pirsch ins Unbekannte begann vom Hochwasserschutzdamm der Donau aus, schön brav in den Fußstapfen meines Jägers. Wenige Schritte nach der Überquerung der ersten Buhne hörten wir seitlich von uns im Dunkeln das Herumtreten von Rotwild. Ohne zu verweilen, strebte indes der Jäger einer freistehenden Kanzel auf einem offenen Schlag zu. Es war ein Platz, von dem aus man das Erwachen des Auwaldes auf Auge und Ohr grandios einwirken lassen konnte. Wild war vorhanden, soviel war ja klar geworden.
Wir hatten frühzeitig die Kanzel bezogen. Dämmerung und Dunst waren noch zu einem milchigen Brei verwoben, der jegliche Kon-

turen verwischte und alle Schatten in sich aufnahm. Langsam tauchte im Osten am Horizont der erste schmale, hauchdünne rote Strich auf. Unweit von uns platschte es deutlich im Wasser. Hier zog, unsichtbar für uns, Hochwild durch die niedrigen Wasserstände der Donauarme. Ein Fasan fing an zu gocken. Nanu, der wilde Hühnervogel übernahm ja in der Natur die Rolle des Haushahns und verkündete das erste Licht des Tages. Doch welch ein Unterschied! Sichtlich fehlte dem Gocken alles von der kraftvollen Fröhlichkeit des Kikeriki, mit welcher der Hausgockel den Menschen munter macht. Das regelmäßige „Gock, Gock" des Fasans in dieser Morgenstunde klang mehr wie ein mürrisches Geschimpfe, eher gleich einer Warnung vor den vielfältigen Gefahren des Tages, auf die alles Getier sich wieder mal einzustellen hatte.
Über den Baumwipfeln im Osten flammte inzwischen eine breite Rotglut und ließ die Baumspitzen des Waldes wie Fackeln lodern. Endlich gewann der Auwald Konturen, und neugierig suchte ich mit meinem 8x56 Nachtglas die weite, grasbewachsene Fläche und die Waldränder ab. Hatte ich mir so den Auwald der Donau vorgestellt? Ja und nein. Er ist ein Kennzeichen dieser Region. Man muß einfach einmal diese Region durchstreift haben, damit der Augenschein alle irrigen Vorstellungen zurechtrücken kann. Wo sieht man anderswo uralte Weiden, so hoch wie die 300jährigen Eichen in ihrer Nachbarschaft? Und warum zerzaust der Herbstwind das jüngere Pappelholz viel stärker als die alten Pappeln, obwohl die alten einzeln stehen? Die jungen Pappelhölzer haben allenfalls bloß in den Kronen einige wenige Blätter, nichts, was ein Blätterdach zu nennen wäre, während die alten mächtigen Pappeln der herbstlichen Witterung bisher kaum Tribut gezollt haben. Junge Weiden, alte Weiden, abgestorbene Weidenstümpfe, umgerissene Eichenwurzelstöcke, Akazien jeden Alters, Roßkastanien, vereinzelte Birken, Baumleichen in den Buhnen und die Kahlflächen bewachsen mit einem Gestrüpp von Sträuchern, Goldrute, Riedgras, Himbeeren, Schilfgras und Brennessel – so präsentiert sich die Auenlandschaft dem suchenden Auge.
Selbst das Unkraut wird hier eineinhalb Meter hoch, die Brennesseln zwei und das Schilf drei, abhängig von der Feuchtigkeit im Untergrund. Am Rand der einen Buhne, die diese Fläche begrenz-

te, und angelehnt an einzelne Überhälter, standen weitere Kanzeln, insgesamt vier. Sie waren für die Jagd unerläßlich, denn nur aus der Sicht von oben war Wild zu erkennen und konnte man zu Schuß kommen. Wohl gab es verhältnismäßig viele und breite Graswege. Bei dieser hervorragenden Deckung, die das Wild hatte, waren die Chancen eines Jagderfolges während eines zufälligen Zusammentreffens jedoch erheblich eingeschränkt. Die von uns einsehbare Buhne war nahezu ausgetrocknet und verriet, daß in dieser Gegend im Sommer offenbar nicht viel Regen gefallen sein konnte. Alle Buhnen waren in ihrem Wasserstand weit zurückgegangen. An den Rändern waren breite, flache Lettenschichten hervorgetreten, die, nach den Spuren zu urteilen, sichtlich bevorzugte Tummelplätze für die Schwarzkittel sein mußten. Es sah aus, als wäre eine Herde darübergezogen. „Sauen?“ fragte ich meinen Jäger.
Er nickte mit dem Kopf: „Ja, die kommen gern hierher. Sie finden einen leichten Zugang zu den Schilfwurzeln und Würmern, und als besondere Spezialität sammeln sie die Schnecken ein.“
„Schnecken, wieso?“ erkundigte ich mich.
„Wenn das Wasser in den Buhnen schnell und stärker zurückweicht als sonst, bleiben die Schnecken auf dem Letten hängen. Sie trocknen aus und sterben ab. Die Sauen nehmen sie mit Vorliebe auf und lutschen sie aus. Es scheinen für sie Leckerbissen zu sein.“
So, Sauen schätzen also Schnecken auch als Delikatesse, da hatte ich ja wieder etwas dazugelernt. Während unseres kurzen Dialoges war unvermittelt ein Alttier an das Wasser getreten, in dessen Körperdeckung ein Kalb sich zum Schöpfen anschickte. Das Tier ließ dem Nachwuchs nicht viel Zeit dazu. Mißtrauisch äugte es zu uns herüber. Möglicherweise zeichneten sich die Silhouetten unserer Köpfe von der Kanzel ab und irritierten das Rotwild. Zur Statue erstarrt in seiner Beobachtung, verriet das Wild ein nicht mehr einzuschläferndes Mißtrauen. Eine kurze Wende, und mit zwei Sätzen war es wieder in den Urwald der Au eingetaucht und von ihm verschluckt worden. Einen Augenblick später hatte das dichte Gestrüpp auch das Kalb in seine Deckung aufgenommen.
Der Tag war erwacht, und wir verließen die Kanzel zur Morgenpirsch. Beim Überqueren der freien Fläche stießen wir mittendrin

auf eine Stelle, die von den Sauen geradezu „umgeackert“ worden war, ganz frisch in dieser Nacht. Ein Spalier von mächtigen 300jährigen Eichen trennte die Kahlfläche von einem jüngeren Pappelbestand. Das Eichenspalier zog sich über einen halben Kilometer hin und schien nicht enden zu wollen. Hier herrschte die Natur elementar wie eh und je seit Jahrhunderten.
Die jährlichen Hochwasser der Donau diktierten dem Leben des Wildes einen spezifischen Rhythmus auf. Die Donau war durch kein Meliorationswerk des Menschen bisher reguliert worden, und so hatte sich das Mäandermuster der Donauschlingen in einer Weise in die Landschaft gegraben, daß der Hochwasserschutzdamm auf der ungarischen Seite in einem Abstand von ein bis zwei Kilometern vom Hauptstrombett verlaufen mußte. Die östliche Seite des Stromverlaufes selbst bildete zugleich an dieser Stelle die Staatsgrenze zwischen Ungarn und der Tschechoslowakei.
Es gab auch keine größere Stadt in der Nähe, deren Menschen mit ihren Erholungsbedürfnissen am Wochenende in diese Auen hätten einfallen können. Das Wild wurde nicht beunruhigt. Unser größter verbliebener Pflanzenfresser in freier Wildbahn, der Hirsch, hatte hier noch sein natürliches Umfeld, wo hingegen wir bei uns zu Hause gewaltige Anstrengungen unternehmen müssen, ihm wenigstens in ausgewählten Gegenden seine natürlichen Einstände zu erhalten. Was in Ungarn selbstverständlich ist, gerät daheim geradezu zum lebenden Symbol für Natur- und Umweltbewußtsein. Das ist nicht einmal verwunderlich. Wie ich erfuhr, besteht Ungarns Wald zu circa neunzig Prozent aus Laubhölzern, während wir in der Bundesrepublik circa siebzig Prozent Nadelwald haben. Die Äsungsverhältnisse sind damit entscheidend günstiger. Den Ungarn stellt sich nicht das Problem, die klassische Rotwildhege mit einer intensiven Forstwirtschaft und einer touristischen Überflutung des Waldes in Einklang zu bringen. Eine Lösung dieser schwierigen Aufgabe steht bei uns noch in den Sternen, denn wie die Dinge bei uns liegen, ist zu befürchten, daß der Mensch wenig geneigt sein wird, die Nutzung seines Freiraumes und seiner Freizeit wegen des Wildes einzuschränken.
Ganz allgemein stoßen auch aus anderen Gründen diese verschiedenen Interessen in Ungarn nicht so hart aufeinander. Beispiels-

weise bildet der Hochwasserschutzdamm eine wirkungsvolle Trennlinie zwischen der zivilisatorischen Landbesitznahme des Menschen und dem Strom mit dessen eigenem Platzbedarf. Ganz gewiß tut im Sommer eine allgegenwärtige massive Mückenplage das ihrige dazu, um den Menschen in seinem ungezügelten Freizeitdrang hier kurzzuhalten.

Jetzt war freilich von den stechenden Plagegeistern nichts mehr zu spüren. Statt dessen zauberten die einsetzende Herbstfärbung des Laubwaldes, die strahlende Morgensonne und eine Windstille, die den einzelnen Blätterfall hören ließ, den Augenblick einer ungestörten Naturidylle in die Landschaft.

Er war einen Moment zu lang! Unachtsam geworden, mußten wir wohl etwas Geräusch verursacht haben, obwohl der taunasse Boden für das leise Pirschen gut geschaffen war. Ein Rascheln neben uns im hohen Unkraut verwandelte uns beide im Nu zu Salzsäulen. Keine fünf Meter entfernt bewegten sich die Grashalme, indes, sie bewegten sich auch nicht fort von uns. Trotz aller Mühe war nichts weiter zu sehen. „Sau“, flüsterte leise Laszlo mir zu, und ich machte mich schußfertig. Dabei blieb es dann. Das Stück unternahm keinerlei Anstalten, auf den Grasweg herauszuwechseln. Durch uns nicht wesentlich gestört, hatte es sich nur aus seinem Lager erhoben und jetzt erneut niedergetan. Schließlich entschlossen wir uns weiterzupirschen und hatten prompt nach zwei Schritten den Geruch des Schwarzkittels dick in der Nase.

Nun hatte ich an dem ersten Morgen erneut etwas dazugelernt. Obwohl es hier genügend Anblick für den Waidmann gibt, ist offensichtlich noch viel mehr Wild vorhanden. Hätte die Wutz etwa zwanzig bis dreißig Meter weiter drinnen in der Fläche gelegen, hätte sie sich vermutlich nicht einmal die Mühe gemacht, wegen uns aufzustehen. Sicherlich sind wir an manchem Wild vorübergegangen, das in guter Deckung lag und das keine für uns erkennbare Notiz von uns genommen hat. Die Geborgenheit, wie sie dieser Landschaftsstrich bietet, scheint selbst vorsichtiges Wild dickfälliger zu machen als anderswo. Man kann es auch so verstehen: Das kluge Rot- und Schwarzwild weiß recht gut, welchen Sicherheitsabstand es zum gefährlichen Zweibeiner einhalten muß, und in diesem Gestrüpp kann er deutlich kleiner sein als sonst.

Für den ersten Morgen im Revier war es genug und vielversprechend. Wo wirklich Wild vorhanden ist, sollte bei einem ordentlich geleiteten Jagdbetrieb der Gastjäger zu Schuß kommen können. Beides war zumindest bereits zu erkennen gewesen. Hoch aus den Lüften erschallte der Gänseruf, und der weckte unsere Mägen. Allmorgendlich verließen die Gänse ihre Schlafplätze an der Donau und suchten die Saatfelder der Genossenschaften auf, wo sie den ganzen Tag über verblieben. Es war Zeit für uns, zum Frühstücken heimzukehren.

Der Jäger wählte zur Heimfahrt eine Route zu meiner allgemeinen Orientierung und führte sie über den Marktplatz von Dunakiliti. Obwohl der Ort etwa 2000 Einwohner zählte, hatte er ein völlig anderes Gepräge als unsere heimischen Ortschaften. Man darf sich das Zentrum nicht als einen in der Mitte liegenden Marktplatz vorstellen. Die Mitte des Ortes besetzte die Kirche, die von einem Dreieck sich kreuzender Straßen eingeschlossen, ja fast abgesperrt war. Platz für etwas anderes gab es da nicht. Links ein Landgasthaus, rechts die Post, etwas im Hintergrund zwei alte, nicht sonderlich gut erhaltene Schlösser, die mit ihren über 100jährigen Parkanlagen aneinanderstießen. Irgendwo dazugewürfelt ein kaum auffallendes Gebäude für die Bürgermeisterei. Entlang der Straßen zogen sich landesübliche tief und breit eingekerbte Seitengräben hin, die nirgends eine zusammenhängende größere Fläche im Ort zuließen. Vor den einstöckigen Häusern stand eine kleine Allee von Laubbäumen, recht hübsch mit einem Kugelschnitt versehen. Kaum einer von diesen erreichte die Firstkanten der Dächer.

Neugierig fragte ich Laszlo: „Die beiden alten Landschlösser unterscheiden sich deutlich in ihrem Stil, und dabei stehen die Bauten fast auf Tuchfühlung beieinander. Wie kommt das? Sie sehen zudem ein wenig verfallen aus."

„Ja, wie man es nimmt. Das eine Gebäude enthält die Schule und den sozialistischen Kindergarten. Dieser Bau wurde renoviert. In dem anderen wohnt ein Apotheker." Und nach einer langen Pause fuhr er fort: „Aber die älteren Dörfler, die noch Zeugen der zurückliegenden Zeitgeschehnisse waren, nennen das die 'Schlösser der zwei Gehenkten'."

„Die Schlösser der zwei Gehenkten, das klingt ja makaber."

„Ja – nur es erinnert daran, daß Ungarn in diesem Jahrhundert etliche Wechselbäder seiner politischen Ordnung durchmachen mußte."

Neugierig fragte ich weiter: „Geht das noch auf die Zeiten Bela Kuhns nach dem Ersten Weltkrieg zurück?"

„Nein. Der eine, Graf Pallfy, war einmal Minister gewesen und wurde von den Kommunisten nach 1945 hingerichtet. Der andere gehörte nicht zum Adel, war aber ein reicher Großgrundbesitzer und beide Familien offenbar sehr eng befreundet. Irgendwie ging der Großgrundbesitzer im Strudel mit dem anderen ebenfalls unter."

Die Ortschaft hatte nichts weiter Aufregendes an sich. Die Häuser standen in Reihe an der Straße und machten jede Straßenwindung mit. Jedes Haus besaß auf der Rückseite in der Breite des Grundstückes einen handtuchartigen Streifen Acker, der nach etwa 100 Metern am Staatsland endete. Natürlich standen in jedem Hof die bekannten ungarischen Ziehbrunnen mit ihrem charakteristischen langen Balken. Sie wirkten in ihrer tristen Art keineswegs romantisch, sondern ziemlich ernüchternd. „Werden diese Ziehbrunnen noch benutzt?"

„Nur für das Wasser im Garten. Wir haben seit kurzem eine zentrale Wasserleitung, man sieht da hinten den Wasserturm. Jetzt sind wir sehr froh über diesen Fortschritt, denn eine Wasserleitung hat bei uns keineswegs schon jeder Ort, obwohl wir wirklich keinen Wassermangel kennen."

Wie unterschiedlich die Niveaus der Lebensqualitäten sind, dachte ich unwillkürlich. Die Selbstverständlichkeit einer zentralen Wasserversorgung wird ja bei uns derart ungeniert genutzt, daß kaum jemand mehr diese Tatsache als Fortschritt wahrnimmt. Statt dessen schlagen wir uns mit den Schmutzproblemen des Abwassers herum. In Ungarn wird auf dem Land heute noch der Übergang von dem Mischwasser aus Zisternen und Grundwasser zum Wasser aus dem Zapfhahn als ein Fortschritt in der Hygiene und eine echte Erleichterung empfunden. Eine Gemeinde mit zentraler Wasserversorgung fühlt sich jenen, die diese noch nicht haben, voraus. Ob der totale Umsturz der Sozialordnung diesen Fortschritt beschleunigt oder verlangsamt hat, war nicht auszumachen. Auf jeden Fall haben die Wellen bis in das einfachste und letzte Dorf Ungarns durchgeschlagen. Hier sah man es zumindest an der Wasserleitung und den „Schlössern der zwei Gehenkten".

Der Abend gehörte dem Kanzelansitz. Nun durften die beiden Buben mit von der Partie sein, wollte ich sie ja bei ihrer Einführung in die Jagd in einer solchen urwüchsigen Natur an jene jägerischen Elemente heranbringen, die zu erlernen für das spätere Leben keineswegs etwas schaden kann. Gleichgültig ist dabei, ob sie dereinst Jäger werden und in die Fußstapfen des Vaters treten wollen oder nicht. So gehört es zur Jagd, frühzeitig ein ruhiges, in bestimmten Situationen leises Verhalten zu lernen, mit geschärften Augen sehen und beobachten zu können; still auszuharren und, wenn es mal ungemütlich, kühl und mangels „action" langweilig wird, die Selbstdisziplin zum Durchhalten zu erwerben. In die Stille einer Beobachtungskanzel soll lediglich der Rhythmus der Natur dringen und die jungen Gemüter aufnahmebereit stimmen. Derartiges ist ein Gegengewicht zu der Fülle von „action" im Fernsehen, das den unerfahrenen kindlichen Gehirnen mit seinen überbordenden, ständigen Handlungen lediglich ein falsches Bild suggeriert.

Die Buben sollten aus eigener Beobachtung vertraut werden mit dem Atmen der Natur, sollten zum Beispiel sehen, mit welcher ständigen Vorsicht sich das Wild bewegt.

Der Jäger hatte uns in eine kleine Sumpfwildnis geführt. Mittendrin lehnte sich an eine einzelne Eiche eine Kanzel. Ein idealer Platz. Unter uns lag ein bescheidenes Wasserloch, an dessen Rändern sich mehrere Suhlplätze der Sauen befanden. Aus vielen Richtungen führten breite Wechsel heran, und die gut schließenden Dikkungen ringsherum ließen hoffen, daß das lichtscheue Schwarzwild durchaus bereit sein könnte, noch in der Dämmerung an die Suhle zu treten bzw. die Kirrung anzunehmen. Indes, außer ein paar Brechgeräuschen für unser Ohr bescherte uns dieser Abend nichts. Langweilig war es freilich ebensowenig.

Inzwischen fühlten sich anderswo Enten in ihrer Abendruhe gestört, und ehe wir uns versahen, fiel ein Schoof Enten vor uns ein, daß es auf dem Wasser geradezu klatschte. Zunächst waren die einzelnen Pärchen damit beschäftigt, sich gegenseitig räumlich abzugrenzen. Nachdem dies endlich ausgefochten war, lockte prompt

eine mit ihrem „Qua-Qua-Qua", sobald es irgendwo in der Luft klingelte. Mehrmals erlebten wir, wie Enten aus der Dunkelheit heraus mit einem fast sturzartigen Landeanflug auf das nächtliche Silberspiel des Wassers niederstießen. Hätten Sauen in dieser Nacht diese Suhle gewählt, wären die Enten prompt unruhig geworden. Die Enten hätten uns jede Wutz rechtzeitig angekündigt.
Obwohl die wolkenlose Nacht alle Sterne am Firmament erstrahlen ließ, war das kein Ansitz bei Vollmond, und somit fehlte das Schußlicht. Allein, in Ungarn, diesem Land mit der exzellent hohen Jagdkultur, hat man mittlerweile unser heimisches Verbot des Schießens bei Nacht mit Licht aufgehoben. Laszlo hatte eine weittragende Scheinwerferlampe bei sich. Auf meinen fragenden Blick hatte er nur kurz gesagt: „Wir Jäger sind aus Sicherheitsgründen angewiesen worden, bei der nächtlichen Saujagd diese Lampen zu verwenden." Ich bohrte nicht weiter nach, als Gast hatte ich mich anzupassen, nahm mir allerdings vor, sobald wir etwas vertrauter miteinander geworden wären, genauer nachzuforschen. Zwar war man nicht mehr auf den Vollmond angewiesen, trotzdem blieb es eindrucksvoll still bei uns, und so brach der Jäger schließlich den Nachtansitz ab.

Morgenpirsch mit Laszlo

Natürlich fand mich der andere Morgen wieder draußen im Revier. Der Jahreszeit gemäß genügte es, um 5.00 Uhr aufzubrechen, denn der Sonnenaufgang setzte erst nach 6.00 Uhr ein. Als Laszlo, den ich mittlerweile auch so nannte, mich abholte, versprach ich mir nicht viel von diesem Morgen. Ein allgegenwärtiger ruhender Nebel tauchte alles in eine milchige, trübe Brühe. Laszlo beeindruckte das nicht im geringsten. Im Gegenteil, er wählte sogar einen Weg, der uns in die dickste Nebelsuppe hineinführte, denn über den Hochwasserschutzdamm hinweg ging es direkt auf die Donau zu. Dazu benutzten wir eine moderne Betonpiste, die als Teilstück der späteren Dammkrone des Donaustauwerkes dem Damm auf der Höhe von Dunakiliti eingegliedert werden sollte.
Indes, dort, wo der Auwald in Sumpfwiesen überging, wurde die milchige Brühe durchsichtiger, und sowie wir uns der Kanzel näherten, wurde die Sichtweite größer. Es dauerte nicht lange, und wir hatten von der Kanzel aus gute Bodensicht. Zu meiner Überraschung waren die jagdlichen Verhältnisse mit einemmal recht günstig geworden. Die jüngeren Pappeln sahen aus, als steckten riesige, auf dem Stiel stehende Reisigbesen im Boden. Unten waren sie von drei bis vier Meter hohen, buschigen, kugelförmigen Bäumchen umgeben. Ein solcher Unterwuchs war ausreichend schützend für das Wild und ließ ihm jegliche Bewegungsfreiheit.
Einzelne Nebelfetzen schwappten hin und her. Nun, das erhöhte bloß das Gefühl des Vertrautseins und der Geborgenheit. Gerade des Schwarzwild bewegt sich ja im nebelverhangenen Wald viel sorgloser und mit einer Munterkeit, die es bei klarem Wetter kaum an den Tag zu legen pflegt. Die Kanzel stand im Schnittpunkt mehrerer sich treffender Grasschneisen, ohne Zweifel ein gut gewählter Platz. Laszlo erkundigte sich behutsam danach, was ich heute schießen würde. Er wußte, ich zog Schwarzwild allem anderen vor, wußte jedoch auch, daß ich ebenfalls für einen braven Hirsch zu haben wäre. Als erfahrener Jäger kannte er natürlich die Sache mit dem Schwarzwild und jenem Quentchen Glück, das dazu unerläßlich ist. Gerade das Schwarzwild mit seiner auf den nächtlichen Rhythmus eingestellten Lebensweise scheut, je älter ein Stück

wird, die Helligkeit des Tages, ja selbst schon hellere Stellen im Wald. Besonders die reifen Keiler sind darin sehr gewitzt.
Freilich, eine Begegnung war jederzeit möglich, und wollte man dabei Erfolg haben, mußte man stets vorbereitet sein. Mit den Hirschen war das etwas einfacher. Bei denen hing es mehr davon ab, ob mir der Geweihte zusagte. Laszlo war sich all dessen bewußt, hatte ich ja am Vortage es abgelehnt, das Rotwildkalb zu schießen. Seine nachstoßende Frage: „Schießen sie auch Rotkalb?" war nichts anderes als die versteckte Bitte, mich irgendwie aktiv an den gebotenen Jagdmöglichkeiten zu beteiligen. Für ihn, den Berufsjäger, sah es ganz anders aus als für mich. Es gehörte zu seinen Aufgaben, die Gastjäger zu führen, und das hieß, sie, sooft sie wollten, zu Schuß zu bringen. Jäger, die abreisten, ohne geschossen zu haben, waren kaum als wiederkehrende Gäste zu erwarten. Seinem beruflichen Renommee bei der MAVAD-Organisation war so etwas ebenfalls nicht gerade förderlich. „Ja, heute schieß' ich auch mal ein Kalb", entschloß ich mich. Die Abschußgebühr war sowieso unbedeutend niedrig.
Nach meinen heimatlichen Erfahrungen wäre ein solcher Nebel kaum vor der zehnten, elften Morgenstunde gewichen. Doch hier war alles ein wenig anders. Keine Stunde, nachdem wir die Kanzel bezogen hatten, hatte sich der Tag durchgesetzt. Nur in der Weite blieb ein Rest von einem Schleier übrig. Das Schwarzwild strebte jetzt seinen Einständen zu, sofern es sich nicht bereits irgendwo niedergelassen hatte. In diesen wenigen Minuten konnte man mit ihm auf der Pirsch zusammentreffen, denn heimwärts pflegte es sich an bequeme Wege zu halten. Ähnlich mußte Laszlo gedacht haben, denn er deutete mir den Aufbruch zum Pirschen an, unterbrach jedoch unvermittelt, denn in diesem Moment trat gerade ein Alttier aus dem Unterwuchs auf den Grasweg aus. Ein gesundes, kräftiges Stück.
„Ein Kalb ist auch dabei", sagte er.
„Ich sehe es noch nicht", antwortete ich, machte mich aber im Vertrauen auf seine Äußerung zum Schießen fertig, und schon wechselte es heraus. Beide Tiere traten, an den Gräsern mal da, mal dort zupfend, auf dem Weg umher; sichtlich nicht beunruhigt. Das Kalb stand breit, und längst hatte der Zielstachel das Blatt gefaßt. Als

das Alttier zur Seite trat, brach der Schuß, und das schwere Kaliber 9,3 x 64 bannte das Stück auf der Stelle. Laszlo freute sich sichtlich. „Waidmannsheil", gratulierte er. „Das Stück liegt. Wir holen es nachher. Jetzt pirschen wir." Also nichts wie runter von der Kanzel. Unweit davon zeigte er mir einen Kirrplatz, der von den Sauen frisch angenommen war, allerdings schon in der Nacht. Nicht zu erwarten war es, sie in der Morgenfrühe hier abermals zu finden. Also weiter. Eine herrliche Auwaldwiese öffnete sich vor uns, in deren Mittelpunkt eine alte Eiche stand. Hoch oben in ihrer Krone trug sie eine Kanzel, kaum zu erkennen. Einfach prachtvoll! Ohne Zweifel ein guter Platz für die Hirschjagd. Wir hatten erst wenige Hundert Meter die Auwiese verlassen, als gleich zwei Alttiere plötzlich auf dem Wege standen. Sie hatten uns sofort eräugt. „Da kommt bestimmt noch ein Kalb", ermunterte er mich, „sie können schießen."

Einmal hatte ich ihm den Gefallen getan, doch das so fortzusetzen, dazu verspürte ich wenig Lust.

„Es kann ein Hirsch dabeisein", blieb er hartnäckig.

Möglich war das ja, also machte ich mich wieder zum Schuß fertig. Unterdessen verschwanden die Alttiere, und die Bühne der Natur war wieder leer. Allerdings bloß für einen kurzen Moment. Plötzlich standen zwei Kälber und ein Spießer da. Nein, weder noch! Gleich zu Anfang des Jagdurlaubs nur Kälber auf die Decke zu legen, war nicht nach meinem Sinn. Der Morgen hatte ja sowieso mehr gebracht, als ich von der Nebelnacht erwartet hatte. Laszlo verstand das, und nun ging es zurück zum Kalb, um es zu versorgen. Es lag auf dem Ausschuß. Binnen zehn Minuten hatte der Jäger das Aufbrechen erledigt. Der Schuß hatte das Oberherz an den Arterien gefaßt. Auf 135 Meter eine glatte Angelegenheit. Das schwere Kaliber, das ich grundsätzlich im Ausland führe, bewährte sich wieder einmal; es ersparte eine mögliche Nachsuche.

In der Unterkunft mußte ich meine noch schlafende Familie erst wachklingeln. Hannes öffnete und überfiel mich gleich mit der Frage: „Hast du was geschossen, Papi?" Dann sah er den Bruch am Hut und trompetete begeistert in die Zimmer: „Vati hat was geschossen."

„Ein Hirschkalb."

„Fein, vielleicht klappt es dann auch heute abend mit den Sauen, wenn wir dabei sind“, meinte Maxl, und ich spürte, wie beide Buben anfingen, sich der für sie ziemlich neuen Welt des Waidwerks zu öffnen. Mit einemmal war ich froh, nur ein Kalb geschossen zu haben. Schließlich sollten sie die Jägerei von der Pike auf kennenlernen, und das beginnt damit, von Anfang an zu wissen, daß nicht jeder Jagdtag ein Fangtag ist; genauso wie es nicht einzig und allein um Trophäenstücke geht, sondern der Abschuß von Jungtieren als unerläßliche Notwendigkeit mit dazugehört.

Aus den Gesprächen und dem Augenschein entstand langsam eine Vorstellung von der Landschaft an der Donau, ihren Menschen und wie diese sie zu nutzen verstehen. Die Erinnerung an die Mancha kehrte wieder. Ist dort in Spanien die Jagdwirtschaft die einzige Möglichkeit der Nutzung des Bodens, bietet hier der Wasserreichtum des Donaubettes mit seinem Auwald sowohl eine forst- wie eine jagdwirtschaftliche Nutzung. Die Natur ist weniger karg. Ungarn ist nicht das Land der Steine. Überall breitet sich fetter Boden aus, auf dem alles zu wachsen vermag, was der Mensch begehrt, und dabei bleibt der Tisch für das Wild noch reichlich gedeckt. Zunehmend werden allerdings die alten Lebensformen in den Holzhäusern mit ihren Riedgrasdächern auf dem Land verdrängt. Sie weichen einem moderneren Lebensstil mit massiveren Bauten, in die fließendes Wasser, elektrischer Strom, Telefon und Fernsehen Eingang gefunden haben. Ganz offensichtlich macht der Reichtum, den die Natur bietet, es den Menschen leichter als vielfach anderswo. Dabei scheint er nicht einmal intensiv genutzt zu werden. Immer wieder stößt man auf Flächen, die noch der Kultivierung harren, aber unbeachtet bleiben.

Zwischen Maisfeldern und Weizenäckern waren häufig größere Streifen von Brachland eingestreut, deren wuchernde Wildnis einen schon lange bestehenden Zustand verriet. Die Landschaft war eben, nur unterbrochen von den Ortschaften und einzelnen abseits liegenden Gehöften. Ansonsten zerteilten das Gelände schmale Pappelwaldstreifen, lebende Zäune von ungewöhnlicher Höhe, deren Unterwuchs ein ideales Biotop für alles Niederwild abgeben mußte. Daneben gab es Schollenäcker mit fünf Kilometer Länge und bis zu zwei Kilometer Breite – durchaus keine Seltenheit! Die-

se Kukuruzäcker erstreckten sich gelegentlich von einer Ortschaft bis zur anderen. Nahrung für Schalenwild jeglicher Art gab es somit in Hülle und Fülle. Der rege Wechsel von Saurotten und Hirschrudeln aus den Einstandsdickungen des Auwaldes zu den Maisfeldern unterstrich das. Die Saat des Winterweizens war bereits aufgegangen und überzog den Boden mit einem Hauch frischen Grüns. Manche dieser Flächen waren weiß gesprenkelt, und dies verkündete, wo sich die Wildgänse tagsüber gütlich taten. Verstreut und in größeren Abständen pflegten sich die einzelnen Gänse eines Schoofs über den Acker zu verteilen; so gänzlich anders in ihrem Verhalten als die Hausgänse, die nur in Herden auftraten. Der größte Teil dieses Landes hatte früher Großgrundbesitzern gehört, seit Kriegsende gehörte alles Land dem Staat.
„Ja, jeder von uns kann sein eigenes Haus haben und seinen eigenen Hausacker", äußerte sich der eine Jäger, „aber es ist mehr so was Ähnliches wie eine Erbpacht."
„Wieso?" fragte ich und bekam zur Antwort: „Wenn der Staat es für notwendig erachtet, eine Straße zu verlegen oder irgend etwas anderes von Bedeutung für die Allgemeinheit, etwa eine Überlandleitung für die Stromversorgung, über ein solches Grundstück zu führen, dann hat man kein Einspruchsrecht, das aus dem Grundbesitz abgeleitet werden kann."
All das regte zum Nachdenken an. Ein Blick auf die riesigen, landwirtschaftlich genutzten Flächen genügte. Ohne Maschinen ging hier nichts mehr. Sollte das planwirtschaftliche System in Ungarn die Liberalisierung über den bisherigen Stand hinaus weitertreiben, bliebe für den einzelnen Bauern nach wie vor die Begrenzung durch seine persönliche Arbeitskraft. Ohne Maschinen könnte er mit größeren Landflächen nicht viel anfangen. Irgendein Genossenschaftssystem müßte ihm den notwendigen technischen Apparat bereitstellen. Früher lag das bei den Großgrundbesitzern, heute müßte es der Staat selbst sein, der die Starthilfe zu geben hätte, damit bäuerliche Privatunternehmen überhaupt entstehen könnten. Ein Staatsgut oder landwirtschaftliche Produktionsgenossenschaften haben heute wenigstens 3000 Hektar, und die Großgrundbesitzer der früheren Zeiten lagen oft um ein Vielfaches darüber. Man sieht, die Besitzer haben gewechselt, doch für den großen Teil der Landbevölkerung hat sich hinsichtlich ihres Eigenbesitzes wenig geändert.

Abendansitz auf einer Donauinsel

Zur Abwechslung war der nächste Abendansitz auf einer Donauinsel vorgesehen, und die Buben fieberten diesen Stunden entgegen; schon weil wir zu dieser Insel mit einem Kahn übersetzen mußten. Jagd auf einem Donaueiland, das klang nach etwas Besonderem. Zudem versammelte sich bei dem Aufbruch zur Jagd bereits eine größere Mannschaft. Mein Jagdführer hatte den zuständigen Forstmann, Laszlo S., und seinen Terrier Bizun gleich mitgebracht. Dazu gesellte sich ein weiterer Begleitjäger, der nach dem Übersetzen auf einem anderen Hochsitz verhören sollte. Wegen des auf der Insel vorhandenen Wildreichtums erwartete man, daß ein Stück zur Strecke kommen könnte, und man wollte eine mögliche Nachsuche mit dem Hund sogleich vornehmen. Es galt, das erlegte Wild schnell zu versorgen. Erst wenige Tage vorher hatte nämlich ein Gastjäger aus Österreich in der Nacht einen Überläuferkeiler geschossen. Mit einem guten Schuß aus seiner .300-Weatherby brach das Stück fünfzig Meter vom Anschuß entfernt zusammen. Da indes erst am nächsten Morgen nachgesucht werden konnte, war das Wild bereits verhitzt und für die menschliche Ernährung nicht mehr verwendbar. Der sechzig Kilogramm schwere „Hosenflikker“ erinnerte die Jäger daran, daß die Sauen selbst noch Ende Oktober in dieser Gegend in wenigen Stunden verderben und sie tunlichst keine Nacht über draußen liegenbleiben sollten. Ja, diese Gegend hier, das alte römische Pannonien, erinnerte in Klima und Fruchtbarkeit mitunter an südlicher gelegene Landstriche, und nicht von ungefähr dürften die Römer ihr Carnuntum, das heutige Petronell, unweit von hier, zu ihrem antiken Zentrum gewählt haben.

Beim Kahn angekommen, war dieser erst einmal leer zu schöpfen; trocken sind solche Kähne ja sowieso nur selten. Trotzdem ging alles erstaunlich flott. Mit einem Sprung war der Terrier als erster im Boot, wir anderen balancierten hinterher. Unter leisem Paddeln trieb das Boot in der ruhigen Altdonau rasch dem anderen Ufer zu. Am Ufer standen auf dem Lettenboden klobige Saufährten, und der Boden war umgewühlt. Die Ruhe dieses Platzes wußten die Sauen zu schätzen, verständlich also, wenn sich die starken Stücke

bevorzugt hier aufhielten. Allein die Insellage hielt viele menschliche Störungen fern.
Eilig und so geräuschlos wie möglich schritten wir dann unserem Abendplatz zu und landeten auf einem Hochsitz, den der Jäger „Panoramakanzel“ nannte. Er ließ einen Rundblick in 400 Meter Länge zu und bot trotz der Auwaldverhältnisse Beobachtungsmöglichkeiten für nah und fern, wie ich sie bisher hier noch nicht angetroffen hatte; sie allerdings auch kaum für möglich gehalten hätte.
Alle Voraussetzungen für eine erfolgreiche Jagd schienen gegeben: Schwarzwild und Rotwild waren vorhanden, ein ruhiges Revier, eine hochstehende Kanzel, ein weites Gesichtsfeld, eine geschulte Jägerei, nahezu Windstille und dazu ein lauer Herbstabend, der in seiner angenehmen Wärme eher an einen Frühlingstag erinnerte. Nur das Wild mußte noch kommen: natürlich das richtige!
Die einhüllende Ruhe und das Umstellen auf Hören und Sehen ließen die Welt des Berufes wie in einem schwarzen Loch verschwinden. Entspannen, erholen, Atem schöpfen. Jenseits der Buhne, drüben unter den Silberpappeln krachte es leise. Dem Geräusch nach mußte es sich um Rotwild handeln, das langsam herumtrat. Trotz eifrigen Schauens mit dem Glas bekam ich es nicht zu Gesicht.
Ein weißes Reiherpaar begann, seinen nächtlichen Schlafplatz zu suchen. Es war ein langes Spiel. Einer von den beiden hatte auf einem dürren Baum die oberste Spitze eines Astes besetzt, und der andere versuchte, in seiner Nachbarschaft zu landen. Dies mißlang ihm etliche Male, und als es endlich glückte, behagte ihm dieser Platz sehr wenig. Er verließ ihn bald wieder. Nach weiteren erfolglosen Landeanflügen zu seinem Partner gab er es auf und ging sichtlich ratlos zur ebenen Erde nieder. Prompt folgte ihm der andere und holte ihn wieder ab. Übernachten auf dem Boden war zu gefährlich. Erneut ging die Schlafbaumsuche los. Der Erfahrene wies nun seinen Gefährten durch Begleitflüge und Vorfliegen der Runden ein, wie er einen Platz richtig anzufliegen hatte. Diesmal suchte der erfahrenere von den beiden nicht einen alleinstehenden Baum mitten im Schlag aus, sondern wählte eine Schwarzpappel am Waldrand und blockte in einer Astgabel unmittelbar am Stamm auf. Dem Zweiten gelang es ebenfalls, dort einen Schlafplatz zu finden. Kaum hatten sich die beiden eingerichtet, kam das nächste

Reiherpaar, ein Graureiher stieß noch dazu, und nun versammelten sich einige auf diesem Schlafbaum. Es war ein mir ungewohnter Anblick, acht weiße Reiher und einige Graureiher hübsch verteilt über eine Höhe von sechs bis fünfzehn Meter in einer Pappel sitzen zu sehen. Bis lange in die Dämmerung hinein leuchteten die weißen Punkte über die Fläche.
Das Spiel der Reiher hatte mich die Beobachtung der übrigen Umgebung vernachlässigen lassen. Ein Kontrollblick hinüber zu den Silberpappeln, dorthin, wo es vorher gekracht hatte, ließ mich spontan hellwach werden. Ein Hirsch war ausgetreten. Mit dem Glas ließen sich deutlich seine beidseitigen Kronen erkennen. Oben keine weißen Enden, unten hohe Rosenstöcke, eine herrliche weite Auslage. vom Körperbau her schien er mir nicht alt zu sein. Es war ein Hirsch, der mich interessieren konnte. Ein fragender Blick zum Jäger.
„Junger Hirsch, siebter Kopf – zu jung."
Klar, aussichtsreiche Zukunftshirsche werden nicht geschossen. Ich mußte mich mit dem Anblick begnügen. „Welches Geweihgewicht?" wollte ich noch wissen und bekam zur Antwort: „Circa sechs Kilogramm."
Nun, wer einen Hochwildbestand mit guter Altersstruktur haben will, muß natürlich konsequent sein bei der Hege mit der Büchse. Gut veranlagte Zukunftshirsche in freier Wildbahn zu sehen, ist dem Waidmann stets eine Freude, ähnlich der eines Reiters, der am jungen Pferd erkennt, welche Klasse es zu werden verspricht. Die Buben waren aufmerksam dem knappen Dialog gefolgt. Für sie war es besonders wichtig, gleich am Anfang mitzubekommen, wie schonend man mit dem Wild umzugehen hat. Inzwischen hatte irgend etwas den Hirsch mißtrauisch gemacht. Hirsche äugen ja im Gegensatz zum Rehwild bewußt nach oben und erkennen Menschen auch auf der Kanzel, selbst wenn diese gut verblendet ist. Vielleicht hatte ein ab und zu mal leicht säuselnder Wind ihm Wittrung von uns zugetragen. Jedenfalls trollte er in den dichten Unterwuchs. Langsam glitt die Dämmerung in die Nacht hinüber, und jetzt sollten eigentlich Sauen kommen. Die Reiher auf ihren Schlafbäumen begannen zu schimpfen. Es war ein merkwürdiger Laut, der entfernt an das bellende Schrecken eines Tieres erinnerte. Wieder ein fragender Blick an meinen Jäger.

„Dort drüben wechseln jetzt Sauen durch. Die Reiher sehen sie und fühlen sich gestört.“ Immerhin, selbst im Halbschlaf registrieren diese scharfäugigen Vögel die Bewegung der Schwarzkittel.
„Ein Kalb kommt“, flüsterte mir Laszlo zu. „Das können sie schießen.“ Nun stand ich also wieder vor dem Dilemma, das jeden Jäger befällt, der auf Schwarzwild und Rotwild zugleich jagen will und dies in einem Revier tun kann, in dem die Chancen, auf beide Arten zu Schuß zu kommen, auch etwa gleich groß sind. Mitunter zögert man selbst, einen guten Hirsch zu erlegen, bloß um die rätselvolle Chance zu vergrößern, mal einen starken Keiler strecken zu können. Das Unschlüssigsein wurde indes rasch durch das Wild selbst beendet.
„Jetzt ist das Tier auch da“, flüsterte mir Laszlo zu. „Dahinter kommt der Hirsch.“
Drei Stück Rotwild traten zum Äsen aus der Dickung aus. Sollte jetzt überraschend ein Keiler auftauchen, würde er gewiß die Szene für sich haben, wahrscheinlich sogar die Bühne wieder leeren, ehe er sichtbar würde. Doch das war unwahrscheinlich. Ich entschied mich fürs Rotwild und verschob im Geist den Keiler auf die Chancen des anderen Tages. Zudem waren die Buben dabei, und sie sollten es miterleben, unter welchen Bedingungen man auf der Jagd zu handeln hat. „Was ist mit dem Hirsch?“ wandte ich mich an den Jäger und richtete mich inzwischen für den Schuß. Der aufkommende Bodennebel beeinträchtigte das schwache Dämmerlicht zusehends. Bei den unguten Sichtverhältnissen verzichtete ich auf ein eigenes Ansprechen mit dem Nachtglas, begnügte mich mit dem sechsfachen Zielfernrohr und vertraute im übrigen der Erfahrung meines einheimischen Begleitjägers. Das war richtig so, und des Jägers Antwort bestätigte mich darin: „Ein Kronenzwölfer vom vierten Kopf, zu jung.“ Als Zukunftshirsch tabu, wandte ich mich von diesem ab und suchte im Zielfernrohr nun das Kalb. Das war inzwischen näher an die Kanzel herangezogen, und ich wartete, bis es breit stand. Das Absehen stand sauber im Blatt, und im Schuß lag es auf der Stelle.
„Jetzt haben sie das Alttier geschossen“, sagte hinter mir leise der Jäger. „Was?“ fragte ich ungläubig zurück; wollte nicht glauben, daß mir ein solcher Fehlgriff passiert war. Ich hätte Stein und Bein

geschworen, das Kalb vor mir zu haben. Beim Übergang vom Hirsch mußte ich im monokularen Fernrohr das Kalb mit dem Tier verwechselt haben. Peinlich war das schon. Schließlich kennt jeder Waidmann die eherne Regel des Kahlwildabschusses: erst das Kalb, dann das Tier! Für die Buben begann das ja gleich mit schlechtem Beispiel. Ich begann, mich über mich selbst zu ärgern.
„Ja, es liegt das Tier", bestätigte noch einmal Laszlo, machte aber keine Anstalten, die Kanzel zu verlassen, und so blieben wir einfach noch einige Minuten sitzen. Die Buben platzten schier vor Spannung und Ungeduld, ließen sich beruhigen, und nun legte sich eine große Stille über den Auwald.
„Das Kalb ist wieder da", flüsterte mir mein Jäger zu, der inzwischen die Äsungsfläche weiter beobachtet hatte. „Schießen sie es!"
Natürlich sofort, bot sich damit ja die Chance, den Fehler zu korrigieren. Das Schußlicht hatte weiter abgenommen, und es dauerte etwas, bis ich das Kalb ins Visier bekam. Es stand breit und unentschlossen etwa 100 Meter entfernt auf der Schneise. Kaum hatte ich es mit dem Fadenkreuz richtig erfaßt, zog ich durch. Im Zielfernrohr hatte ich bloß einen Feuerball vor den Augen, sonst nichts.
„Waidmannsheil", sagte Laszlo. „Blattschuß, es hat noch eine Flucht gemacht und liegt."
Mich überkam Erleichterung, das hatte noch mal geklappt. Für die ungarischen Jäger war die Sache in Ordnung, für mich damit ebenfalls. Wer als Jäger in ausländischen Revieren waidwerkt, unterliegt natürlich selbst als Zahlender stets der kollegialen Ein- und Wertschätzung. Jeder Jagdführer weiß, daß es Pannen immer geben kann. Worauf es dann indes ankommt, ist, wie so eine Fatalität ausgebügelt oder behandelt wird. In solchen Fällen geht es mir wie den Chinesen, man verliert ungern sein Gesicht. Am allermeisten freute ich mich wegen der Buben. Sie hatten miterlebt, wie just bei ihrem ersten Jagderlebnis dem Vater ein grober Fehler unterlaufen war und dieser fünf Minuten später glücklich korrigiert werden konnte. Schießen an der Grenze des Schußlichtes ist immer heikel, und die Situationen bei der Jagd bergen oft bis zum letzten Moment des Erfolges Überraschungen. Wenigstens gab es keine Nachsuche. Das ist eben der Vorteil eines großen Kalibers, gerade im Ausland. Bei einem sauberen Schuß wird kaum Arbeit für den

Hund anfallen. Hätte man jetzt mit dem Terrier die Schweißfährte im dichten Auwaldunterholz beim Schein von Stablampen ausarbeiten müssen, wäre das anstrengend geworden. Die andere Alternative, das Wildbret dem Verhitzen auszusetzen, wäre im Ernst keine gewesen.
Offensichtlich waren des Jägers Augen bereits gut dem Nachtlicht angepaßt, denn binnen einer viertel Stunde war der Jäger mit dem Versorgen von Tier und Kalb fertig. Dabei gab es eine Menge neuer Eindrücke für die Buben. Der unmittelbare Augenschein ließ sie vieles vom Waidwerken von selbst verstehen. Es bedurfte nicht vieler Erklärungen, und sie stellten wenige Fragen. Was geschah, verfolgten sie hochinteressiert. Das war die Wirklichkeit, bisher hatte ihre Phantasie die Bilder von der Jagd bestimmt. Jetzt wurden diese zurechtgerückt, und das schaute, wie Maxl meinte, eben ganz, ganz anders aus!
Es war erst 18.00 Uhr, als wir uns wieder auf dem Heimweg befanden, und trotzdem war es tiefe Nacht. Obwohl erst eine halbe Stunde seit den Schüssen vergangen war, hatte sich inzwischen am Nachthimmel die ganze Sternenpracht entfaltet. Von Bratislava her schimmerte ein Lichtstreif herüber, und als wir im Fischernachen über die Buhne zurückruderten, spiegelten sich in dem glatten Wasser des tiefschwarzen alten Donauarmes die Sterne, am Rande eingefaßt vom dunklen Schatten des Waldsaums.
Nun endlich konnten die Buben ihrer aufgestauten Spannung Luft machen, und sie übersetzten sie prompt in Aktivität. „Darf ich auch einmal rudern“, fragte Maxl, und lachend bekam er von Laszlo das Ruderblatt gereicht. Es kam, was kommen mußte. Ungeübt in der Technik, mit einem Paddel ein Boot voranzutreiben, drehte sich bald der Kahn mitten in der Buhne wie ein Kreisel. Es war den jungen Gemütern nachzufühlen. Was war heute nicht alles an Erlebnissen auf sie eingestürmt? Mit der Bootsfahrt zur Donauinsel fing es an. Pirschen, Ansitz, das hieß stillhalten und still sein, Hirsche beobachten, Jagdfehler und Jagderfolg des Vaters miterleben, aufbrechen bei Sternenlicht und zum Abschluß die Kahnfahrt durch den nächtlichen Auwald. Alles zusammen in seiner Fülle und Naturverbundenheit ein Ereignis, wie man es in unserer Heimat so nicht mehr erleben kann. Hannes, dem kein Paddelversuch eingeräumt worden war, bat sich dafür die Berichterstattung zu Hause aus.

Am Kirrplatz

Der letzte Jagdtag war gekommen, und er fand mich in aller Frühe draußen im Revier auf Ansitz und Pirsch. Dieses Mal begleitete mich Jäger Juri. Nach wie vor reizten mich die Schwarzkittel. Die Jagd auf sie hat außerordentlich viel Anziehendes und kennt unterschiedliche Schwierigkeitsgrade. Es ist etwas anders, sie in den mondlosen letzten Oktobertagen bejagen zu wollen als bei einer Wintertreibjagd mit hoher Schneelage und glänzenden Sichtverhältnissen. Wer einen guten Keiler will, muß sich zudem wie bei kaum einem anderen europäischen Wild strikt an die Regel halten: jede Chance nutzen!

Für den Jäger, der auf Sauen geht, ist der Oktober nicht gerade günstig. Die Nächte setzen früh ein und sind lang. Die Schwarzkittel zigeunern im Spätherbst ziemlich umher, stehen in der Eichelmast oder in den noch nicht abgeernteten Maisäckern, tun sich an Schilfwurzeln gütlich und graben Farnwurzeln aus, ja pflügen diese regelrecht um. Der Tisch ist übervoll für sie gedeckt, damit für den Winter die erforderlichen Reserven angelegt werden können. Da halten sie ihre gewohnten Wechsel nicht wie sonst ein. Sie futtern sich voll und tun sich nieder, wo es gerade paßt. Der Waidmann muß sich um seine Chance wahrhaftig bemühen, und trotzdem bleibt sie ein Zufall; ein Zufall, der selten viel Zeit läßt und in dem Spielraum für alles sein kann. Saujagen hat noch viel Uriges an sich. Überhaupt, wenn Jäger von einer Sau reden, dann schwingt eine respektvolle Achtung mit; das Wort ist kein Schimpfwort. Man weiß um die Wehrhaftigkeit dieses Wildes, und je gröber das Schwein ist, um so gefährlicher kann es werden. Das gilt für alte Bachen genauso wie für Keiler. Sie lassen sich nicht unterkriegen. Und weil sie so sind, brauchen wir uns über ihren Fortbestand sogar in unserer Heimat, dieser übervölkerten und intensiv bewirtschafteten Kulturlandschaft, wenig Sorgen zu machen, erst recht nicht in Ungarn.

Natürlich ging das Schwarzwild Jahrhunderte hindurch bei den Bauern zu Schaden. Eine Sau kommt selten allein, es sei denn, es ist ein alter Basse. Zwar umrankten das Borstentier Mythen und Märchen zu allen Zeiten, doch das hat die Menschen nicht davon abgehalten, sie in Notzeiten ausdauernd zu verfolgen, ja, in manchen Landstrichen Europas auszurotten. Das Schicksal einer Tierart verläuft oft tragikomisch. So half unter anderem der Zweite Weltkrieg dem Schwarzwild, in Deutschland zu überleben. Als die Siegermächte in Deutschland auch alle Jäger entwaffneten, erholte sich der Wildschweinbestand bei uns zusehends. Noch vor einem halben Jahrhundert betrug die Jahresstrecke an Schwarzwild in der Bundesrepublik nur etwa zwanzig Prozent der jetzigen, die sich immerhin jetzt schon zwischen 80000 und 90000 Stück bewegt. Das Schwarzwild ist eben klüger, robuster und anpassungsfähiger als die meisten anderen großen Huftiere. Gott sei Dank, daß das so ist.

Auch im ungarischen Auwald bleiben sie sich darin treu. Keine zwanzig Meter von unserer Kanzel entfernt brach eine einzelne Sau zwischen Schilf, Riedgras und eineinhalb Meter hohen Goldruten, ohne daß es uns gelang, sie zu Gesicht zu bekommen. Sämtliche Vögel des Buschwerks schrien Zeter und Mordio. Freilich, was ein richtiger Keiler ist, gleichgültig ob jung oder alt, nimmt davon keine Notiz. Sobald der heraufkommende Tag ihnen zu hell wird, beginnt für sie die Ruhe, und wie wir beobachten konnten, suchen sie keinen besonderen Einstand auf, wenn es ihnen behagt. Während die unsichtbare Sau vor uns auf die wärmende Sonne wartete, begann uns der Tag mit seinem geschäftigen Lärm zu erreichen.

Hinter uns dröhnten Raupen und Bagger. Vor uns hallte in ungleichen Intervallen das schnorchelnde Gurgeln der Schiffsdiesel von der Donau herüber, das gelegentlich für einen Moment von der Schiffssirene übertönt wurde.

„Was geschieht da?“ wollte ich von Juri wissen.

„Ja, hier wird an einem großen Gemeinschaftsprojekt von der Tschechoslowakei und Ungarn gebaut. Die beiden Staaten haben 1977 beschlossen, die Donau-Energie gemeinsam zu nutzen. Es soll ein System von Staustufen entstehen und hier in der Nähe, bei Gabčikovo, das Gemeinschaftskraftwerk. Durch einen Damm auf der Höhe von Dunakiliti soll die Donau auf vierzig Kilometer in einen großen Wasserspeicher verwandelt werden.“

„Das ist ja eine riesige Sache“, staunte ich, „da muß ja der ganze Auwald gerodet werden.“

„Ja, nicht nur das, auch die Bodenkrume muß abgetragen werden bis auf den Schotterboden."
„Wie weit ist Bratislava von hier entfernt?" wollte ich wissen.
„Etwa zwanzig Kilometer Luftlinie."
„Dann liegt die Stadt künftig an einem See."
„Bratislava, das alte Preßburg, die Krönungsstadt der ungarischen Könige, wird gewinnen. Früher war sie einmal Endstation der Wiener Straßenbahn, im nächsten Jahrhundert liegt sie am Ufer eines von den Menschen geschaffenen, großen Speichersees. Weinbau haben sie am Rande der Stadt in der Ebene seit ewigen Zeiten. Weinbauern sind ordentliche Leute. Ja, für Bratislava wird es ein Gewinn sein!" legte mir Juri seine Meinung dar. „Gibt es bei diesem Mammutprojekt keine Schwierigkeiten mit dem Umweltschutz, oder ist dessen Einfluß in der Planwirtschaft nicht so groß?" begehrte ich zu erfahren.
„Es wird gebaut werden! Zwar gibt es eine Gruppe, die sagt, der Auwald wird ruiniert, weil der Grundwasserspiegel absinkt, und das wird teilweise sogar zutreffen, dort, wo das Donaubett verlegt wird. Hier jedoch wird das Becken auf etwa drei bis vier Meter Wasserhöhe eingeschwemmt, und das Wild zieht über die Dammkrone etliche Kilometer südlich. Ungarn hat noch viel Land und ist nicht so dicht besiedelt wie der Westen Europas. Wir haben auch noch nicht euren Standard, und so haben wir eben andere Sorgen. Wägt man die Nutzung eines Stück Auwaldes gegenüber den ungleich größeren Möglichkeiten bei der Energiegewinnung ab, entscheiden wir uns, wie überall in der Welt, zugunsten des größeren Vorteils für den Menschen."
Ich sah auf den Wald und dachte an die Fläche. Unter den Bedingungen der planwirtschaftlichen Organisation konnte ich mir nicht vorstellen, daß so ein Projekt vor Ablauf eines Jahrzehnts fertigzustellen wäre. Ich scherzte: „Bis das soweit ist, kann ich noch ein paar Mal zum Jagen wiederkommen." Juri lachte, nickte und fügte nach einer kleinen Pause hinzu: „Es heißt, die Russen hätten das Kraftwerk veranlaßt. Wir mögen die Russen nicht, und sie mißtrauen uns. Gerade bei dieser Angelegenheit sieht man es deutlich. Auf ungarischem Boden entsteht das Stauwerk, auf tschechoslowakischer Seite wird die Technik und die Verteilerstation errichtet. Bis das fertig ist, können sie noch oft bei uns jagen."

Wir verließen den Hochsitz, und ich hing, nachdenklich geworden, während der weiteren Morgenpirsch meinen Gedanken nach. Gewiß, unterhalb des Kraftwerks gingen die Donau-Auen weiter, und stellenweise würden die sich verändern. Aber Ungarn mit fast gleicher Bevölkerungszahl wie Bayern war um ein Viertel größer als dieses und konnte auf ein Stück Wildnis verzichten. Meine Gedanken schweiften um viele Jahrzehnte zurück. Wie sich doch die Fälle ähneln, wenngleich die Dimensionen anders sind. Am Anfang meiner Jägerei erlegte ich im Ködel-Tal im Frankenwald einen Rehbock, und viele Jahre später wurde just dort der Trinkwasserversorgungsspeicher für die achtzig Kilometer entfernte Stadt Bamberg errichtet. Heute jage ich in den Donau-Auen auf Hirsch und Sau und erfahre, daß in zehn Jahren ein Stausee für die Energieversorgung den Charakter der Landschaft völlig verwandelt haben wird. Wahrhaftig „panta rhei", alle Dinge sind ständig im Fluß, verändern sich und die Umgebung. Es bleiben lediglich Erinnerungen, und selbst die verändern sich.

Zum letzten Abendansitz war Laszlo gekommen, wiederum begleitet von seinem Terrier Bizun, dazu mit einem großen, weittragenden Stabscheinwerfer. Dieses Mal sollte es einzig und allein den Wutzen gelten. Inzwischen wußte ich ja bereits, was daheim in Deutschland keineswegs allgemein bekannt sein dürfte, daß die ungarischen Jagdbehörden verordnet haben, den Schwarzwildabschuß bei Nacht nurmehr mit Licht vorzunehmen. Zunächst ist das völlig ungewohnt. Nach unserem Jagdrecht ist der Abschuß im Lichtkegel strikt verboten und gilt als unwaidmännisch. Nun, wenn ein Jagdland wie Ungarn mit seiner alten, gepflegten Waidmannstradition und seinem hohen Leistungsstand in der Jägerei und Jagdwirtschaft das Schießen mit Licht in der Nacht auf Sauen bewußt einführt, muß das seine Gründe haben. Meine direkte Frage stieß nicht mehr auf Zurückhaltung, und ich bekam zur Antwort: „Bevor diese Verordnung kam, hatte sich eine größere Anzahl von Unfällen binnen weniger Wochen ereignet. Man munkelt von acht und mehr." Ja, unter Umständen kann die Häufung bestimmter Ereignisse alte Regeln in ein neues Licht rücken. Mitunter führt die Folge davon dazu, das gegenteilige Verhalten gegenüber der althergebrachten Gewohnheit künftig als das Vernünftigere anzusehen.

Ähnlich erging es mir beim näheren Hinsehen mit dieser ungarischen Entscheidung. Es braucht ein solches Beispiel keineswegs von anderen Ländern nachempfunden zu werden, aber für die spezielle Situation hierzulande war es ein richtiger, verantwortungsbewußter Schritt.
Wie sieht es denn mit dem Schwarzwild in Ungarn aus?
Aus der Jagdliteratur genauso wie aus vielen mündlichen Berichten von Jägern, die ausländische Reviere kennen und vergleichen können, weiß man heute, daß die stärksten Keiler in Polen und in Ungarn zu Hause sind. 300 Kilogramm Körpergewicht sind in diesen Ländern mehrfach belegt. Dies bedeutet, es müssen natürlich ausreichend schwächere Keiler vorhanden sein, und schwächer heißt in diesem Fall von 100 Kilogramm aufwärts, darunter zählt gar nichts. Aus Polen weiß man darüber Zuverlässiges. Dort hat eine Verhaltensforschergruppe besseren Zugang zu den Gewohnheiten des Schwarzwildes gefunden als Jäger anderswo. Sie hat ihre Ergebnisse seit 1970 mit der statistischen Auswertung der Jagdstrecken kombiniert und kam zu dem Resultat: Für einen reifen Keiler mit Goldmedaillenrang ist eine Strecke von 15 000 Sauen erforderlich. Nimmt man die anderen Medaillenkeiler noch dazu, verschiebt sich das Verhältnis auf 1:1 000. Mit einem Wort, wo starke Sauen häufig sind, gibt es generell viele Schwarzkittel. Dies dürfte in Ungarn kaum anders sein. Im übrigen bestätigt diese Untersuchung lediglich wieder einmal die schon an anderen Hochwildarten gemachte Erfahrung: Starkes, altes Wild ist eine Rarität! Nur diesem nachzujagen, wird damit ziemlich sinnlos, denn letztlich entscheiden Zufälle. Nicht genug damit. Jeder Waidmann, dem reife Keiler unterhalb der Medaillenklassen etwas bedeuten, muß dort jagen, wo aufgrund einer zahlreichen Schwarzwildpopulation eine genügend große Wahrscheinlichkeit besteht, solche vor die Büchse zu bekommen. Und das bedeutet vor allem, jagen nach dem Rhythmus des Wildes, den Zeit- und Lichtverhältnissen, wie sie die Natur jahreszeitlich vorgibt, ganz abgesehen von jener Zeit, die man selbst aus seinem Arbeits- und Alltagsleben dafür aufbringen kann. So etwas schafft allemal Zwänge, verlangt Kompromisse und legt Prioritäten fest. Gesellt sich hierzu, was nie ganz ausgeschlossen werden kann, eine nicht disziplinierte Jagdleidenschaft,

spitzt sich das Gefahrenpotential schlagartig und dramatisch zu. Da wird eben mal in der Situation der Versuchung bei schlechten Sichtverhältnissen eher geglaubt, der schwarze Klumpen dort ist endlich der Keiler, und geschossen, und es liegt wider Erwarten ein Mensch, wo immer der gerade dort hergekommen sein mochte. In Ungarn müssen sich derartige Situationen bei der modernen Jagd offenbar gehäuft haben. Die Jagdmethode dem Neuen anzupassen, machte also Sinn: Das Unfallrisiko wird unbestreitbar vermindert.

Unabhängig davon beschäftigte mich noch etwas anderes, und so erkundigte ich mich bei Laszlo: „Ist das nächtliche Jagen mit Scheinwerfern für das Schwarzwild selbst besser oder schlechter?"

„Besser. Wir können genauer ansprechen und vor allen Dingen alle starken Bachen schonen. Bei uns, mit dem vielen Kukuruz, sind selbst die Überläuferkeiler oft recht kräftig. Nicht selten halten die sich an den Suhlen in der Nähe führender Sauen und Rotten auf. – Bisher konnten wir Verwechslungen kaum vermeiden. Wird aber aus einer gut organisierten Rotte die älteste Bache in den Tod geschickt, entartet der Rest zu einem führungslosen 'Sauhaufen'. Der irrt unstet umher und richtet bloß einen beträchtlich größeren Schaden an."

„Die Jagd ist also deutlich zuverlässiger geworden."

„Ja, und wir tun unserem Schwarzwild etwas Gutes." Laszlo hatte recht. Erst in jüngster Zeit hat der Mensch erkannt, welche überragende Bedeutung die Führungsbache für die soziale Struktur einer Schwarzwildfamilie besitzt. Gerade sie ist jedoch in dunklen Nächten besonders gefährdet, ist sie ja in der Regel das erste Stück, welches das Haupt herausstreckt. Fehlt aber erst einmal die Bache, dann ändert sich in einem Familienverband eine ganze Menge. Gewöhnlich sind das grundlegende und negative Änderungen. Es setzen neue Rangordnungskämpfe ein, die Rotten teilen sich, die abgespaltenen Stücke wandern weg. Nach wie vor gilt in der Natur, daß ein Überleben im größeren Haufen für das Individuum stets leichter ist als ohne den Schutz der Gemeinschaft. Das Schwarzwild macht hiervon keine Ausnahme. Lediglich die einzelgängerischen alten Keiler können sich etwas anderes leisten.

Das ranghöchste Tier der Familie, die Leitbache, beeinflußt die soziale Struktur außerordentlich. Sie bestimmt beispielsweise den Beginn der Rauschzeit für ihre Rotte, ja synchronisiert diese geradezu. Man kann sich vorstellen, der Verlust des Muttertiers schlägt damit durch bis hin zu dem ungeborenen Nachwuchs. Eine unmittelbare Folge davon ist eine auseinandergezogene Rauschzeit. Das bedingt wiederum eine breitere zeitliche Periode zum Frischen des Nachwuchses. Für manche jungen Bachen fällt deshalb die Zeit zum Aufziehen des Nachwuchses in wetterbedingt schlechte Monate, und dieses verursacht höhere Verluste unter den Frischlingen. Selbst unter normalen Umständen sterben nahezu vierzig Prozent der Frischlinge in den ersten acht Lebensmonaten, über die Hälfte von diesen allein in den ersten vier Wochen. Die häufigste Todesursache ist dabei Unterkühlung.
Der Führungsbache kommt mithin eine nicht zu ersetzende soziale Rolle zu. Ihre bessere Schonung im Jagdbetrieb ist also eine Hegemaßnahme von allererstem Rang. Diese erstaunliche Stellung der Altbache mag mit dafür verantwortlich sein, daß das Schwarzwild trotz emsiger, jahrhundertelanger Verfolgung in Europa nicht gänzlich ausgerottet werden konnte. Die intakte Sozialstruktur der Schwarzwildfamilie war und ist ein Überlebensfaktor!
Der Mensch neigt allerdings im Gegensatz zu diesem klugen Wild dazu, die Sicherheit, wie sie aus der familiären Sozialstruktur erwächst, in Frage zu stellen, vornehmlich bei sich selbst. Es ist manchmal paradox. Selbst als Krone der Schöpfung und oberster Säuger an diese evolutionär angebunden, bezieht er solche Erkenntnis in sein Naturverständnis durchaus ein, läßt dem Wild sein Daseinsrecht. Wenn dem Menschen indes selbst die „Führungsbache“ in einer mehrköpfigen Familie verlorengeht, glaubt er, das sei etwas völlig anderes. Dabei hat es ziemlich dieselben Auswirkungen auf die Sozialstruktur. Verlorengehen braucht nicht immer Tod zu bedeuten. Häufig genügt das hochgelobte Ziel der kreativen Selbstverwirklichung zwecks Emanzipation, schon löst sich der familiäre Mittel- und Orientierungspunkt auf. Es ist eben schick geworden, grüner zu sein als die Natur. Dazu paßt es nun mal nicht, naturgesetzliche Abhängigkeiten zu akzeptieren, sie erkennen zu wollen oder etwa gar daraus zu lernen. Möglicherweise trügt nur

der Schein, und es handelt sich in Wirklichkeit um einen „regressiven Evolutionsvorgang“, der wegen unserer Bevölkerungsexplosion aufgrund der modernen Selbstdomestikation anfängt, den Menschen zu begleiten. Schließlich hat sich bei unseren Hausschweinen, die ja von der Wildform abstammen, in weniger als 10000 Jahren ihrer Domestikation das Gehirngewicht um ein Drittel verringert, was sich in einem Intelligenzunterschied niederschlug. – Verdummung als Folge gesicherter Verhältnisse! Wer kann das nicht beobachten? Niemand braucht dazu auf die Jagd; indes bleibt man bei der Jagd an den Wurzeln der Natur und durchhaut diese nicht. – Müßige Parallelen? Vielleicht.

Zurück zum Jagen im Scheinwerferkegel, denn etwas anders als sonst würde das ja wohl sein. „Wie geht das eigentlich vor sich?“ fragte ich Laszlo, und er instruierte mich bereitwillig: „Sobald die Sau auftaucht, am Kirrplatz, auf dem Weg oder wo auch immer, richten wir uns beide gleichzeitig her. Ich leuchte sie an, und sie suchen, so gut es geht, zunächst die Sau im Zielfernrohr, dürfen jedoch nicht schießen. Nach drei Sekunden schalte ich die Lampe aus. Die Sauen zeigen sich gewöhnlich zunächst überrascht, sind indessen meist nicht beunruhigt. Sie bleiben einfach stehen und verharren im Dunkeln einige Zeit in dieser Position. Dann schalte ich wieder ein. Meistens gelingt es mir, beim ersten Anleuchten das Stück ausreichend ansprechen zu können, so daß ich weiß, ob wir einen Keiler vor uns haben oder nicht. Ist es einer, können sie beim zweiten Mal, wenn sie mit dem Zielen fertig werden, schießen. Kommen sie nicht zurecht, und das ist durchaus möglich, denn im Nebellicht das Ziel zu suchen, ist zuerst ungewohnt, blende ich nach drei Sekunden wieder ab. Nach einer gewissen Wartezeit gibt es wieder Licht. Das kann man mehrere Male wiederholen. In der Regel reicht es zu einem guten Schuß.“

Zweifelnd fragte ich: „Hält das Schwarzwild dies so lange aus?“

Er nickte. „Meistens schon. Selbst wenn es wegzieht, fühlt es sich nicht zu sehr gestört und kehrt oft bald zum Kirrplatz zurück.“

„Gut, daß wir uns abgestimmt haben. Wenn man das nämlich nicht weiß, gibt es leicht Mißverständnisse“, war meine Antwort. Die Buben hatten schweigend und aufmerksam unser Gespräch verfolgt. Nach dem gestrigen Abend kam für sie Spannung in die Jagd,

und Maxl meinte: „Na, Papi, gestern abend zwei Schüsse in der Dämmerung, heute vielleicht einen im Scheinwerferkegel, ist immerhin einmal etwas anderes."
Hannes sekundierte: „Und wir sehen mehr!"
Wiederum bezogen wir die „Panoramakanzel" am Hochufer der Donaubuhne. Der breite Streifen trocken gewordenen Lettenbodens zwischen Wasser und Unterwuchs zog uns an. Zahllose alte und frische Fährten verrieten viel Wild, es war eben ein sichtlich von den Sauen gern besuchter Platz. Wieder war es ein leiser, stiller Abend, lau und fast ohne Windbewegung. Ab und zu drangen Geräusche ans Ohr, die Wild signalisierten. Am besten ließ es sich orten über die Vögel, vor allem durch die Fasanen. Was auch immer in der Nähe ihres Schlafplatzes war, störte sie gewaltig, und laut schimpfend ritten sie ab. Damit wußte man, wo in etwa sich ein Stück aufhielt. In dem Auwald kamen nebeneinander Rotwild, Schwarzwild und Rehwild vor; eine Kombination, die bei uns zu Hause selten anzutreffen ist. Das Rehwild pflegt früher oder später auszuweichen. Aber offenbar sind Deckung und Äsung günstig genug, um es nebeneinander aushalten zu können. Tatsächlich bedarf es nur weniger Tage hier, um die Geräusche zuordnen zu können. Von den Rehen kommen leises Knacken und leichte, kurze Fluchten. Die Sauen scheren sich nicht im geringsten um den Lärm, den sie machen. Sie arbeiten auf dem Boden herum und bleiben meistens an der Stelle. Das Rotwild tritt stärker auf als das Rehwild und pflegt, sobald man auf der Pirsch in seine Nähe gerät, langsam wegzuziehen. Also, das Unterscheiden war gar nicht so schwer.
Auf der Szene hatte sich nichts bewegt, das letzte Schußlicht war verschwunden. Die nächste halbe Stunde entschied über das Jagdglück des letzten Tages. Auf der anderen Seite der Buhne war mit Roßkastanien und Mais angekirrt worden. Die hiesige Jägerei praktiziert das wie selbstverständlich. Sie finden, ohne Leckerbissen könnten sie bei den guten Ernährungsverhältnissen im Wald und auf den Maisäckern ihre Gastjäger bei der Ansitzjagd sehr viel schwieriger zum Schuß bringen. Ich hatte Laszlo gefragt, ob nicht zu befürchten sei, damit die Sauen der Domestizierung näher zu bringen. Er hatte nur kopfschüttelnd hell aufgelacht. „Dazu sind

die Sauen viel zu klug", meinte er und fuhr fort, „wenn Schwarzwild bereitwillig die Kirrplätze annimmt, kann das ebenso als Zeichen seiner Intelligenz verstanden werden. Die Plätze liegen bequem an ihren Wegen, und wer bedient sich da nicht, wenn es leicht geboten wird." Wie recht er hatte! Der uralte Menschheitstraum vom Schlaraffenland und seiner Bequemlichkeit braucht nicht bloß uns vorbehalten zu sein.
Ein leichter Druck auf meine Schultern unterbrach die Gedanken. „Da drüben bewegt sich etwas, scheint eine Sau zu sein", flüsterte Laszlo mir zu. Nun, in der Dunkelheit hatte das Fertigmachen keine Eile. Ich wollte erst mit dem Nachtglas mir ein Bild machen. Es dauerte eine kleine Weile, bis ich die Stelle gefunden hatte, und nun schob sich ein dunkler Schatten in die Optik. „Ein einzelnes Stück", hörte ich hinter mir. „Nicht allzu stark, ein Überläuferkeiler." Wir warteten etwas, während die Wutz näher kam und ans Wasser heranzog. Dort stand sie nun, ein dunkler Brocken. Auf der Oberfläche des Altwassers lag ihr Spiegelbild im Sternenlicht, unscharf wie auf flüssigem Metall. Die Buben, die mittlerweile das Stück am Wasser ebenfalls entdeckt hatten, verhielten sich mucksmäuschenstill. Leise schob ich den Repetierer auf die Brüstung. Die Situation war ungewöhnlich günstig, eine spätere konnte kaum besser sein. Wozu noch weiter warten. Laszlo hörte das Einstechen, und im selben Moment stand helles Scheinwerferlicht über der Sau, senkte sich und blieb auf ihr fixiert. Wahrhaftig, das Visieren in diesem Licht war ungewohnt. Als ich mich zurechtgefunden hatte, verlosch die Lampe. Die Sau selbst hatte keine Bewegung gemacht. Jetzt galt es, unbewegt auszuhalten, bis das Licht wieder aufflammte. Unwillkürlich wuchs die Spannung. Um Himmels willen nur kein Jagdfieber! Was sollte das werden bei diesem Spiel zwischen Hell und Dunkel? Ruhe! Konzentration! Da, der Lichtkegel war wieder da. Die Sau stand unverrückt am selben Fleck, und mein Zielstachel ruhte noch im Blatt. Der Schuß warf das Stück auf den Platz.
„Waidmannsheil", kam es von Laszlo.
„Na, ich bin froh, den Wechsel von Hell und Dunkel nicht öfters habe mitmachen zu müssen", antwortete ich erleichtert. „So einfach, wie man es sich vorstellt, ist das Schießen mit Licht in der Nacht gar nicht."

Alle baumten sofort ab, und als mir der Jäger am Stück den Bruch überreichte, war seine aufrichtige Freude über den Erfolg seines Gastes unverkennbar. Der letzte Abend hatte den Keiler gebracht, und gerade dies war sein Erfolg.
„Ein Hosenflicker“, meinte er, nachdem er die Sau hin- und hergewälzt hatte, und machte sich an deren Versorgung. Dieses Mal mußten wir mit Licht Hilfestellung leisten. Laszlo hatte eine staunenswerte Fertigkeit im Aufbrechen. Er verwitterte mit der Patronenhülse, spreizte den voll durchgeschärften Brustkorb auseinander und ließ den Überläufer liegen. Sein Gewicht schätzte er auf siebzig Kilogramm.
„Papi, der riecht aber ganz anders als das Rotwild gestern“, äußerte sich Hannes.
„Ja, das haben Keiler so an sich, selbst die jungen“, bestätigte ich lachend.
An diesem Abend saßen wir in unserer Unterkunft noch lange zusammen. In den bruchstückhaften, oft sich wiederholenden Erzählungen der Buben erstand für die Mama unversehens ein ganz anderer Keiler, er wurde größer und größer, und natürlich war die Jagd überhaupt ganz anders verlaufen. Mein Begleitjäger Laszlo dagegen gab sich so locker und frei wie nie zuvor. Er trank Bier, ich ungarischen Rotwein, und allmählich sammelten sich die anderen Jäger um uns, tauten auf, und eine Geschichte nach der anderen belebte die Runde. Zwischendurch wandte ich mich meinem Jäger zu und meinte: „Gut, daß wir heute abend keine Nachsuche machen mußten.“
„Ach, das hätte nichts gemacht. Ich hatte ja meinen Terrier dabei, war ja darauf eingerichtet, und Bizun ist ein exzellenter Hund.“
Nachdenklich betrachtete ich Bizun und antwortete: „Ja, diese Art der Terrier ist in Südosteuropa zu Hause. Ich habe sie in Jugoslawien kennengelernt, und Bizun hat denselben Charakter. Sie sind gute Sauhunde ohne jene giftige Art, die man bei uns den Terriern angezüchtet hat.“
„Ja, er ist ein gutmütiger Hund, und er weiß genau, wie weit er gehen muß.“
„Erzähl doch mal das mit der Taube“, forderte Juri ihn auf. „Laszlo hat ein Taubenhaus“, erklärte er mir dazu einführend. Dann setzte

Laszlo die Erzählung fort: „Wie das so ist, in der Nähe von Taubenhäusern kommt immer wieder einmal ein Habicht vorbei. Eines Tages stehe ich mit Bizun am Taubenhaus, und aus heiterem Himmel stößt ein Habicht zu. Er schlägt eine Taube im Flug, kann diese aber nicht forttragen, weil sie zu schwer ist, und wird von ihr zu Boden gezogen. Der Habicht mit der geschlagenen Taube hockt auf zehn Meter vor uns auf der Wiese. Bizun, das gesehen, hin, und er apportiert mir Habicht mit Taube."
„Was hat der Terrier getan?" fragte ich ungläubig, jetzt wurde aber dick geflunkert.
„Ja", wurde mir bestätigt, „er apportierte den Habicht und machte dies so vorsichtig, daß ich ihn ihm abnehmen konnte. Dabei hatte er ihm nicht einmal einen Flügel gebrochen. Offenbar konnte der Habicht seine Fänge aus der Beute noch nicht herausnehmen, und damit war er ja verteidigungsunfähig."
Natürlich spielte ich mit und wollte nun wissen: „Und was haben sie dann gemacht?"
„Ich hab' eine Voliere im Hof, und dort habe ich den Habicht einfach reingesetzt und die tote Taube dazugeworfen. Als ich abends wiederkam, saß der Habicht drinnen aufgeblockt, hatte die Taube gerupft und sich 'bis zum Stehkragen' vollgekröpft. Er saß friedlich in der Voliere und schien ansonsten vollkommen fit zu sein."
„Und weiter?" drängte ich.
„Anderntags war es klar, der Habicht war gesund und unverletzt, und so ließ ich ihn fliegen. Es war zwar eine Taube von den meinen, aber davon habe ich genug, und Habichte haben wir auch in Ungarn weniger als früher."
Wo begann da das Jägerlatein? War es Wirklichkeit? Immerhin, mit einem großen Vorstehhund könnte so etwas vorkommen. Gleichgültig, wo hier die Wahrheit aufhört und die Legende anfängt, Hauptsache, es war eine gute Jagdkameradschaft. Wir waren gut aufgehoben gewesen, und es gab genug Gründe, um wiederzukommen.

Auf dem Weg zum Abendansitz muß ein Altwasserarm der Donau überquert werden.

Nach erfolgreicher Jagd wird die Beute talwärts getragen.

Vor dem langen Aufstieg ausgiebiges Spekulieren: Wo stehen die Gams?

Auf Rehbock und Gams in den österreichischen Alpen

„Bist du schon mal mit Pudding in den Knien während der Hundstage dem Brunftbock und dem Gams im Gebirge nachgestiegen?" fragte mich mein alter Jagdfreund Frieder H., als er es sich endlich am Kamin behaglich gemacht hatte.

„Nein. Die Bockbrunft kenne ich nur aus dem Mittelgebirge, und die Gamsjagd hat mich ehrlich gesagt noch nicht verlockt", war meine Antwort, und ich erkundigte mich zugleich: „Warst du nicht Anfang August bei deinem Jagdfreund Kurt H. im Österreichischen?"

„Wie immer, zwei Wochen", nickte Frieder H.

„Na, da gibt's ja etwas zu erzählen. Aber erst mal Prost! Der Rote ist ein guter Tropfen, grad richtig für einen gemütlichen Wochenendnachmittag im Herbst."

Draußen fauchte ein böser Herbstwind ums Haus, zauste und beugte die Thujahecke im Garten, peitschte den Regen gegen die Fenster und trommelte ihn aufs Schieferdach. Bei so einem Wetter findet das Jagen zu Hause statt. Erinnerungen werden wach, und selten ist eine Stunde so geeignet, um das Waidwerken eines anderen durch dessen Erzählung mitzuerleben und nachzuvollziehen.

„Nun schieß mal los. Du hast mich gleich neugierig gemacht."

Behutsam tastete Frieder H. sich an seine Geschichte heran: „Dieses Mal war es nicht wie sonst. Wie du weißt, sind seit Jahren die ersten zwei Augustwochen dem Urlaub in Österreich auf dem Jurihof vorbehalten. Urlaub ist das ja gar nicht, höchstens wenn man an das Abschalten denkt. Es ist Jagen von früh bis spät, Tag für Tag, sofern einem das Wetter keinen Strich durch die Rechnung macht. Für den Eingeweihten ist es eine ideale Zeit. Ab 1. August ist Hochwild, also der Hirsch und das Gamswild, offen, dazu reizt in den Hundstagen die Brunft des Rehwildes. Der Hirsch befindet sich in der Feistzeit und ist meistens weiter oben. Er wird nicht von der Rehbrunft beunruhigt. Das Gams ist sowieso nicht so empfindlich gegenüber dem Lärm, den die Jagd und das Schießen verursachen. Berggewitter mit ihrem vielfachen, hin- und herrollenden Echo, in

manchen Kesseln meint man, es hört nicht mehr auf, haben es an einiges gewöhnt. Dieses Wild bewegt sich zu dieser Jahreszeit etwa in Höhen von 2300 bis 2700 Meter an den Hängen. Allerdings wird auch in Österreich zunehmend ein Einstandswechsel des Gamswildes vom Felsengebirge in den Wirtschaftswald beobachtet. Für mich als untrainierten Gastjäger ist wiederum ideal, daß die Tage noch lang sind. Warm ist es auch, und man kann den ganzen Tag lang jagen. Zuerst, von unten her, das Blatten auf den Rehbock, und wenn gegen den späten Vormittag die unruhigen und vom Liebesspiel erschöpften Stücke sich etwas Ruhe gönnen, pirscht man weiter hinauf. Plötzlich siehst du einen Hirsch ziehen, oder du entdeckst, wie ein Gams dich längst beobachtet. Solche Tage halten stets Überraschungen bereit, und man kommt zu Schuß."
Frieder H. machte eine kurze Pause, sah ein wenig in das flackernde Feuer. Schließlich fuhr er fort: „Bei aller Vorausplanung ist man natürlich wie immer vom Wetter abhängig, und nicht immer spielt die Wetterlage mit. Mitunter kommt es vor, daß man eine Woche vergebens wartet, weil scheußliche Stürme die Hundstagshitze auf den Kopf stellen."
„Ja, wenn der Herbst in den Hochsommer einbricht, wird es allemal schwierig mit der Jagerei", stimmte ich Frieder H. bei.
„Das Pirschen kann man vergessen, und den Ansitz muß man abbrechen, weil man Angst hat, vom Hochsitz geweht zu werden. Die Jagdtage werden dann zu Hüttentagen. Na, was heißt Hüttentage. Die Hütten sind dort Häuser, gelegentlich ohne Wasser; dann muß es natürlich mitgeschleppt werden wie bei der Karl-Allen-Hütte. Heuer war das so. Weiß der Himmel woher, jedenfalls hatte ich mir eine Darmverstimmung eingefangen. Innerhalb von zwei Tagen wurde ich weich in den Knien, grad so, als ob die Knochen gegen Pudding ausgewechselt worden wären. Kannst dir denken, meine Stimmung war nicht die beste. Wie sollte ich in einem solchen Zustand jagen, raufkraxeln, wieder runter, na . . ."
„Ja, vom Fenster aus geht's schlecht."
„Trotz der vermaledeiten Darmgrippe raffte ich mich wenigstens zum Ansitz an der Kirschenleiter bei der Juri-Wies'n auf. Die Jagdherrin fühlte sich verpflichtet, mich an die frische Luft zu bringen. Auf der Hauswiese ging es bald recht lebendig zu. Das Wetter hatte

aufgeklart, und das hochbrunftige Rehwild kam auf die Läufe. Zunächst gingen zwei jüngere Böcke im Stechschritt aufeinander los, vermieden aber das Duell. Sie verschwanden plötzlich wie vom Teufel gejagt, als der Platzbock in wilder Hetze hinter seiner Geiß heranfegte. Für mich reichte es gerade zum Ansprechen, und schon war die Bühne wieder leergefegt, ging das Treiben weiter, rein in den jenseitigen Waldrand.
'Ja, wenn man so lang braucht! Die Böck' ha'ms jetzt eilig, die warten net', neckte mich die Jagdherrin. Meine Hoffnung, das Pärchen würde sich noch mal sehen lassen, wurde nicht erfüllt. Vom Schneeberg her schob sich schließlich die Dämmerung ins Tal. Im schwindenden Licht nahm ich plötzlich eine Bewegung am Schonungsrand wahr. Glasige Augen blitzten. Was war das? Es war just an der Grenze zwischen Wald und Wiese, ziemlich tief am Boden. Hatte sich einer der wenigen Hasen geduckt? Keine Spur! Ein Bergfuchs hatte sich herausgeschlichen. Meine Begleiterin neben mir hatte fast im selben Moment den Fuchs bemerkt. Nun war ich gefordert! Diana wollte es so, und hier stand ein Kugelfuchs an. Die Büchse an die Backe. Der Fuchs streicht vom Waldrand herein und wechselt vertraut auf die Wiese. Der Zielstachel sitzt, und wie ich abziehe, macht der Fuchs eine Bewegung. Glatt daneben geschossen! Der Fuchs stellt die Lunte hoch, macht einige Fluchten, verhofft und sieht sich um, als würde er sich noch hämisch über meinen Patzer lustig machen.
Mit dem Bock war es nichts, mit dem Fuchs nichts, und der Darm, den ich vergessen hatte, zwickte und zwackte auch wieder. Hilfesuchend sah ich auf meine Jagdherrin, denn jetzt war ihr Verständnis vonnöten. Na, sie hat es auf eine souveräne Art gezeigt. Wie ich hinterher hörte, schleppte sie jeden Jäger, der in ihre Reichweite kam, auf denselben Fuchsansitz. Sie hoffte, der Fuchs würde pünktlich abends zu seinen Mäuslein kommen. Erstes Opfer ihrer Bemühungen war ihr Mann, dann der Berufsjäger. Auch der Sohn mußte mit; jeden Tag ein anderer. Dabei hatte sie das seltene Vergnügen, zu erleben, wie alle drei den Fuchs genauso vorbeischossen wie ich. Aus dem anfänglichen Spaß wurde Ärger, und für eine kleine Weile war die Jagdherrin ihren ganzen Jägern ungut, soweit das bei ihrer freundlichen Art überhaupt möglich war. Nun, da das

gleiche Schicksal einen leicht verbindet, fühlte ich mich, als Gast des Hauses, etwas entlastet."
„Wie groß ist das Revier, in dem du jagst?" unterbrach ich Frieder H.
„Etwa 3000 Hektar. Ungefähr 2000 Hektar sind gepachtet, zum Teil von der Gemeinde Wien. Es liegt zwischen Rase und dem Schneeberg im Reistal; teils am Jurihof, teils acht Kilometer davon entfernt."
„Der Jurihof ist wohl das Standquartier?" erkundigte ich mich.
„Und was für eines!" lachte er, und aus seinen Augen war abzulesen, wie er sich wieder in das offenbar herrliche Fleckchen Erde versenkte. „Im Hofwinkel eine offene Hirschhalle. Der Berghof ist mit ziemlichem Geldaufwand renoviert worden; Scheune und Stadel den Jagderfordernissen angepaßt worden. In seiner heimeligen Atmosphäre fühlt man sich wohl, man kann gar nicht anders. Innen wie außen ist es rundum schön. Der Hof schmiegt sich in eine kleine Mulde, und trotzdem hat man einen grandiosen Blick auf den Bergwald mit seinen Almen und Matten, die jäh gestoppt werden von schroffen Felswänden."
„Sicher kennst du dort auch alle Jäger."
„Natürlich. Meinen Jagdführer Werner Sp. kenne ich seit über einem Jahrzehnt. Er war es auch, der mich aus dem Warten und Herumsitzen herausholte. Diese gestandenen Berufsjäger kennen sich mit ihren Gästen sehr rasch aus. Sie können rücksichtsvoll, aber auch rauh, ja sogar rücksichtslos mit ihnen sein. Zu mir meinte Werner Sp.: 'Also, jetzt versuchen wir's mit einem Gams. Wegen dem bißerl Knieschwamm wart'n mer nimma länger. Wir können den Berg etwas sachter angehen. Zwar ist ruhiges, windstilles und nebelfreies Wetter für die Gamsjagd wichtig, aber wir könn's uns ja net aussuchen.'
Bis es allerdings soweit war, sind wir erst einmal im Jeep die Forststraße abgefahren. Das teils diesige, teils nieselige Wetter hielt jedoch sichtlich das Wild in seinen Unterständen fest. Also Wagen abgestellt und hinauf, und das ging überraschend gut. Werner Sp. führte mich an eine freie Hangfläche, die in einen Waldzwickel eingebettet war. Vor Jahresfrist hatte hier ein Brand gewütet und das Felsengeröll von etwa 500 Meter Breite und 1000 Meter Länge

mit einem Neigungswinkel von fünfundfünfzig bis sechzig Grad bloßgelegt. Für die Durchquerung braucht der Ungeübte etwa eine Stunde. Das obere Ende hatte neuerdings ein einkruckiger Gams zu seinem Einstand gewählt. Ihm galt es, und damit mußten wir irgendwie hinauf, jeder Sicht ausgesetzt. Dabei war die ganze Fläche durchsetzt von ausgerissenen, teils gerodeten Baumstümpfen. Überall lag das Wurzelwerk im Weg, wie es eben ausschaut, wenn Naturkräfte am Werk waren und der Mensch eine solche Lage wieder zu bereinigen hat. Also da drinnen sollte der Gams sein. Was blieb anderes übrig, als mit Geduld zunächst einmal zu beobachten! Mit dem Spektiv kostete das Zeit, lohnte sich aber auch.
Wir entdeckten ihn endlich, wie er, auf einem Baumstumpf sitzend, sich von der ab und zu durchlukenden Sonne seine Decke trocknen ließ. Das Gamswild schätzt eben seinen Aussichtsplatz, gleichgültig, ob es ein Grasfleck ist oder ein Felsvorsprung. Natürlich war es viel zu weit für einen Schuß. Die Entfernung zu verkürzen, bedeutete Aufstieg in Sicht des Gams. Neugierig, wie Gemsen von Hause aus sind, hatte er sofort unsere strapaziösen Turnübungen über Stock und Stein mitbekommen, fühlte sich aber davon keineswegs gestört. Steine kollerten abwärts, und wir mußten Äste zusammentreten. Offensichtlich war es kein charakteristisches „Gamsglockenläuten“. Jedenfalls, von einem lautlosen Anpirschen konnte keine Rede sein. Möglicherweise war es gerade das, was ihn in einer falschen Sicherheit wiegte. Gutmütig ließ er uns bis auf 150 Meter herankommen. Dort fanden wir Deckung hinter einem aufgestellten Wurzelstock. Nun lagen wir einander gegenüber. Der Gams saß auf seinem Baumstumpf, und wir warteten, bis er aufstehen würde. Zielübungen, beobachten, warten. Wollte der Bock unsere Nervenstärke testen? Es vergingen zehn Minuten, zwanzig, es wurde eine halbe Stunde daraus, das Stück rührte sich nicht. Ohne eine gute Portion Sitzfleisch geht es eben nicht bei der Gamsjagd.
Der Jäger befand: ‘Jetzt müssen wir einfach warten, bis er aufsteht’ und benutzte die Zeit, mich in die Feinheiten der Gamsjagd einzuführen. Er kannte die kleinen Zeichen, die signalisieren, wann ein Gams aufsteht. Es kommt auf die Hinterläufe an. Zuerst streckt es, je nachdem, wie es sitzt, einen Hinterlauf aus. Also, wann wird der

Hinterlauf bewegt? Noch nicht! Warten. Was war das? Natürlich, er bewegte sich, und prompt kündigte der Jäger an: 'Er steht auf, schiaß glei'.' Er hatte recht, wenige Sekunden später stand er breit; eine Zielscheibe auf einem Schießplatz. Mein Schuß brach, der Gamsbock machte einen Satz und fegte dann in riesigen Fluchten über den Hang nach oben. Fehlschuß! Durchrepetiert. Der Gams verhofft einen Moment. Bumm, Schuß raus. Der Gams federt erneut weg ohne jegliches Schußzeichen. Nun zeichnet er meist sowieso gering auf einen Schuß, Herzschuß einmal ausgenommen. Noch mal repetiert, falls es eine letzte Chance gab. Sie kam, denn in einem solchen Wirrwarr von Bruch kommen selbst Gemsen nicht schnell voran. Ein dritter Schuß, und nun entschwand er endgültig und ungetroffen. 'Sakra, sakra', dachte ich, und der Jäger sagte es. Dann sah er mich lange an. Wohl war er einiges gewöhnt, jedoch nicht von mir. 'Der alte Bock hatte hier seinen Feisteinstand, und denen sind sie ziemlich treu. Im allgemeinen werden Gamsen bei uns vor der Brunft zu wenig bejagt. Nun tun mer's und dann so a Patzerei', schüttelte er den Kopf.
Seine Strafe folgte auf dem Fuße beim Abstieg. Ohne Rücksicht auf meinen noch labilen Zustand stürmte er den Berg hinunter. Mir schienen manchmal seine Sätze fast so hoch wie die des Gams nach oben. Renne einmal hinter so einem her! Der Rucksack schwankte auf dem Kreuz, die Lodenkotze behinderte mich, das Gewehr fing an zu baumeln. Ihn kümmerte nichts, und ich wollte schon wegen mir selbst den Abstand nicht zu groß werden lassen. Letztendlich hätte dies dann ähnlich ausgesehen wie bei einem Hund, der neben dem Fahrrad seines Herrn mit 100 Meter Abstand herhetzen muß. Ziemlich außer Atem kamen wir in Rekordzeit beim geparkten Auto an. Der Jäger, der wortkarg wird, wenn er wütend ist, befahl kurz: 'Einsteigen!' Von der Jagd her sind wir ein Herz und eine Seele, und Werner Sp. hatte noch keine Fehlschüsse mit mir erlebt. Dieses Mal gab es drei hintereinander, und das überforderte für eine Weile sein Verständnis, noch dazu, wo es um den 'pechigen Oakruckigen' gegangen war."
„Kugelfuchs, Gams – ja, hast du überhaupt etwas getroffen?" unterbrach ich seine Erzählung.

Er lachte, nahm einen Schluck Wein und antwortete: „Es kommt noch besser. – Also, rein ins Auto und weiter ins Tal hinein. An einem Kahlschlag hielt Werner Sp. an. Den müßte der Gams überqueren; doch nachdem sich zehn Minuten nichts getan hatte, glaubte der Jäger, der Gams sei schon gewechselt. Also weiter mit dem Auto ins Tal; über zwei Serpentinen in einen anderen Kessel hinein, wo durch Windbruch ein großer Schlag entstanden war, hübsch umkränzt vom alten Bestand. Erst an der letzten Kurve gab uns die Landschaft den Blick frei. 'Da ist er eh', brummte der Jäger bereits wieder etwas zufriedener. Doch ich konnte den Gams nicht entdekken, so sehr ich mir die Augen ausschaute." Frieder H. machte eine kleine Pause und fuhr nachdenklich fort: „Das ist ein kleines Problem. Ich kannte das von früher her. Wenn man etwa Ende September auf das Scharwild stößt, wo dreißig bis fünfunddreißig Stück, Geißen und junge Böcke, beieinander sind (die Alten haben sich da bereits abgesondert), dann hat der Gastjäger seine Schwierigkeiten, Bock und Geiß rasch zu unterscheiden. Die Berufsjäger können das, und sie sagen dazu noch, wie alt oder jung das Stück ist."

„Allein, unerfahren mit dem Wild und in fremder Gegend, da wäre man wohl aufgeschmissen", bemerkte ich dazwischen.

„Aber ja! Im übrigen, Alleinjagen von Gästen ist bei der Gamsjagd nicht üblich, und am Schneeberg besteht selbst für den Jagdpächter gemäß dem Pachtvertrag die Verpflichtung, nicht ohne Begleitung durch den Jäger zu jagen. Bei den örtlichen Verhältnissen ist das ohne Zweifel eine wohldurchdachte Schutzmaßnahme."

„Was meinst du damit?" erkundigte ich mich neugierig. „Nun, da gibt es abgeschiedene Gebiete, in die selbst heute kaum jemand kommt", und Frieder H. beschrieb das etwas genauer. „Von Schwarau-im-Gebirg mit 618 Meter bis zum Schneeberg im Hintergrund mit 2075 Meter erstreckt sich ein weites, wenig zugängliches Areal. Der Schneeberg sieht aus der Ferne relativ harmlos aus, wird aber zusehends imposanter, je näher man ihm kommt. In seinem Schlagschatten, teils bis kurz unter den Kamm, liegt das Waldrevier. Als vor Jahren ein Windbruch die Bergwälder verheerte, hat man mit Helikoptern das Holz herausgeflogen. Fünf, sechs Stämme hingen unter dem Hubschrauber, so wie man heute noch dort die abgestürzten Pferde bergen muß. Immerhin war es derart schlimm, daß

Wien im Pachtrevier neue Forststraßen trassieren mußte, um das Holz bergen zu können. Für den Hinternaßwald, ein beliebtes Brunftgebiet der Hirsche, gibt es zum Beispiel lediglich einen einzigen Zugang. Vor zweieinhalb Jahrhunderten haben sich religiös Verfolgte und Waldenser aus der Schweiz und teilweise wohl sogar Österreicher hierher zurückgezogen. Hier fanden sie Schutz durch die Natur."

„Jetzt sind wir ganz von deinem Gams abgekommen. Wie ging es da weiter?"

„Ja so, also, natürlich raus aus dem Auto. Den Zielstock in den Boden gerammt, um gleich über das Zielfernrohr ansprechen zu können. Aber den Gams hatte ich immer noch nicht entdeckt. Himmel, was soll es? Ungerührt davon weist mich Werner Sp. ein, präzise und schnell. 'Ah, wahrhaftig, da ist er!' Er steht in der Nähe eines kleinen Felsriegels im Bestand. Schuß! Der Bock steigt steil hoch, trommelt mit den Läufen in der Luft und ist weg. Mein Jäger strahlt: 'Herzschuß!' Na, der Jäger läßt sich auf den Anschuß einweisen, geht der Schweißfährte ein paar Schritte nach und steht plötzlich am Felsen vor einer steil abfallenden Schlucht. Er schaut runter und sieht im Bachbett den Bock liegen. Kannst dir denken, wie mir's jetzt leichter geworden ist. Nun hatten wir lediglich die Plackerei mit dem Bock vor uns, bis er drunten war. Jedenfalls war unsere jägerische Welt wieder in Ordnung."

„Und wie ging es weiter?"

„Anderntags brachen wir gleich früh auf zur Buchenleiter. Das war ein Kompromiß mit Rücksicht auf mich. Normalerweise muß man nachts um 2.00 Uhr los, wenn man bei Tagesanbruch halb oder dreiviertel oben sein will. Dieses Mal fuhren wir ein Stück bis zum Pirschweg. Der Aufstieg ist sonst durchaus schweißtreibend, und es ist zweckmäßig, oben die Unterwäsche total zu wechseln. An dem Tag hatte auch der Himmel ein Einsehen. Das Regnerische war verzogen, allerdings blies der Wind gelegentlich unangenehm um eine Ecke. Wegen des Windes hatten wir uns notgedrungen für diese Buchenleiter entschlossen. An einem besonnten Hang zieht untertags der Wind aufwärts. Morgens, vor der Sonneneinstrahlung, und abends streicht er dagegen talwärts, und in Tobeln kreist er häufig. Um den Hügeln in Bodennähe etwas ausweichen zu kön-

nen, braucht man hohe Leitern. So eine stand an einem Steilhang von fast sechzig Grad Neigung, und von ihr aus ließ sich ein Schlag übersehen, der etwa 300 mal 200 Meter groß war. Das war kein brandgerodeter Schlag wie tags zuvor. Die Fläche hatte man bereits mit Fichten aufgeforstet. Die Bestockung bot reichlich Dekkung, selbst für den Einblick aus luftiger Höhe. Hier stand oft Wild. Es zu finden und anzusprechen, bedurfte allerdings ein bißchen Glück. Doch wenn tagelang stürmisches Sauwetter herrscht, gibt es allerhand Überraschungen.
Als wir schließlich vor dieser Leiter standen, war oben der Sitz nicht mehr mit dem Stamm verankert. Achtundvierzig Sprossen hatte die Leiter, und dort ist das nichts Ungewöhnliches, es sind circa fünfzehn Meter oder etwas mehr. Lose pendelte das Gestell im Rhythmus der Windböen, leicht angelehnt an einem Ast. Dieses Platzerl schied aus. Ein unbrauchbarer Hochsitz ist in jedem Fall ein Ärgernis. Daher wurde zunächst einmal beratschlagt, wie man daraus wieder eine vernünftige Kanzel machen könnte. Rasch wurde klar, ohne Seilwinden und einen anstrengenden Arbeitstag war das nicht zu bewältigen. Heute sollte indes gejagt werden.
Während wir die ganze Geschichte nochmals von rechts und links betrachteten, fiel mein Blick aus Gewohnheit auf den Hang. Ein roter Fleck, offenbar aus dem Augenwinkel erfaßt, erregte meine Aufmerksamkeit. Tatsächlich, nicht einmal weit, zog mit tiefem Äser ein guter Rehbock quer über den Hang. Hier war einer auf der Suche nach der Partnerin, wobei er sichtlich seine übliche Vorsicht vergessen hatte. In solchen Fällen kann man nicht viel überlegen. Entweder ist man vorbereitet, oder man ist es nicht. Wir waren vorbereitet und eingespielt. Ein Blick, ein Kopfnicken von Werner Sp., das genügte. Schon war die Waffe in Anschlag. Der Bock, immer noch den Äser auf dem Boden, wurde vom Jäger angepfiffen. Er warf auf, stockte. Dann krachte es, und er brach auf dem Fleck zusammen. Diese Begegnung war Zufall gewesen; keine Blattjagd mit ihrem reizvollen Wechselspiel. Als wir vor dem erlegten Bock standen, gab es doppeltes Erstaunen. Der Revierjäger kannte ihn seit Jahren, und als einen heimlichen noch dazu. 'Mindestens acht Jahre alt, denn er ist mir schon sieben bekannt, ein Einser-Bock!' Ich wiederum wußte, daß dies der stärkste war, den ich je zur Strekke gebracht hatte."

„Waidwerk ungewohnt“, warf ich dazwischen, „und das noch früh am Tage. Hast du weiter gemacht oder es bei dem Prachtbock, der dir als Selbstmörder in den Weg gelaufen war, bewenden lassen?“
„Das Wetter klarte weiter auf, und der Wind ließ nach. Da gab es keinen Gedanken ans Aufhören, im Gegenteil! Wenn man schon draußen ist, will man natürlich jagen, und weil sich das Wetter gut aufhellte, beschlossen wir, eine Mittagspirsch einzulegen. Es gibt einen Revierteil, der für so etwas aussichtsreich ist. Also nichts wie dorthin mit dem Jeep.
Das ist eine Landschaft, sage ich dir, die einem das Herz öffnet: viele kleine Kare, die sich überraschend dem Blick bieten, ein friedlich versponnen wirkender Wald, hochstämmige Lärchen, stellenweise vom Charakter des Bergschutzwaldes, großer Farn, der die feuchtsumpfigen Stellen verrät, aber auch durchsetzt mit Latschen in allen Variationen, pittoresk festgekrallt an Felsnasen und Bergvorsprüngen. Latschen und Wacholder wachsen überraschend weit hinauf. Gurgelnde Wasserläufe und plätschernde Rinnsale, die sich an den Felsabstürzen in die Luft verlieren – kurz, es gab ständig wechselnde Bilder und Eindrücke.
Mit einemmal standen wir vor einer Art Zuckerhut, der mit seiner Unvermitteltheit in der Landschaft mich überraschte. Der Jäger rückte sich seinen Rucksack zurecht und nahm sich automatisch ein bißchen Zeit dabei, die Umgebung abzusuchen. Prompt war damit unsere Mittagspirsch zu Ende. ‘Sakra, mich leckst’, entfuhr es Werner Sp. Ich sah auf den Jäger und dann in die von ihm angegebene Richtung. Zunächst entdeckte ich nichts. Ich hatte ziemliche Mühe, bis ich nach einiger Zeit an diesem Zuckerhut ein Haupt und ein paar kruckenartige Stangen entdeckte. Der Felsstock war vielleicht vierzig, fünfzig Meter hoch und im oberen Teil kaum breiter. Just von seinem Kegelrand blitzte die Silhouette eines Gamshauptes herüber. Nichts weiter, kein Träger, kein Körper, keine Bewegung. Man muß wirklich das geschulte Auge eines österreichischen Berufsjägers besitzen, um das Haupt eines Gams rasch von der Deckung unterscheiden zu können. Ein Ungeübter wie ich geht ohne Hinweis daran vorbei. Die Entfernung war nicht einmal so weit; vielleicht achtzig Meter.

Mit dem Fernglas wurde es geradezu aufregend. Da lag ein kapitaler Bock, der uns längst beobachtet hatte. Der Kapitale kontrollierte aufmerksam die für ihn gefährlichen Zweibeiner, mit Geduld und natürlich auch mit Neugierde. Die dem Gams innewohnende Ausdauer mußten nun wir Jäger ebenfalls praktizieren, uns niederlassen und abwarten. Nach mehr als zwanzig Minuten kam nach dem Haupt ein Teil des Trägers hervor, und es dauerte noch einmal dieselbe Zeit, bevor der ganze Körper sichtbar wurde. Der Gams gab sich vertraut und fühlte sich erkennbar ungestört. Er äste die eine oder andere Flechte ab. Dabei zog er vom Kegelrand des Zukkerhutes her in diesen hinein und um ihn herum. Er bewegte sich auf einem Pfad, der nach unserer Einschätzung kaum breiter als zehn Zentimeter sein konnte. Einmal konnte ihn Werner Sp. ansprechen. Der Jäger schätzte ihn auf zehn Jahre und meinte, die Kruckenhöhe könnte etwa fünfundzwanzig Zentimeter sein. Ein Hochkapitaler! Er hatte somit den Scheitelpunkt seines Lebens überschritten. Nach dem neunten Lebensjahr werden sie Einzelgänger im Sommer, und ihre Decke wird grau, gelblich-braun. Das war so einer. Sie schätzen dann ruhige, äsungsreiche Einstände, die gar nicht groß zu sein brauchen. Für mich war es ein grandioser Anblick. Da mir vom Jagdherrn nur 'Dreier-Wild', wie man dort sagt, freigegeben war, das ist also Klasse III, und darunter versteht man jagdbare Böcke, deren Gesundheitszustand nicht befriedigt, genoß ich diese Szene sorglos. Ja, bis mich ein Wort des Jägers aufrüttelte: 'Wann schießt du eahn jetzt endlich?' – 'Wieso , wann? Ich habe nur Dreier frei', verteidigte ich mich.
Der Jäger wunderte sich, ärgerte sich und machte aus seiner Seele keine Mördergrube. Er kündigte an, mit dem Jagdherrn darüber zu reden, warum ein solches Gams nicht geschossen werden dürfe, wo doch die Grenze bloß 100 Meter weg sei. Mich erschütterte das nicht; schließlich war ich es gewohnt, mich an die Regeln zu halten, und sagte bloß: nein. Weißt du, das ist ein Prinzip von mir, und da kann es schon vorkommen, daß mal eine besondere Chance ungenutzt verstreicht. Als Gast will ich keinen Ärger haben.
Inzwischen zog der Gams langsam um den Zuckerhut herum, wäre nun mehrere Male auf dieser Naturbühne gut zu haben gewesen.

Es war ein Bock, der auch einen guten Bart hatte, und ein solcher ist auf alle Fälle gesund. Für die Gamsjäger ist nicht die Krucke entscheidend beim Abschuß, sondern der Gesundheitszustand, und der Bart sagt mehr darüber als die Krucke. Unter den einheimischen Bergjägern gibt es Bartjäger und Kruckenjäger. Na, schließlich verschwand er hinter dem Vorhang des Bergwaldes. Solche Schauspiele erlebt man natürlich nur, wenn Mißverständnisse vorausgehen."

„Wieso?" unterbrach ich, „das verstehe ich nicht."

„Kannst du auch nicht. Zurück in der Hütte, berichtete der Jäger dem Jagdherrn und maulte über die Unvernunft, so einen Gamsbock ziehen zu lassen. Ja, und dabei stellte sich heraus, daß der Jagdherr mit dem 'Dreier-Wild' nur die Hirsche gemeint hatte. Nun ärgerten wir uns alle drei; der Jagdherr, weil er es nicht richtig gesagt hatte, der Jäger, weil sein Rat nicht befolgt worden war, und ich, der es zum Mißverständnis hatte kommen lassen." Frieder H. leerte mit einem tiefen Schluck sein Glas, grad so, als wollte er jetzt noch seinen Unmut hinunterspülen.

„Tröste dich damit, solche Gelegenheiten müssen Gamsen haben, damit sie alt und kapital werden können. Vielleicht war das diesem Gamsbock schon ein paar Mal wiederfahren." Eine neue Flasche wurde entkorkt. Frieder H. sah das mit Befriedigung und meinte: „Ja, damals benötigten wir auch etliche Flaschen Roten, um die Gemütslage wieder einzurenken und zugleich die richtige Einstimmung für den Abend zu finden. Die Abendpirsch wollte keiner von uns innerlich verkrumpelt antreten."

„Prost! – Also, weiter!"

„Das Revier für den Abend war der besagte Hinternaßwald. Eingeschlossen in einem riesigen Kessel, ist er völlig von den anderen Gegenden abgeschirmt. Der einzige Zugang führt durch eine enge Schlucht. Die Straße reicht gerade für ein Auto, und wenn sich zwei zufällig begegnen, muß eines zurückstoßen. Hier bietet die Natur jene stille Heimlichkeit, wie sie das Wild schätzt. Das Gamswild ist ja bescheiden in seinen Ansprüchen. Als Äsung bevorzugt es Himbeere, Kleearten, Wildrose, Heidekraut, Tanne und Eibe. Latsche ist Notäsung. Es verursacht kaum Wildschäden, weil es gewöhnlich über der Zone des Wirtschaftswaldes seinen Einstand nimmt. Da-

für ist das Gamswild ein verläßlicher Wetterprophet. Bei grobem Wetter steht es tiefer und zieht talwärts. Es braucht Ruhe!
Obwohl das Wetter sich wieder verschlechterte, waren wir gegen Abend natürlich an Ort und Stelle. Wir stiegen eineinhalb Stunden auf. Oben, in der Felsregion, türmte das Wetter zusehends schon wieder Gewitterwolken auf. Als wir den Aufstieg schon ein gutes Stück hinter uns hatten, stießen wir auf eine größere Kahlfläche. Die Neigung war kaum geringer als am frühen Morgen. Zunächst muß man sich da natürlich erst einmal umschauen. Gemeinsam suchten wir mit unseren Gläsern die Gegend ab, und tatsächlich, der Jäger wurde unruhig: 'Da oben, auf etwa 250 Meter, steht ein Bock. Da ist er eh.' Nach einer Pause fuhr er fort: 'Jetzat schau'n mer uns eahn erst a moi richti on. 250 Meter, dös is a Entfernung, da wird der Gams net glei unruhi. Man braucht natürlich dö richtige Optik dazua!' Ich sah ihn an, merkte, wie er schmunzelte. 'Dös is oa Bock! Den ha'm mer für dich reserviert. Hast du ein Glück!'
So rasch es ging, bezogen wir einen vernünftigen Platz hinter einem Baumstumpf, natürlich mit der notwendigen Ruhe und Langsamkeit, um den Gams nicht mißtrauisch zu machen.
Nachdem wir dies geschafft hatten, war der Bock nicht mehr da. Seiner Gewohnheit gemäß zog er weiter, mal war er zu sehen, mal verschwand er wieder. Schließlich verzog er sich hinter einem Felsbankerl, und dort blieb er. Anscheinend lag dort sein Ruheplatz. Darüber war ich zunächst sogar erleichtert, mir zitterten nämlich die Knie vor Verkrampfung, und nun konnte ich mich im Sitz drehen und es mir bequem richten. Der Rucksack wurde zum Sitzkissen und der Mantel als Unterlage fürs Gewehr hergerichtet, denn schußbereit mußte ich ja sein. Dann hieß es, auf ihn warten, warten, warten. Na, was macht man dann? Ja, man kann total abschalten und in die Luft stieren oder seine Umgebung studieren. Letzteres zog ich vor, und so wurde mir jäh bewußt, wie leicht man sich im Gebirge mit den Entfernungen verschätzt. Im Nu waren aus 250 Meter 350 geworden, und damit war die ganze Sache in Frage gestellt. Einen 300-Meter-Schuß konnte man noch wagen. Ein 350-Meter-Schuß war selbst unter Gebirgsverhältnissen ein Unding. Es genügte also nicht, daß der Bock wieder hinter seinem Bankerl hervorkam, er mußte uns sogar wieder entgegenziehen, und ob er das tun würde, war ungewiß.

Zu allem Überfluß braute sich in dem riesigen Talkessel aus den Wolkenhaufen ein Gewitter zusammen. Noch war es weit weg, aber die Blitze leuchteten bereits herüber. Ein faszinierender Anblick! Mal zuckten die Blitze senkrecht, mal waagrecht, und gelegentlich gab es eine rechteckige Gewitterblitzfront, die immer wieder dieses Rund schlagartig von unten bis oben erhellte und das Bergmassiv in ein gespenstisches Licht tauchte. Das Grollen des Donners war endlos. Das Echo brach sich mehrmals im Kessel und wollte überhaupt nicht aufhören. Noch lagerten die Wolkenberge an der Felsbarriere, schoben sich an ihr entlang. Wie lange blieb das so?

Langsam wuchs meine jagdliche Neugierde: 'Was macht ein Gams in einem solchen Wetter?' Am liebsten hätte ich mir telepathische Fähigkeiten gewünscht, um den Gams hinter seinem Felsbrocken zu hypnotisieren, er solle hervorkommen. Mittlerweile häuften sich hinter den begrenzenden Felskämmen neue Gewitterfronten auf, die jetzt anfingen, schubartig in den Talkessel hineinzufallen. Wir hatten beide das Gefühl für die Zeit etwas verloren. Dafür meldete sich bei mir ein langsam steigendes Jagdfieber. Nach unserer Meinung mußte der Gams sich einen anderen Platz suchen. Tat er das, oder tat er das nicht? Oder hatte er es bereits getan? Ja, und plötzlich war er da! Wie hingezaubert stand er vor dem Felsen, spitz oben, und äugte herunter, sichtlich suchend, wo er für die nächsten Stunden ein besseres Lager finden könnte. Jetzt mußte es schnell gehen. Großer Überlegungen bedurfte es nicht mehr. Jede Chance für einen sicheren Schuß mußte genutzt werden. Das näher kommende Gewitter veränderte das Licht. Längst hatte ich den Bock im Zielfernrohr. Zu meiner Überraschung war der Gamskörper erstaunlich klein. Sollte ich schießen? Reichte das Licht? Nun, ich riskierte es. Der Knall wurde vom Grollen des Wetters verschluckt. Der Gams zeichnete, schnellte in die Höhe, und als er herunterfiel, sah ich die in die Luft ragenden Läufe. Bei einem solchen Schußbild ist man nicht absolut sicher, ob das Wild wirklich liegt. Das kann ein Krellschuß, aber genauso auch ein absolut tödlicher Treffer sein. Jedenfalls mußte gehandelt werden, und das hieß, schnell aufzusteigen. Schnell ist natürlich in den Bergen relativ. Die Höhenunterschiede wollen bewältigt werden, und schweißtreibend

ist das allemal. Selbst mein Jäger als geübter Bergsteiger brauchte mehr als eine viertel Stunde bis er oben war. Dort verschwand er hinter einem Felsen. Ich keuchte und dampfte hinterher. Auf einmal tauchte er wieder auf, griff nach unten und hielt den Träger hoch. Na also!
Das Gewitter füllte den Kessel nun fast aus. Das war der Wink mit dem Knüppel für uns, das Wild rasch zu bergen. Wir hatten keine Sekunde zu verlieren, oder wir mußten uns darauf einrichten, nachts mit dem Stück im Berg zu bleiben. Der Jäger warf sich das Wild über, ich packte die beiden Rucksäcke auf die Schultern und die Gewehre, und dann ging die Stolperei abwärts, hinein in den Regen. Innen und außen waren wir patschnaß, als wir am Wagen ankamen. Frieder H. löste sich nachdenklich von seinem Erlebnis.
„Jedes Jahr widerfährt mir dort beim Jagen eine andere Überraschung. Dieses Mal abends der Gewittergams und morgens ein von seinen Hormonen gepeitschter Brunftbock. Dazwischen ein hochkapitaler Gamsbock zum Anschauen! Und das alles an einem Tag mit durchwachsenem Wetter, welcher sich zwischen eine anormale zweiwöchige Schlechtwetterphase des Augustes geschoben hatte.“
„Was willst du mehr?“ anerkannte ich. „Das war Jagen wie vor 100 Jahren! So etwas war immer schon ein rarer Zufall, und früher blieb es fast nur den großen Nimrods Österreichs vorbehalten, an einem Tag Hirsch, Gams und Rehbock zu strecken. Freilich, der Hirsch ist ausgeblieben bei dir – aber schließlich muß der Mensch mit was zufrieden sein. Auf dein Waidmannsheil!“
Beide wußten wir um das launische Jagdglück, waren wir ihm oft genug schon ausgesetzt gewesen.

Sautreibjagden in den Bergen von Carthago und Teboursouk

Waidmannsheil in Nordafrika

Wie es gewöhnlich geht, wenn man etwas hartnäckig will und dies mit genügender Ausdauer verfolgt, erreicht man es meist, oder man kommt diesem Ziel zumindest doch sehr nahe. Jedenfalls erging das mir so mit den Treibjagden auf Schwarzwild. Viele Erzählungen und Gespräche in jagdlicher Runde und meine eigenen Erfahrungen hatten mich längst erkennen lassen, daß es weitaus schwieriger ist, einen starken, alten Bassen zu strecken als einen guten Hirsch. Es gibt gar keinen Zweifel, das Waidwerken auf das kluge, vorsichtige Schwarzwild besitzt ein erheblich größeres Moment des Unberechenbaren. Bei ihm kann und darf man es sich einfach nicht leisten, eine unverhoffte Chance ungenützt verstreichen zu lassen. Im Falle der Wahl hat ein guter Keiler stets den Vorrang vor dem Hirsch. Letztlich muß es ja einen Grund haben, weshalb sich der starke Keiler seit Jahrhunderten unter den Jägern einer besonderen Wertschätzung erfreut. Im Grunde steht ihm derselbe hohe Wert zu, wie er gegenwärtig dem reifen Erntehirsch beigemessen wird.
Nun ist allerdings die Chance, in heimischen Revieren überhaupt auf Schwarzwild zu Schuß zu kommen, an sich schon recht klein; und auf die wehrhaften alten Stücke wird sie für den Durchschnittsjäger verschwindend gering. Das hat verschiedene Gründe. Zum einen gibt es auf dem übernutzten Boden der deutschen Landschaft von vornherein nicht mehr viele Schwarzwildreviere. Die Schwarzkittel sind zurückgedrängt auf gewisse Kernzonen in Wäldern, welche noch ausreichend groß und zusammenhängend sind, um ihnen artgemäße Lebensbedingungen zu bieten, ohne daß sie auf den Äckern zu Schaden gehen müssen. Schwarzwild als Standwild braucht große Waldflächen. Dazu zählen bei uns heute solche Gebiete wie Truppenübungsplätze und Wälder im Grenzlandraum mit ihrer wachsenden Sozialbrache. In landwirtschaftlich intensiv

Für Mitteleuropäer kaum vorstellbar: In dieser Landschaft sind die Sauen „zu Hause“.

Die gebirgige Landschaft fordert den Jägern schon einiges an „Geländegängigkeit" ab.

genutzten Gegenden wurden und werden sie kurz gehalten, denn die Kosten des Wildschadens sprengen rasch und mühelos die Finanzkraft der meisten Revierinhaber bzw. kleinerer Jagdgemeinschaften. Wenn heute Schwarzwildringe nach dem Vorbild des „Lüneburger Modells“ sich wegen der Harmonisierung des Bewirtschaftens und Bejagens zu einer gemeinsamen Hege zusammentun, so verlangt dies eine Abstimmung zwischen den Wald- und Feldjägern. Dabei sind die noch vorhandenen guten Schwarzwildreviere meistens sowieso in den Händen der Staatsforstverwaltungen. Dort nun zu einer Herbst- oder Wintertreibjagd auf Sauen eingeladen zu werden, ist bereits für sich ein glücklicher Umstand, zu Schuß zu kommen, ein weiterer und Erfolg zu haben, ein dritter.
Winterliche Sautreibjagden, wie sie aus den Weiten des früheren deutschen Ostens vornehmlich aus der Zeit um die Jahrhundertwende berichtet werden, gehören zu jenen Ereignissen, die von den meisten Jägern der Gegenwart nur noch im träumerischen Lesen am Kamin nachvollzogen werden. Dabei hat das Schwarzwild es sogar bei uns verstanden, seine Lebensräume gegenüber vor 1945 auszuweiten. Dies spricht für die Intelligenz und Lebenstüchtigkeit des Wildes, führte indes nicht zu den Verhältnissen des letzten Jahrhunderts zurück.
Jedoch, genau betrachtet, ist das ein ziemlich spezieller Fall der Bundesrepublik. In den übrigen Verbreitungsgebieten dieser Wildart ist sie keineswegs selten geworden. In den Ländern rund um das Mittelmeer gibt es das Wildschwein, von Ägypten einmal abgesehen, seit der Antike. In der Provence, Spanien, Marokko, Algerien, Tunesien, Israel, der Türkei, Griechenland, Italien, in all diesen Ländern, ja sogar auf den Inseln Korsika und Sardinien, ist es seit eh und je zu Hause. Zwar haben französische Jäger in den fünfziger Jahren das europäische Wildschwein im algerischen Atlasgebirge nochmals ausgesetzt und damit ein weiteres lokales Verbreitungsgebiet geschaffen. Allein, ein römisches Mosaik des Bardo-Museums von Tunis hält plastisch fest, wie sich zwei Löwen an einem geschlagenen Keiler vollfressen. Das Schwarzwild muß es in Nordafrika schon lange gegeben haben, und der Islam hat es auch in der Vergangenheit gewiß nicht ausgerottet.

Wer nun in gut erreichbarer Nähe Europas jagen will, steht also zunächst vor den Fragen, wo kann man das am besten in diesen Gegenden tun, und wie kommt man mit einem vernünftigen Aufwand an eine solche Jagdmöglichkeit heran. Nun, in der Zeit von „Jagd-international" mit Flugticket ist das zwar ähnlich wie ein Urlaub an den Bade- und Sonnenplätzen südlicher Breiten, weicht jedoch aus verschiedenen Gründen erheblich von der eingefahrenen Routine anderer jettender Urlauber ab. Wer in fremden Ländern jagen will, ist stets auf einen einheimischen Jäger als Führer angewiesen. Das bedeutet, ein Minimum an gegenseitiger Kommunikation muß möglich sein. Das gilt einmal für den Jagdablauf selbst und erst recht bei den gegenseitigen Abhängigkeiten in der urwüchsigen Natur. Also, in irgendeiner Weise muß die Verständigungsschwierigkeit überbrückt werden können. Schließlich hat zudem jeder Staat seine eigene Jagdtradition und natürlich heutzutage auch seine eigenen Jagdgesetze. Beides ist gewachsen in Anpassung an die örtlichen Verhältnisse und stimmt nicht immer mit dem uns gewohnten Leitbild überein. Deswegen braucht es keineswegs schlechter zu sein; es ist nur anders. Die Jagdgesetze erweisen sich beim näheren Hinsehen häufig als sehr sinnvolle Lösungen für das jeweilige Land unter den oft ganz anderen klimatischen und sozialen Bedingungen.

Im übrigen sind keineswegs überall zahlende Jagdgäste erwünscht. Nicht selten wollen die einheimischen Jäger ihr Wild selbst bejagen und unter sich bleiben. Manchmal ist wegen der Großräumigkeit und der dadurch bedingten Unübersichtlichkeit eine Treibjagd unseres Stils für eine Gruppe von Jägern gar nicht richtig organisierbar. Wer allerdings dem Gastjäger seine Wildbahnen öffnet, weiß, daß ein bestimmtes statistisches Minimum an jagdlichen Chancen irgendwie gewährleistet werden muß. Ansonsten hat man die fremden Devisenbringer einmal zu Gast und dann nie mehr.

Selbst dort, wo zahlende Jäger als Devisenbringer geschätzt sind, treten Probleme auf, die nur mit gutem Willen von beiden Seiten auszuräumen sind. Beispielsweise ist in allen Staaten am Mittelmeer unter dem Halbmond Mohammeds das Wildschwein ein unreines Tier. Moslems essen nicht nur kein Schweinefleisch, viele vermeiden tunlichst, mit Sauen überhaupt in Berührung zu kommen. Mitunter bedarf es dann schon mal zusätzlicher Trinkgelder, bis so ein Schwarzkittel etwas weniger unrein ist und abtransportiert wird. Dabei ist für die Landbevölkerung in fast all diesen Ländern das Schwarzwild ein Schadwild. Die Menschen haben dort ohnehin eine bescheidene Existenz. Die Sauen mit ihrer enormen Anpassungsfähigkeit sind in den kargen Landschaften massive Nahrungskonkurrenten des Menschen. Deshalb spürt er die Schäden, die die Rotten verursachen, sehr viel härter als unsere Bauern. Natürliche Feinde hat das Schwarzwild dort so gut wie keine. Die nordafrikanischen Löwen sind ja bekanntlich von den Römern so nachhaltig zu ihrem Strafvollzug bei den Gladiatorenkämpfen und Zirkusspielen herangezogen worden, daß sie bereits damals dort verschwanden.

Die Bevölkerung ist deshalb mit der Bejagung durch Ausländer durchaus einverstanden, mitunter sogar erfreut. Zweckmäßigkeitsüberlegungen dieser Art sind in diesen Ländern letztlich stark mitentscheidend, die Bejagung den zahlungswilligen Gastjägern zu eröffnen. Die Jagdpraxis ist dabei freilich von Land zu Land recht verschieden. In der Türkei geht man so weit, geschossene Stücke von ihren Waffen zu befreien, um dann den Kadaver einfach liegen zu lassen. Er dient als Luder für Wölfe und Bären und hält das Raubwild, wie es heißt, eine gewisse Zeit von den Schaf- und Ziegenherden fern. Anders in Tunesien. Dort hat man die Verwertung des Wildbrets schon etwas weiterentwickelt. Das hängt, so merkwürdig das erscheinen mag, von solchen Dingen wie dem Stand der Infrastruktur eines Landes ab. In Tunesien läßt man die Sauen nicht mehr liegen. Man bricht sie auf und schafft sie noch am selben Tag in die Kühlkammern der großen Hotelkomplexe. Später gibt es dann für die europäischen Badegäste delikaten Wildschweinbraten. Wie man sieht, kann das Wild sinnvoll verwertet werden, auch ohne gegen die Gebote des Korans zu verstoßen.

Nun, wer in solchen Ländern einige Tage zur Treibjagd auf Schwarzwild gehen will, muß sich einer Gruppe von Jägern anschließen oder selbst einen interessierten Kreis zusammenbringen. Das ist freilich nicht so einfach, wie man im ersten Moment glauben möchte. Ohne eine Mindestzahl von acht bis zwölf Jägern geht es nicht. So viele Personen etliche Monate im voraus auf einen be-

stimmten Wochentermin zu fixieren, bereitet einige Mühe. Mancher, der gerne möchte und könnte, hat einen vollen Terminkalender, von dem er sich nicht befreien kann. Andere sind aus familiären Gründen nicht abkömmlich. Anderen wiederum ist der Geldeinsatz im Hinblick auf die Unsicherheit eines Jagderfolges zu groß. Manch einer hat bereits einen mißglückten Versuch unternommen oder von einem Jagdfreund gehört, daß es mit der Organisation an Ort und Stelle nicht so ganz geklappt hat, und scheut nun das Risiko. Kurzum, der Gründe gibt es vielerlei.
Gelegentlich ist einem unsere Diana schon im Vorfeld hold. Hat man nämlich all das einmal durchdacht und sich festgelegt, bedarf es lediglich eines günstigen Augenblicks, der stellt sich dann von selber ein, und die Chance wird genützt.
So jedenfalls ging es mir. Auf einer Herbstjagd auf Hasen in Haßloch kam ich in den Pausen mit meinem Nachbarschützen ins Gespräch über die Jagden in anderen Ländern. Man tauschte sich so aus. Dabei fiel der Satz von mir: „Mich reizt nicht afrikanisches Großwild, mich reizt ein alter Basse! Wenn ich nur wüßte, wie! Polen ist zu weit, Ungarn recht teuer, Jugoslawien unsicher, Spanien mit Umstand und Marokko, Algerien, Tunesien und Türkei mit islamischen Verhältnissen verbunden." Erich W. widersprach spontan und lachte dazu: „Für Tunesien gilt das nicht, zumindest nicht dort, wo ich jage. Ich war schon sechsmal dort und fliege jetzt Ende Februar/Anfang März nächsten Jahres ein siebtes Mal für eine Woche dorthin." Er sah mich an und fragte spontan: „Wollen sie mitkommen, ich hab' noch Plätze frei in der Gruppe?" Das Angebot kam überraschend und ebenso impulsiv mein Entschluß: „Ja, das mach' ich!"
Und in der Tat, das sollte ich nicht bereuen. Damals hatte ich keine Ahnung, welch intensives, großartiges Jagen, welche Fülle von Erlebnissen mit einem rundum ausgezeichnet organisierten Jagdbetrieb mir bevorstanden. Die Saujagden in Tunesien sind nicht bloß eine Reise wert! Bei mir sind es inzwischen vier geworden, und ich kenne mehrere Jäger, die haben es auf acht oder mehr gebracht.
So hatte es begonnen!
Mit der Tunis-Air hatten wir auf dem Flughafen Frankfurt für eine Woche dem kalten und klammen, mittlerweile recht lästig gewor-

denen Winter ade gesagt. Wir flogen in die Sonne, der Wärme entgegen und hofften, auf dem Breitengrad der Straße von Gibraltar und Rhodos endlich jenen lauen Lüften zu begegnen, die in anderen Jahren zu dieser Zeit uns bereits mit dem Vorfrühling in der Pfalz beglückt hatten.

Die Szene des Dezembertages stand wieder deutlich vor dem geistigen Auge, als unsere Jagdgruppe mit dem Hotelbus den Flughafen Tunis verließ. Vorbei an einer doppelreihigen Dattelpalmenallee rollten wir hinein in die Landesmetropole und zur Autobahn nach Nabeul, dem Standquartier im Hotel Lido entgegen.

Während der Vorbereitung für unsere Jagdwoche Ende Februar/Anfang März hatte der Organisator Erich W. uns umfangreich und präzise in die Verhältnisse eingeweiht. Die deutsche Firma Hoguba/Paderborn hatte gemeinsam mit anderen Unternehmern eine moderne Hotelanlage im Stil eines kleinen Feriendorfes am Strand von Nabeul errichtet. Zwei Drittel Sonnentage im Jahr verlocken zum Geschäft in Sachen Tourismus. Die sonnenhungrigen Mitteleuropäer können dort von April bis Ende Oktober ihren Badefreuden nachgehen. Wenn die Hotelleitung zudem imstande ist, die Saison, unabhängig vom Wetter, zu verlängern, verbessert sie die Wirtschaftlichkeit des Dienstleistungsunternehmens. Die Jagd bietet dazu eine Möglichkeit. Mit seinen guten Schwarzwildbeständen erfreut sich Tunesien seit einiger Zeit zunehmender Beliebtheit als Jagdland.

Nun sind zufällig die Eigner der Anlage selbst Jäger und zugleich Vollblutunternehmer. Da lag es geradezu nahe, die „tote Wintersaison" mit einem Angebot an Jagdgruppen zur Schwarzwildjagd in Tunesien etwas zu beleben. Die Jagdzeit auf Sauen beginnt am 22. September und endet am 30. März. Von Mitte Oktober bis Anfang März bieten sich Woche für Woche für je zwei Jagdgruppen von acht bis zwölf Personen drei bis vier Jagdtage in verschiedenen Revieren. Dazu wird man während der Jagd in ein Dorfhotel einquartiert, weil die Entfernungen zwischen den Revieren zu groß sind, um jeden Abend ins Hotel Lido als Standquartier zurückkehren zu können.

Eine Deckungsbeitrags-Kalkulation nennt man das in der Wirtschaft. Offensichtlich entwickelte sich daraus jedoch mehr, näm-

lich ein Erfolg. Ein Erfolg war es, weil an ihm alle Partner teilnehmen durften und jene Zufriedenheit zu erleben war, wie sie aus lebendigen, tragfähigen Kompromissen erwächst. Natürlich hatte man zuerst einmal mit den einheimischen Jägern reden müssen, ehe es dazu kam. Wie Erich W. erzählte, war es dabei gar nicht so einfach gewesen, die Wintersaison für die Jagd aufzubauen. Als die Idee das erste Mal aufkam und dann natürlich mit den tunesischen Jägern geprüft werden mußte, ob sich so ein Gedanke überhaupt realisieren ließe, stieß man erst mal auf jene emotionalen Schwierigkeiten, die als Vorbehalte überall dem Fremden gegenüber mehr oder weniger versteckt bestehen. Die tunesischen Jäger wollten ihr Wild selbst schießen und von zahlenden Gastjägern nichts wissen. Auf die Frage, was sie damit meinten, wurde geantwortet: Hasen, Rebhühner, Stein- und Rothühner! Niederwild also! Deswegen fliegen deutsche Jäger jedoch kaum nach Afrika. Sie interessiert das Schwarzwild. An Schwarzwild wiederum hatten die Tunesier als gute Moslems aber gar nicht gedacht. Des Schwarzwildes erwehrte sich der Bauer, so gut es ging. Bejagt im richtigen Sinne wurde es nicht. Mit einemmal sah das Ganze anders aus. Die Interessen beider Seiten kamen einander entgegen, und damit war es nicht mehr schwierig, eine vernünftige Lösung zu finden. Die tunesischen Jäger räumten den Gastjägern ein, Schwarzwild, Schakale und Füchse zu schießen. Tabu blieb das andere Niederwild.
Einmal so weit, galt es, bei den zuständigen staatlichen Behörden das Einverständnis und deren Unterstützung einzuholen. Nun, die Möglichkeit, über die Jagdwirtschaft Devisen ins Land zu bringen, war auch für den Staat verlockend. Seit der Römerzeit war der Norden Tunesiens von der Landwirtschaft geprägt. Die Menschen mußten sich durch die Jahrhunderte gegen den Schaden, welchen die Sauen in den Kulturen anrichteten, zur Wehr setzen. Im Sinne einer jeden guten Regierung ist es aber, der Bevölkerung die Landplagen so klein wie möglich zu halten. Diese löbliche Absicht kollidiert allerdings mit den Folgen eines anderen antiken Erbstücks in Tunesien. Alle Völker des Altertums rund um das Mittelmeer waren Seefahrer, und ihr unersättlicher Holzbedarf für Schiffsbau, Transportwesen und Baumaßnahmen hat nach Abholzung der Wälder kahle Berglandschaften hinterlassen. Tunesien ist bereits vor

Jahrzehnten darangegangen, mit einem breiten Aufforstungsprogramm den Erosionskräften der Natur entgegenzuwirken. In diesen jungen Wäldern mit dem überall anzutreffenden Buschzeug aus Kameldorn und Thymian gibt es rauhe Dickungen, bekanntlich beliebte Einstände des Schwarzwildes. Anders gesagt: je mehr aufgeforstet wird, um so besser für das Borstenvieh, um so schlechter für die Bauern, um so drückender das Gebot des Korans. Fatum! Unter diesen Aspekten sind Gastjäger eine Fügung des Himmels. Also stellte die Forstbehörde die Jagdbezirke. Unter der Leitung des Forstpersonals wird aus der ländlichen Umgebung der Reviere die Treiberwehr rekrutiert. Das bedeutet für die Betreffenden, welche im Winter ohnehin ohne jegliche Arbeit sind, wenigstens einmal in der Woche zu einem Tageslohn zu kommen.
Blieb noch die Frage der Wildverwertung. Hier sprangen wieder die Deutschen ein. Sie verpflichteten sich, jedes Stück zu einem Festpreis abzunehmen. Schließlich mußte man den Sommergästen im Hotel Lido, vor allen Dingen den feinschmeckerischen Franzosen, die Liebhaber von Wilddelikatessen sind, auch mal etwas anderes anbieten als Schaf, Rind und Huhn.
Einmal so weit, dachte man auch an die Jäger. Es wurde bewußt auf jegliche Abschußgebühren verzichtet! Führende Bachen mit Frischlingen sind zu pardonieren, alles andere ist nach Größe und Zahl frei. Das ist klug, denn damit wird nicht, wie anderswo mit Blick auf die Kosten, der Schuß lediglich der groben Sau vorbehalten. Es werden auch geringe Stücke erlegt. Die Strecken der Jagdgruppen zeigen eindeutig, daß es sich um einen wirklichen Reduktionsabschuß handelt, der den wildschadengeplagten armen Leuten wenigstens Erleichterung verschafft.
Die ganze Organisation dieses Jagdbetriebs liegt in den Händen der deutschen Waidmänner. Sie konnten ohne Schwierigkeiten die Regeln unseres Waidwerks hierher übertragen. Jeder Gruppe wird ein örtlicher, einheimischer Jagdleiter beigegeben, der im Dienste der Firma steht. Jeder von ihnen spricht ein gutes Deutsch, und jeder ist in einem mehrwöchigen Aufenthalt in Deutschland für seine Aufgaben speziell jagdlich weitergeschult worden.
Aus Erich W.s Bericht konnten wir erkennen, eine rundum gute Sache, die jedem gerecht wird und mit viel Vernunft aufgezogen

ist. Die Hotelherren handeln nicht nur unternehmerisch umsichtig, sondern auch lebensklug. Sie wissen, es ist weitaus besser, die Zitrone nicht bis zu ihrem letzten Tropfen auszuquetschen. So ist dann im Pauschalangebot für die Waidmänner alles inbegriffen, mit Ausnahme der Getränke und der Trinkgelder.

Ein unbeschwertes Jagen stand uns bevor! Kein Gedanke, ob die Jagdkasse für den anwechselnden Lebenskeiler noch reichte oder nicht. Angesichts dessen konnten allenfalls Störungen aus dem Atmosphärischen kommen, etwa wenn ein undisziplinierter Jäger entgegen dem Verbot von der Kugel im Drilling Gebrauch machte und Ärger verursachte oder einen Treiberhund für ein Wildschwein hielt, einen Hasen schoß oder gar die total geschonte Hyäne mit einem Schakal verwechselte. So etwas spürt man allerdings rasch im Geldbeutel. Ein Hase kostet 20 Dinar, also 80 DM, Strafe; eine Hyäne schon die Kleinigkeit von 500 Dinar, das sind 2000 DM, Strafe, und auch ein Treiberhund schlägt mit 100 Dinar, entsprechend 400 DM, zu Buch.

Nabeul, die neue Stadt – der Name leitet sich von neapolis ab –, interessierte uns trotz Töpferhandwerkszentrum am ersten Tag nicht. Der vorgeschaltete, sonntägliche Ruhetag im Hotel Lido war zum Einstimmen auf die Jägerei indes geradezu hervorragend geeignet. Die Sonne stand strahlend am Himmel und löschte den Winter aus allen Gedanken. Vom Meer drang das gleichmäßige Rauschen leichten Wellenschlages ans Ohr, und eine sanfte Brise zauberte etwas Frühlingshaftes in die Gemüter. Mit Gelassenheit und Humor konnte deshalb die Zeit des gegenseitigen Abschnüffelns überstanden werden. Fünf Jäger stammten aus dem fränkisch-oberpfälzischen Raum. Sie waren aus München-Riem angereist und erwarteten die drei Jäger aus der Pfalz. Die Mindestsollstärke einer Gruppe war mithin erreicht.

Gegen Abend rief uns der Jagdherr Heinrich M., welcher selbst von Paderborn mit herübergekommen war, zusammen und wies uns ein. Vom Jagdleiter bekam jeder Teilnehmer eine Karte, auf der er sich die vier verschiedenen Reviere anmerken konnte. Für jeden Tag war ein anderes Revier vorgesehen. „Wir haben etwa fünfzehn Reviere mit zusammen 6000 Hektar. Durchschnittlich ist ein Einzelrevier etwa 400 Hektar groß. Ein Jagdleiter betreut acht

Reviere, der andere sieben. Die beiden Jagdgruppen kommen sich nicht ins Gehege. Bejagt werden pro Tag ungefähr 1000 Hektar."
Ein Blick in die Karte genügte, und es wurde sofort verständlich, weshalb jede Jagdgruppe einen eigenen Bus benötigte und warum wir auch irgendwo Zwischenquartier beziehen mußten. Die Jagdreviere verteilten sich auf eine Distanz von 140 Kilometern. Jeden Tag wurde uns ein anderes zugewiesen. Das ist so, als würde man zu Hause zwischen Frankfurt und Karlsruhe rechts und links des Rheines jagen und dabei einmal im Odenwald, dann am Donnersberg, anschließend im Pfälzer Wald und zu guter Letzt im nördlichen Schwarzwald jeweils auf 1000 Hektar waidwerken – natürlich ohne unser Straßennetz.
Heinrich M. fuhr fort: „Die Reviere liegen in Höhen von 500 bis 800 Metern. An der algerischen Grenze wirken die Bergmassive von fern wie auslaufende Tafelberge. Aber lassen Sie sich davon nicht täuschen. Sie haben den Charakter eines Mittelgebirges vor sich mit überraschend schluchtig-engen Tälern. Der erste Jagdbezirk liegt auf der Anfahrtstrecke in den Bergen von Carthago, nicht allzuweit von Tunis entfernt. Sie haben zwei Stunden Busfahrt. Der Beginn des ersten Treibens ist auf 8.00 Uhr festgesetzt. Also 4.30 Uhr Wecken, 5.00 Uhr Frühstück, 5.30 Uhr Abfahrt vom Hotel."
„Wieviel Treiben gibt es an einem Tag?" wollte jemand wissen.
„Wir jagen von 8.00 Uhr morgens bis 18.00 Uhr abends mit etwa einer Stunde Mittagspause draußen im Revier", antwortete der Jagdherr. „Gewöhnlich kommen wir zu sechs bis acht Treiben an jedem Tag, je nachdem, wie die Umstände sind. Im Normalfall rechnen wir ein Treiben pro Stunde."
Ohne Zweifel, hier war eine eingespielte Organisation am Werk.
„Und welche Tagesstrecke ist nach ihren Erfahrungen zu erwarten?" wollte ein anderer wissen.
„Wir rechnen mit zwischen sieben und neun Sauen pro Tag", gab Heinrich M. Auskunft. In vier Tagen also achtundzwanzig Sauen bei acht Schützen, das war kaum zu glauben. Jedenfalls erschien es märchenhaft, wenn man die heimischen Verhältnisse als Meßlatte anlegte.
Heinrich M. fuhr indes fort: „Zu den Sauen muß ich ihnen noch etwas sagen. Freigegeben sind alle Sauen, auch die Bachen. In die-

sem Lande führen wir einen Reduktionsabschuß durch, der die Bevölkerung von den Wildschäden entlasten soll. Freilich ist es in ihr Ermessen gestellt, ob sie unbedingt die Bachen mitnehmen oder die Nerven behalten können, um auf einen möglicherweise dahinter kommenden Keiler zu warten. Im Normalfall sind in Tunesien wie bei uns die Keiler Anfang März von den Rotten getrennt."
„Wann ist die Hauptrauschzeit hier?"
„Im November und Dezember! Im übrigen lebt das Schwarzwild, soweit wir wissen, hier genauso wie in Europa in Familienverbänden mit denselben Gewohnheiten. Als wir vor Jahren anfingen, stießen wir auf Saurotten von bis zu dreißig Stück. Heute sind sie verschwunden, und die Rottenstärke schwankt sehr.
Zu den Keilern noch ein Wort. Sofern es sich nicht um die wirklich starken Hauptschweine handelt, die niemand in ihrem Reich dulden, sind die mittleren Keiler nicht so weit von den anderen Sauen entfernt, daß sie bei unseren groß angelegten Treiben nicht doch hinter den Bachen, kurz vor der Treiberwehr kommen können. In der Praxis sieht das so aus: Zuerst kommen die Füchse und Schakale, dann die Überläufer, dahinter die Bachen und am Schluß die Keiler. Bewahren sie auf den Ständen absolute Ruhe. Sie haben Schußerlaubnis, sobald angestellt ist. Die Jagdführer weisen genau ein, stellen an und holen ab. Es ist ein selbstverständliches Gebot der Sicherheit, daß die Stände nicht verlassen werden. Auch nicht, wenn etwas geschossen wird. Warten sie, bis der Jagdführer da ist und mit ihnen zum Anschuß gehen kann.
Es liegt an ihnen, den Jagderfolg mitzubestimmen. Mit dem Schuß auf den Schakal werfen sie natürlich die dahinter anwechselnden Sauen herum, und diese brechen anderswo durch. Die Gruppe sollte sich vorher darüber einig sein, zuerst nur auf Sauen zu schießen und Schakal und Fuchs laufen zu lassen. Ich rate ihnen, lassen sie sich Zeit, auch wenn sie es nicht gewöhnt sind. Die Sauen kommen hier nahe, ja sehr nahe."
„Was heißt sehr nahe?" begehrte einer zu wissen.
„Kürzeste Distanz zwei bis fünf Meter. Allzu nahe ist nicht ganz ungefährlich für den Schützen. Die Tunesier haben das französische Jagdrecht übernommen, und hiernach gibt es bei den Treibjagden nur die Möglichkeit, mit Flintenlaufgeschossen zu schießen. Damit

kann man sehr erfolgreich jagen. Wir wissen alle, so ein Bleibatzen geht auch durch die Büsche hindurch, ohne abgelenkt zu werden. Aber er stoppt auf eine Entfernung von zwei Metern nicht unbedingt ein starkes Stück wie gefällt am Boden. Es ist ein Unterschied, ob eine Sau auf einen zukommt oder bereits einen passiert hat. Wir haben hier starke Sauen, wehrhafte Keiler und Bachen, die angreifen", ergänzte Heinrich M. seine Ratschläge. „Die meisten deutschen Jäger sind es nicht gewohnt und deshalb ungeübt, auf fünf und fünfzehn Meter mit dem Flintenlaufgeschoß zu schießen. Solange daneben geschossen wird, macht das nichts, die Sauen flüchten. Das ändert sich schlagartig, sobald der Schuß sitzt und das Wild noch bewegungsfähig ist."

Trotz unserer Flinten, es blitzte etwas von jenem Jagen mit Spieß und Hund auf, das noch den persönlichen Einsatz forderte. Wißbegierige Fragen prasselten nun auf Heinrich M. herein.

„Was ist noch freigegeben?"

„Nur Schakale und Füchse! Hyänen sind absolut tabu! Und niemand glaubt ihnen, wenn sie sagen, sie haben die Hyäne mit einem Schakal verwechselt. Das kann man nämlich nicht. Die Hyäne steht im Vorderbau doppelt so hoch wie hinten und ist damit unverkennbar."

„Wie stark sind hier die Keiler?"

„Wir haben starke Keiler, aber keine schweren", lachte Heinrich M. und fuhr fort: „Der größte Keiler, der hier bei diesen Winterjagden seit 1976 zur Strecke kam, hatte eine Gewehrlänge von einunddreißig Zentimetern, doch das war ein abnormer. Irgendwann hatte der seine Haderer verloren, und offensichtlich versuchte die Natur, diesen Nachteil durch ein besonderes Wachstum der Gewehre auszugleichen. Waffen von zwanzig Zentimetern und mehr sind nicht ungewöhnlich. Dafür sind die Körpergewichte der Sauen vergleichsweise klein. Keiler erreichen maximal 110 Kilogramm. Das hat weniger mit dem Nahrungsangebot zu tun; sie fressen die Früchte des Feigenkaktus genauso wie Oliven, und von letzteren gibt es viel im Land. Im Grunde können sie körperlich kaum schwerer werden, sonst stehen sie die afrikanische Sommerhitze nicht durch. Bei Sommertemperaturen von 40, 45 °C sterben sie, wenn sie zu fett werden, an Herzinfarkt."

Wahrhaftig, was wir alles zu hören bekamen, ließ aufhorchen und beeindruckte.
„Noch eins“, hob Heinrich M. nochmals an. „Die Bauern treiben ihre Kühe und Esel wie die Schafe und Ziegen in den Wald. Die Wildschweine sind es gewöhnt, mit den Kühen zusammenzuleben. Die Sauen kommen trotzdem. Lassen sie sich nicht täuschen, wenn sie irgendwo im Wald auf Haustiere treffen. Von den Wildschweinen werden sie nicht gemieden. Im übrigen gilt natürlich hier wie daheim der gute alte Satz: Was du nicht kennst, das schieß nicht tot!“
Nun schon leicht euphorisch, sprach einer unseren Jagdleiter Rafik lachend an und begehrte zu wissen: „Und wann liegt der erste Keiler morgen?!“
Rafik strahlte zurück: „Um 8.15 Uhr!“ und erntete damit ein schallendes Gelächter. Jetzt begann das Jägerlatein.
Der Tag war erwacht! Auf der Autobahn zwischen Nabeul und Tunis hatte man noch im Dämmerlicht des Morgens eine Mütze Schlaf nachholen können. Inzwischen hatte der Fahrer die rush hour von Tunis hinter sich gelassen und sich bei Tebourba direkt den Bergen zugewandt. Es handelte sich hier um einen im Norden Tunesiens fast bis an die Küste hin auslaufenden Höhenrücken des weiter westlich liegenden Gebirgszuges von Teboursouk. Die Landstraße war gut in Schuß und vernünftig in die weitfließenden Hänge eingefügt. Unser alter Mercedes-Bus gewann mühelos an Höhe. Bald blieb der landwirtschaftlich genutzte Boden hinter uns zurück, und Wald zu beiden Seiten fing den in die Ferne schweifenden Blick ab.
Pünktlich um 7.45 Uhr hatten wir den Treffpunkt auf einer Höhe von 500 bis 600 Metern erreicht. Der Forstbeamte mit seinen Treibern erwartete uns bereits. Es war ein malerischer Haufen, der sich hier versammelt hatte. Offensichtlich waren die Männer vertraut mit dem Procedere, denn es wurde von keinem indiskrete Neugierde an den Tag gelegt. Der dichter besiedelte Nordosten präsentierte seine Völkervielfalt, wie sie die Geschichte über Jahrtausende zusammengewürfelt hatte. Angefangen von dem kühnen Gesichtsprofil der ältesten Bewohner Afrikas, den Berbern, über den kupferbraunen rassigen Zigeunertyp bis hin zum vergleichsweise hell-

häutigen Südeuropäer war alles vertreten. Zunächst ein etwas fremdartiger Eindruck, an den man sich jedoch bald gewöhnte. Rings um uns war mit Eukalyptus aufgeforstet worden. Ein kurzes Gespräch zwischen Rafik und dem Leiter der Treiber, dann sammelte unser Jagdleiter seine Schützen nach der Losnummer um sich, und zügig ging es im Gänsemarsch durch den Wald, die restliche Anhöhe hinauf. Jeder bekam seinen Stand präzise angewiesen. Mal lag der Platz zwischen den Eukalyptusbäumen, mal am Ende einer jungen Walddickung, im Kameldornbusch, dann wieder zwischen niederem Jungholz oder auch im Tobel bzw. am Rande einer Brandschneise. Zweifelsohne, die Organisation war eingespielt. Da es keinen Hebeschuß gab und auf dem Schützenstand Schießen freigegeben war, machte sich jeder so rasch und leise wie möglich schußbereit.
Pünktlich um 8.00 Uhr war die Schützenkette aufgestellt. Mein erster Platz an diesem Morgen schien mir recht ordentlich zu sein. Vor mir lag bis zu einer kleinen, niedrigen Piniendickung zwanzig bis dreißig Meter freies Schußfeld. Dazwischen wenige Inselchen, blühender Thymian, Büsche von Kameldorn. Hier mußte man Wild von weitem erkennen können; alles schien zu passen. Allein, was günstig für den Schützen aussieht, kann für das kluge Schwarzwild gerade ein Grund sein, die ungeliebte freie Fläche nicht zu queren, sondern sich unter Deckung irgendwo durchzuschlängeln. Nicht selten kommen dann die Sauen an einen Schützen, der kaum Sicht und Schußfeld hat, auf recht kurze Distanz und überraschen diesen. Ein schnell hingeworfener Schuß geht daneben, und der Schwarzkittel ist fort.
Die Luft hatte die Frische eines herben Maimorgens, auf der Schwebe zwischen kühl und warm, gerade richtig. Ich war richtig neugierig, wie sich in diesem afrikanischen Land die Jagd anlassen würde. Kurze Abstimmungszeichen mit den Nachbarn, ein paar Anschlagübungen, dann abwarten. Doch das brauchte ich nicht lange. Aus dem Tal drangen bald die kehlig-heiseren Schreie der Treiber zu uns, die sich geradezu rhythmisch zu steigern wußten. An den beiden Treiberflügeln krachte und krachte es immer wieder. Kurzum, es war ein Lärm, der dem Schwarzwild rasch ungemütlich werden mußte. Und so war es auch. Rums – ein Schütze

rechts von mir mußte geschossen haben. Dann fielen in kurzem Abstand noch zwei, drei weitere Schüsse. War dort etwa eine ganze Saurotte durchgekommen? 8.15 Uhr verriet der Uhrzeiger. Das Treiben war gerade eine viertel Stunde im Gange. Nun wuchs die Spannung. Die Schwarzkittel waren auf den Läufen. Entweder kamen sie bei mir bald oder nicht mehr. Nein, nichts mehr.
Die Treiber mit ihren roten Fezhütchen wurden sichtbar und sammelten uns ein. Als wir alle beisammen standen, gab es die große Überraschung. Genau an der Stelle, wo Rafik es angesagt hatte, kam der Keiler auf die kurze Entfernung im Troll, drei Meter dahinter ein Hund, dem Randschützen Ewald S. Für den geübten Schützen eine sichere Sache. Hoch die Waffe, klack – der Automat versagte, und der Keiler wurde schneller. In der Not mußte Jagdleiter Rafik selbst aushelfen; er brachte mit mehreren Schüssen den kapitalen, alten Keiler zur Strecke. Rafik hatte seine Voraussage vom Eröffnungskeiler um 8.15 Uhr selbst erfüllt. So ist es nun mal bei der Jagd. Immerhin, die Wertschätzung des Jagdleiters kletterte spontan, und eine gute Stimmung verbreitete sich. Jedermann spürte, hier mußte man zu seinen Erlebnissen kommen.
Weiter ging es! Nach kurzer Busfahrt wurden wir längs einer Bergflanke in einer Talsenke abgestellt. Dieses Treiben war weiträumiger angelegt und sollte die Sauen aus mehreren, kleineren Tälern an den Bergflanken entlang nach oben bringen. Eine letzte Wende an einer Kuppe führte die Sauen zwangsläufig wie auf einem Naturschießplatz an der Schützenkette in kurzem Abstand vorbei. Brachen sie jedoch zur Talsohle durch, mußten sie unweigerlich zwischen zwei Schützen durch, um gleich darauf den nächsten Hang zu bewältigen. Das sollte auf jeden Fall ihr Tempo bremsen. Die Regie war gut durchdacht. Die Schützen in der Mitte hatten exzellente Sichtverhältnisse und gute Schußmöglichkeiten. Bei den äußeren Ständen konnte man dagegen keine zehn Meter weit sehen, so dicht war das Gestrüpp. Auf einem solchen Platz befand ich mich, und so viel ich dem vorhergehenden Stand zugetraut hatte, so wenig hielt ich von diesem. Doch das machte nichts, gewöhnlich ist die Wirklichkeit sowieso anders, als die Phantasie sie einem vorgaukelt, ermunterte ich mich selbst. Wenn man nicht viel sehen kann, strengt man sich um so mehr an, besser zu hören.

Und richtig, an der linken Ecke des Treibens schienen mir bald die Stimmen aufgeregter und lauter zu werden. Das Rufen und Schreien schwoll an und pflanzte sich wie ein Lauffeuer fort. Ja, es sprang sogar auf die Schützenlinie im Tal über. Hier schien weithin sichtbar Schwarzwild anzuwechseln, und das mit ziemlicher Schnelligkeit. Der Lärm kam geradewegs auf mich mitten im Busch zu. Ich hörte es brechen, hatte die Flinte angebackt. Da, endlich tauchte der Keiler in seiner ganzen Urigkeit auf. Mit hohem Tempo zwischen den Büschen durch, sprang er mit einem riesigen Satz in die Mulde herein. Mit einem zweiten Satz befand er sich in einer Lücke zwischen Eukalyptusstämmen, keine zehn Meter von mir. Ich zog ab, hatte den Schuß hingeworfen und wußte im selben Moment, daneben geschossen. Ein dritter Satz, und die Sau war meinen Blikken entschwunden, stürmte den rückwärtigen Hang hoch. Ganz so schnell konnte sie das denn doch nicht, und schon knallte es bei meinem Nachbarschützen Edmund B. zweimal hintereinander. Die Sau klagte, was auf einen Nierenschuß hindeutete, und damit kam sie nicht weit. Ein starker Keiler!

Indes, mir blieb keine Zeit zum Nachsinnen, denn erneut schwollen unmittelbar vor mir die Treiberstimmen an. Jetzt gewitzter, war mir rasch klar, hier kam das nächste Stück auf mich zu, und dafür wollte ich besser gewappnet sein. Geholfen hat es trotzdem nichts. Die Richtung des Schwarzkittels ließ sich an seinem Lärm verfolgen, die Büsche wackelten oben, nur er selbst war nicht zu sehen, bis zu dem Moment, wo er mit hoher Geschwindigkeit die Schußlücke überfiel. Auf den Schuß verzichtete ich. Mir erschien es nicht sinnvoll, auf Biegen und Brechen Funken zu reißen. Eine gewisse Sicherheit für den Schuß muß gegeben sein, und nach meinem Fehlschuß wollte ich nicht gleich einen weiteren.

Es war wirklich erstaunlich, was sich hier alles tat. Noch keine zwei Stunden jagten wir, und zwei beachtliche, starke Keiler lagen. Es ist ein Anblick für sich, mit anzusehen, wenn die Keiler sich durch die Büsche schlagen. Nein, weitaus zutreffender ist es zu sagen, sie werfen sich bergab durch die Dornenbüsche, lassen sich von dem einen Busch zum anderen zurückfedern, über alle Löcher und Mulden im Boden hinweg.

Diana hatte Edmund B. zugelächelt. Er, der ein reiner Niederwildjäger der Vorderpfalz war, hatte in seinem Leben noch keinen Schwarzkittel gestreckt. Natürlich hatte er ein bißchen gebangt, wie das wohl in Tunesien werden mochte, und nun eröffnete er mit einem Eukalyptuszweiglein den Reigen der Bruchträger. Als übernächster Nachbarschütze hatte unser Jagdorganisator und Senior Erich W. noch einen Überläufer auf die Decke gelegt. Was konnte man mehr wollen, zwei Treiben, drei Sauen, darunter zwei starke Keiler.

Rafik trieb zur Eile. Die Pausen zwischen den einzelnen Treiben waren kurz und die Eindrücke mannigfaltig. Die Landschaft war reizvoll, sie wechselte ständig ihr Gesicht. Es gab viele Eukalyptusaufforstungen, doch sie gab es nicht alleine. Man hat den Eukalyptus in jüngerer Zeit deswegen von Australien hereingenommen, weil sein kräftiges Wachstum den Wald bald hoch bringt. Seine Neigung zu vielen Stockausschlägen verfestigt den Boden schneller als andere Bäume gegen die Erosion, und sein hartes, kaktusartiges Blatt kommt mit dem Klima gut zu Rande. Man bemüht sich planvoll, die Erbsünden der Alten zu lindern und benützt dazu Pinien, Zypressen und Zedern.

Es gab Hänge, an denen afrikanische Kiefern das Waldbild prägten, manchmal in jener lockeren, weit verstreuten Form, wie es der Natur selbst zu eigen ist, allerdings dann häufig mit viel buschartigem Unterwuchs. Wo der Stein nur Buschzeug zuläßt, ist Kameldorn und Thymian willkommen. In die Flanken und Lücken von älteren und jüngeren Waldparzellen schmiegt sich dann der dichte immergrüne Busch, genauso wie er vielfach in den trockenen, steinigen Gebieten rund um den Mittelmeerraum anzutreffen ist. Bei manchen kleineren, runden Buckeln schien es, als hätte sich die Natur eine grün bemooste Baskenmütze zugelegt, die von gelben und blauen Tupfen verziert war. Von weitem sah ein solches Buschwerk recht licht aus. Dem war keineswegs so, und das merkte man rasch, sobald man hindurch mußte. Die gelben Tupfer waren Blüten, die täuschend an unseren blühenden Ginster zu Hause erinnerten, indes hier vom Kameldorn kamen. Wie hart dessen Dornen waren, war bald am Zustand der Kleider zu erkennen. Neben ihm blühte in einem herrlichen, leicht verwaschenen Blau der Thymian, der seine Blüten rund um den Strauch bereits zu dieser Jahreszeit geöffnet hatte. Das alles bietet durchaus eine hervorragende Deckung, welche die Sauen zu schätzen wissen. Die Sauen leiden hier an keinem Nahrungsmangel. Im Herbst und Winter kommen dann als wahres Kraftfutter Olivenüberreste hinzu. Man kann sich nun gut vorstellen, weshalb und wie das staatliche Aufforstungsprogramm der Ausbreitung des Schwarzwildes sogar förderlich ist.

An den Kiefernbüschen hingegen waren häufig prall gefüllte Nester des Kiefernspanners zu sehen. Die Häufigkeit dieses Schadinsektes beeindruckte uns. So wie die Dinge lagen, sah jedermann, wie hoffnungslos es unter den afrikanischen Verhältnissen war, eine der üblichen Bekämpfungsmethoden gegen den Kiefernschädling durchzuführen. Sogar die allesfressenden Schweine, sonst wahrhaftig keine Kostverächter, mieden die überquellenden Nester konsequent, was zumindest deren Unbekömmlichkeit verriet. Die Natur selbst war es, die den menschlichen Anstrengungen Grenzen zog, und sie mußte obendrein ihr ökologisches Gleichgewicht zwischen Schädling und Pflanze erst noch einpendeln.

Alle Treiben waren weitläufig und groß angelegt und wurden so geschlossen durchgeführt, daß Wild kaum nach hinten ausbrechen konnte. Je nach individueller Dickfälligkeit und Erfahrungen kamen die einzelnen Stücke schon lange vor den Treibern oder erst unmittelbar vor ihnen. Manchmal standen wir Jäger mitten in den Tälern, und manchmal wurden wir oben auf der Höhe rund um ein sich verengendes Tal angestellt. Mit letzterem war öfter eine weite Einsicht in das Treiben verbunden, was die Spannung mächtig erhöhen konnte.

Um die hartgesottenen älteren Sauen ebenfalls auf die Läufe zu bringen, führten drei bis vier der Treiber ein besonderes Lärminstrument mit sich. Dieses bestand aus einem kurzen Stück Wasserrohr, in das hinten eine Krachpatrone eingelegt wurde. Durch Zuschlagen mit einem Klappdeckel, der einen Dorn enthielt, zündete man die Cartouche. Das machte fast soviel Krach wie ein Schuß, produzierte jedoch nur heiße Luft und ein kleines, weißes Wölkchen. Die Flügelmänner der Treiber verhinderten damit ein mögliches Ausbrechen des Wildes nach rechts und links. Auf den Lärm hin änderten die Sauen meist spontan ihre Fluchtrichtung.

Für die Neulinge wie mich, welche zum ersten Mal an einer solchen afrikanischen Wildschweinjagd teilnahmen, war dies mit Überraschungen und Ungewohntem verbunden. Oft konnte von weitem beobachtet werden, mit welcher Vehemenz Sauen die Höhenunterschiede von oben nach unten bewältigten und mit welcher Gerissenheit sie sich durchmogelten, wenn es von unten nach oben ging. Indes, je näher eine Wutz dem eigenen Stand kam, desto weniger kam sie zu Gesicht. Es war recht verwirrend. Die Steine kullerten, die Büsche bewegten sich, und von der Sau sah man lediglich einen schnellen Huscher. Sie nützten jede sich bietende Deckung.
Nun, mit dem Flintenlaufgeschoß hätte man die Büsche durchschießen können, ohne eine Kugelablenkung befürchten zu müssen. Allein, die Methode, auf ein bewegliches Ziel zu schießen, ohne es gut sehen zu können, war mir weder vertraut noch geheuer. Auf kürzeste Entfernung von zehn Meter und darunter mochte es hier ja angehen, aber gelernt wollte das freilich auch sein. Überhaupt, die kurzen Entfernungen hatten es in sich. Darin ungeübt, wurde viel gepatzt. Einer, der den anwechselnden Überläufer erst sah, als der ihn fast überrannte, schoß dem erst mal den Bürzel ab und faßte ihn erst im zweiten Schuß. Das Jagdgericht verlieh ihm dafür später den Bürzelorden.
Vier Treiben hatten wir bis zum Mittagessen hinter uns. Unser Fahre Achmed hatte für die Mittagsrast einen hübschen Platz ausgesucht und verwandelte sich im Handumdrehen in unseren Koch. Schnell brannte das Feuer unter dem Schwenkgrill, und bald gab es Schnitzel und Würste vom Rost; dazu Brot, Bier und Obst, soviel wir wollten. Die Sonne entwickelte die milde Wärme eines frühen Maientages. Allseitige Zufriedenheit hüllte uns ein, und eine weiche Luft fächelte uns in den Zustand wohligen Entspanntseins. Vergessen war der Beruf, verschwunden die Sorgen, verflüchtigt Pflicht und Winterkälte. Doch Rafik ließ uns in diesen losgelösten Zustand nicht zu lange abgleiten. Als scharfer Beobachter, der er war, hatte er schnell erfaßt, was in seinen Waidmännern vor sich ging. Offenbar schien ihm das allzu früh; am letzten Jagdtag mochte das angehen, keinesfalls aber am ersten. Mit einer Stentorstimme und der Frage: „Jäger, wollt ihr jagen?“ zerriß er die wohlige Trägheit.

Das Jagen ging weiter und brachte am Nachmittag noch drei weitere Treiben. Dabei kam im letzten großen Treiben, welches im weiten Halbrund am Hang eines in die Ebene hinausgreifenden Vorberges stattfand, eine sehr starke Bache zur Strecke. Ewald S. hatte sie von weitem auf ihrem Wechsel kommen sehen und sich gewundert, weil sie sichtlich keine Neigung zeigte, sich noch weiter treiben zu lassen. Sie steckte direkt vor ihm. Ihr Unterschlupf schien nicht gleich richtig zu passen. Immer wieder bewegten sich die Büsche hin und her, und dies so lange, bis Ewald S. sich entschloß, mit der Brenneke draufzuhalten. Die Sau kam hoch, machte ein paar Fluchten und blieb liegen.
Als wir um 18.00 Uhr, am Ende des ersten Jagdtages, wieder unseren Bus bestiegen, hatte unsere Jagdgruppe eine Tagesstrecke von zwei Keilern, einer Bache und drei Überläufern, also sechs Sauen. Alle beschossenen Sauen lagen, keine war verlorengegangen. Ein Auftakt, der alle Voraussagen glänzend bestätigte. Gleichzeitig wurde spürbar, daß die Tunesien-Saujagd etwas bot, das der Durchschnittsjäger wohl nur selten auf der Welt in dieser Form antreffen kann!
Erst auf der Fahrt in das Dorfhotel von Teboursouk wurde mir bewußte, wie müde ich geworden war. Dabei war ich durchaus noch aufnahmefähig für die typischen Eigenarten der fremden Landschaft. Das moderne Tunesien hat den Eukalyptus zum Alleebaum der Straßen gemacht. Das wirkte jedoch keineswegs aufgepfropft; im Gegenteil, es vertrug sich gut mit den urigen Anlagen der Olivenhaine. An der Knorrigkeit der Olivenbäume konnte man Jahrhunderte abschätzen. Bald begriff ich auch, daß man hier nicht irgendwo am Mittelmeer ist, sondern in Afrika. Das Grün war spärlich. Die gelbbraune Farbe der sonnenverbrannten Erde und umgepflügter fetter, dunkelbrauner Ackerboden beherrschten das Bild.
Natürlich wurden jetzt aus unserer Runde dem guten Rafik zahlreiche Fragen gestellt, Fragen nach Charakter und Geschichte des Landes, und Zeit dazu hatten wir weit über eine Stunde.
„Seit wann gibt es hier den Ölbaum?“ wollte einer wissen.
„Ach, der ist uralt hier“, antwortete Rafik und fuhr bereitwillig fort: „Wir haben hier im Norden unseres Landes im großen und

ganzen Mittelmeerklima. Erst im Süden brütet die Saharahitze. Schon von den Phöniziern wurde aus wilden Oliven Öl gepreßt. Die Phönizier waren es, welche die gezüchtete Olea einführten. Die Römer machten daraus eine fast industrielle Produktion. Das Vermächtnis der Phönizier zählt heute noch 55 000 000 Bäume, die jährlich 85 000 Tonnen Öl bringen." Man brauchte nur den Boden anzusehen und verstand sofort, weshalb dieses Land einmal die Kornkammer Roms war. Überall findet sich Lehmboden, und der ist fruchtbar. Außerdem bleibt auf ihm der Regen stehen. Alleine deswegen ist das Land nicht wasserarm, trotz der vielen Sonnentage. Bereits zu dieser Zeit wich der Winter dem warmen Wetter. Schon im Frühling mußte das Goldgelb des Weizens die Farben der Landschaft bestimmen. Die ausgewaschenen Hänge Osttunesiens sind nach levantinischer Art in Terrassen verwandelt worden, und dort wächst die Weinrebe prächtig.

„Für ein islamisches Land scheint Tunesien recht viel Weinbau zu haben", stellte jemand mit fragendem Blick fest.

Rafik lachte, nickte und antwortete: „Der Weinbau geht auf die Phönizier zurück. Die Römer haben den ausgezeichneten Wein besonders geschätzt und ihn noch weiter ausgebaut. Die Araber haben diese Weingärten zunächst erhalten, und zwar wegen ihrer guten Trauben."

„Was heißt zunächst?"

„Nun, in der Geschichte eines jeden Volkes gibt es einmal eine Zeit von wenigen Jahrzehnten, die alles auf den Kopf stellt und die die Nachkommen nicht verstehen können", begann Rafik bedächtig. „Dieses Land hat wahrhaftig eine Geschichte! Die Wechselbäder haben den Boden anhaltend mit Blut getränkt. Nicht nur, daß in Carthago einmal ein ganzes Volk von den Römern in den Kollektiv-Selbstmord getrieben wurde. Wir boten auch ein anderes seltenes Schauspiel. Mitten in einer Blütezeit für Kunst, Handel und Landwirtschaft gab das Volk seinen Wohlstand um des Glaubens willen preis. Das konnte natürlich nicht gutgehen. Der Wechsel vom unorthodoxen schiitischen Glauben zum sunnitischen mußte teuer bezahlt werden. Der alte Kalif schickte zur Bestrafung zwei unruhelüsterne Araberstämme, und diese wilden Nomaden zerstörten alles, was ihnen unter die Finger kam. Wie das dann stets so ist, außer

Rauben, Schlachten des Viehs, Plündern und Brandschatzen der Felder, konnten sie selbst nichts Neues schaffen. Nie bebauten sie das Land. Eine über 1700 Jahre währende Entwicklung wurde in einem Jahrzehnt exekutiert. Erst 800 Jahre später, als im letzten Jahrhundert die Franzosen kamen, haben die Weingärten wieder einen großen Aufschwung genommen."

Die Wiederkultivierung des Landes durch die Franzosen dürfte nicht bei den Weinstöcken haltgemacht haben, dachte ich mir.

„Immerhin, Habib Burg'iba, das Staatsoberhaupt und euer Volksheld, macht seit fast drei Jahrzehnten seine Sache recht ordentlich", wandte sich einer aus der Gruppe an Rafik.

„Ja, ja, das stimmt! Er heißt ja auch 'Vater der Nation'. Er hat zum ersten Mal in der tunesischen Geschichte das Volk unter einer Regierung vereint. Gemessen an der vorangegangenen über 300jährigen Monarchie war das ein gewaltiger Fortschritt. Unter den Beys ging es nicht immer zivilisiert zu. Einer von ihnen wurde zusammen mit zweiundzwanzig seiner Söhne getötet, und das von einer seiner Haremsfrauen, die den Thron für ihren Sohn wollte. Das war am Anfang. Später lebten die Beys etwas länger, sie wollten ja auch etwas mehr vom Leben haben. Ihre Fähigkeiten lagen nicht so sehr in der Staatsführung, diese bewiesen sie mehr im Bett. Einer von den Beys vereinte den amtlichen und privaten Tätigkeitsbereich, indem er den 'Orden des kleinen Ali' einführte, und der wurde nur für besondere sexuelle Leistungen verliehen. Da ist Burg'iba ein anderer Kerl! Er hat aus einem Volk von Analphabeten eines gemacht, in dem jetzt jeder lesen und schreiben kann. Er hat die Emanzipation der Frau eingeführt. Inzwischen ist er über achtzig Jahre alt, und wir haben junge Männer, die sich als Studenten ausgeben und so lange das Elend ihrer Heimat beklagen, bis sich die Touristen von ihnen mit einigen Dinaren befreien. Das ist eine moderne Variante sozialer Klageweiber. Der Tod unseres Volkshelden kann zum Zündfunken sozialer Spannungen werden, denn auch wir haben radikale Moslems. Dabei ist Tunesien eins der freiesten Länder in der arabischen Welt. Zu Machtkämpfen wird es wahrscheinlich kommen." Und nach einer kleinen Pause fügte er noch einen stolzen Satz hinzu: „Trotzdem, wenn Wohlstand nach Zufriedenheit gemessen würde, nach einer Lebensfreude, die unabhängig davon

ist, was man verdient, besitzt oder erhofft, dann, ja dann könnte Tunesien Entwicklungshilfe leisten."
Es war ersichtlich, der Mann liebte sein Land und verstand es lokker und souverän, seinen Jagdfreunden aus Europa etwas von dem kulturellen und historischen Hintergrund mitzugeben. Er imponierte. Jagen in einem fremden Land, unter ungewohnten Bedingungen, das hat seinen eigenen Reiz. Indes, das ist nur die eine Seite, die andere ist die Neugierde auf die anderen Menschen. Neben dem reinen menschlichen Kontakt gehört dazu ein bißchen Ahnung von der sozialen und traditionellen Einbettung der Leute. Einem geschulten Beobachter wird viel Unterhaltendes geboten. Natürlich ist die heutige Bevölkerung eine Mischpopulation. Ihre Matrix, ihre Grundsubstanz ist der Berber, der Ureinwohner der Berge und des Landes. An den arabischen, griechischen und morgenländischen Gesichtszügen, an den semitischen und römischen Nasen, an den blauen Augen und blonden Haaren kann man diskret und eindeutig zugleich ablesen, daß die meisten Eindringlinge ihre Spuren stärker oder schwächer hinterlassen haben.
Die Ankunft im Quartier unterbrach die Unterhaltung und die Gedanken. Ein allseits runder und schöner Tag war unbemerkt von der Nacht eingefangen worden.

Von flüchtenden und angreifenden Schwarzkitteln

Am zweiten Jagdtag war die Gruppe ebenso früh auf den Beinen wie am ersten. Der Bus brauchte über eine Stunde, bis wir im Revier ankamen, das dieses Mal westlich von Le Kef an der algerischen Grenze lag. Zwischen Le Kef und der Grenze war in einem weiten Tal das Wasser, das im Winter von den Ausläufern des Atlasgebirges herunterkommt, in einem Stausee gespeichert. Eine Randhöhe des Sees war für das erste Treiben ausersehen.
Brav wühlte sich unser Bus auf den steinigen und teilweise ausgewaschenen Feld- und Waldwegen durch und schaukelte uns auf über 800 Meter Höhe hinauf. Hier brauchte man noch kein geländegängiges Fahrzeug mit Allradantrieb. Offenbar hatten wir es nirgendwo mit einem Extremziel zu tun.
Die Bergformationen hatten einen anderen Charakter als in der Nähe von Tunis. Aus der Ferne wirkten die Hügel sanft, ja weich und gar nicht so hoch. Ihr Grün erinnerte an eine Mooskappe. Kam man jedoch näher, so wurde aus dem vermeintlichen Moosbezug grüner Busch. Schließlich verwandelte er sich in richtige junge, dichtstehende Pinien- und Kiefernwälder. Kennzeichnend für diese Gegend waren vor allem die Erosionstäler mit ihren schroffen Abbrüchen und tiefen Einschnitten. Seit Jahrtausenden haben sich die winterlichen Wassermassen hier ihren Weg gebahnt und kuriose Strukturen in die Landschaft gegraben. Diese spezifischen klimatischen Bedingungen berücksichtigte man deutlich auch bei der Waldpflanzung. Statt Terrassenanlagen wie im Nordosten schuf man in regelmäßigen Abständen flache Mulden von etwa zwei Meter Länge und ein Meter Breite. Je zwei Stecklinge wurden in einer solchen Mulde auf der Nordseite der Anböschung gesetzt. Auf diese Weise ließ man den Regen möglichst lange der jungen Pflanze zukommen. Trotz der gezielten Sorgfalt kamen nur etwa zwanzig Prozent der Stecklinge durch.
Wieder exakt um 8.00 Uhr war die Schützenkette angestellt. Mir war kurz unterhalb der Höhenkuppe, mitten im lockeren Bewuchs, ein Platz zugeteilt worden, der nur wenig Schußmöglichkeiten bot. Wenn überhaupt, mußte ein Stück schon auf drei, allerhöchstens zehn Meter vorbeikommen, und das war nicht sehr

wahrscheinlich. Um so grandioser war der Blick ins weite Rund. Ich hatte einen Balkonlogenplatz wie im Theateroval erwischt. Alles, was vom Jagdgeschehen rechts und links sichtbar werden würde, konnte mir nicht entgehen. Vor mir, tief im Einschnitt unten, kam vom See her die Treiberkette. Die Sonne stand im Rücken und leuchtete die Szene aus. Wie ein Halbedelstein glitzerte das Wasser des Stausees im Westen. Die Tafelberge in der Ferne zogen die Augen gerne über ihre flimmernden Luftschichten in die glänzende Bläue des Himmels; dabei Windstille und angenehme Temperaturen. Ein strahlender Morgen! Minutenlang genoß ich die herrliche Ruhe und vergaß selbst die Jagd.
Ein bißchen widerstrebend ließ ich mich endlich von den Treibern, die sich in Bewegung gesetzt hatten, zurückholen zum Zweck des Tages, zum Jagen. Von jenseits der rechten Kuppe drangen die ersten Kracher herüber. Aus dem tiefen Tal hallte, wie durch einen Trichter verstärkt, die Treiberhatz herauf. Ab und zu hob sich ein roter Fez vom Grün des Waldes ab. Ja, es kam Leben in die Szene. Im rechten Halbrund hatten mehrere Jäger angebackt, und dann ballerte es los. Was kam dort? Zunächst sehr schnell ein Schakal. Dann, mein Gott, stürzte sich eine kapitale Sau mit einer Geschwindigkeit den Hang hinunter, als wollte sie Selbstmord begehen. Jeden Augenblick, glaubte ich, würde die sich überschlagen. Ihr folgte eine kleinere, und dahinter tauchten in respektvollem Abstand drei bis vier Hunde auf. Mit „Jiff-Jaff" ging's der Fährte nach. Das starke Schwein kam, unsichtbar für mich, auf etwa dreißig Meter vorbei, durchbrach das Gebüsch, wurde kurz sichtbar und schob sich in ein kleines Gehölz ein, das es nicht mehr verließ. Mein Abstand dorthin mochte etwa achtzig Meter sein. Was würde nun geschehen? War das Stück getroffen und wie schwer? Wo war sein Begleiter geblieben?
Rums, ballerte es rechts neben mir, Rainer R. hatte geschossen. Links fielen ebenfalls mehrere Schüsse, und vom Tal her verstärkte sich der Lärm. Die Hunde jedoch waren der Fährte treu geblieben und hatten sich inzwischen um die Gehölzinsel versammelt. Dort steckte also der Basse, etwas anderes konnte das gar nicht sein. In mir stieg die Spannung. Der Hundelaut wurde giftiger, und die Meute umkreiste den Platz. Gelegentlich versuchte es einer und

verschwand kurz da drinnen. Aber ebenso schnell flitzte er flüchtend wieder raus, das grobe Schwein brachte sie in Schwung und schlug jeden Annäherungsversch ab. Ich war fasziniert. Die Hunde ließen nicht locker, und der angeschossene Keiler demonstrierte ihnen seine urige Kraft und ungebrochene Gefährlichkeit. Jäh brach er hervor und stand mit einemmal breit und frei im hellen Sonnenlicht. In gebührendem Abstand umkreisten die Hunde dieses Bild der bis zum Ende entschlossenen Wehrhaftigkeit. Dort stand ein 100-Kilogramm-Keiler! Ich sah seine Waffen, die er wütend wetzte. Hell fiel die Sonne auf seine dunkle Schwarte, die sich in dem klaren Licht von dem grünen Hintergrund prachtvoll abhob. Er mußte mitten im Hochblatt einen Schuß haben. Dort schweißte er, und ich konnte sehen, wie der Schweiß die rechte Seite seiner Schwarte mit einer schmalen Strähne rot färbte. Der Keiler hatte einen Schuß im Leben, und obwohl er sich noch kraftvoll die Hunde vom Leibe hielt, schien es mir nur mehr eine Frage kurzer Zeit zu sein, bis er zusammenbrach. Das Schweißrinnsal auf der Schwarte erinnerte mich an den spanischen Stierkampf. Nach den Attacken der Picadores rann das Blut dem Stier genauso am Fell herunter. Zum Unterschied davon hatte jedoch der Keiler vor mir bereits seine tödliche Verletzung. Sollte ich versuchen, mit einem weiteren Schuß die Sache abzukürzen? Ich lag mit mir im Widerstreit. Das Ziel konnte nicht besser sein, doch die Entfernung von achtzig Metern schien mir für das Flintenlaufgeschoß zu weit. Zudem konnte ich mir nicht vorstellen, daß der glückliche Schütze diesen Keiler noch verlieren könnte, und somit erschien mir ein fragwürdiger Fangschuß überflüssig.

Wie es aber manchmal geht, dieses Mal war das falsch. Hätte ich an diesem Morgen die Tunesienerfahrung besessen wie nach dem letzten Jagdtag, hätte ich nicht bloß einen, sondern mehrere Fangschüsse riskiert. Immer wieder schlug der Keiler auf der kleinen freien Blöße dort unten die Hundemeute ab. Vielleicht bewegte er sich bei diesem Hin und Her etwas näher, günstiger für einen Fangschuß. Nun, so weit kam es nicht. Der Keiler zog hangabwärts und verschwand wieder in dem Buschwald, gefolgt von den Hunden, die schließlich verstummten. Die Sache schien zu Ende zu sein.

Nun kann man Hundelaute in diesem Land nicht so interpretieren wie bei uns daheim. Man kennt hier keine ausgebildeten Schweißhunde. Der beste Spurenhund ist dort tatsächlich der scharfäugige Einheimische. Der Keiler hatte es jedenfalls fertiggebracht, sich so zu stecken, daß er uns verlorenging, und es war ohne jede Frage der stärkste Keiler, der bislang beschossen worden war.
Das Treiben war noch nicht vorbei: Ein leises, knackendes Geräusch unmittelbar vor mir im Hang alarmierte mich, lenkte meine Aufmerksamkeit auf meine unmittelbarste Umgebung. Es mußte eine Wutz sein. Sie kündigte sich gleich darauf mit einem typischen Steineln an. Schakale tun das nicht, sie bewegen sich lautlos. Schußbereit und konzentriert wartete ich auf die Begegnung. Knapp sechs Meter links von mir bewegte sich am Boden ein kleines Ästchen, ein einziges. Das war auffallend. Schließlich kam es zur Ruhe, und nichts tat sich mehr. Allein, getäuscht hatte ich mich nicht, und nun harrte ich der Dinge. Es verging eine halbe Minute, es verging eine ganze Minute. Plötzlich wechselte lautlos ein Überläufer heraus und suchte sofort wieder die nächste Dickung auf. Gerade kurz vor seinem Einschieben erwischte ich ihn mit einem Schuß, und der warf ihn zehn Meter vor mir ins Gebüsch. Obwohl ich gut vorbereitet war, hätte mich seine lautlose Art fast noch überrumpelt. Der Überläufer mußte das Geschoß auf dem Blatt haben. Da nichts mehr weiter zu sehen und hören war, brauchte ich ihn am Ende des Treibens nur aufzunehmen.
Als wir Schützen endlich eingesammelt wurden, erlebte ich eine Überraschung. Wo der Überläufer eigentlich liegen mußte, war nichts. Kein Schweiß, keine Sau. Das Stück hatte klar gezeichnet, und an einen Fehlschuß vermochte ich einfach nicht zu glauben. Ein großräumiges Absuchen brachte mir ebensowenig Erfolg. Wohin war die Sau verschwunden? Und das, ohne daß ich etwas davon sah und hörte? Mir war es rätselhaft!
Erich W. und Rainer R., denen ich gleich die Geschichte berichten mußte, trösteten jeder auf seine Art.
Der tunesienerfahrene Erich W. meinte: „Bei den Sauen hier kann man sich gewaltig täuschen. Aber sie werden es erleben, die Treiber bringen sie mit herauf. Sie ist den Hang hinabgeflüchtet, und der Treiberwehr entgeht die nicht."
Meine Skepsis war damit nicht überwunden.

Rainer R. befand: „Ich hatte meine auf drei Meter beschossen. Sie hat es hingeworfen, und ich sah den Einschuß im Körper. Die ist auch nicht liegengeblieben, und gefunden hab' ich sie ebenfalls nicht. Mir ging es genauso."
„Beide bringen die Treiber mit", lachte Erich W., und er sollte recht behalten. Zuerst kam der Überläufer von Rainer R. an, dann ein Schakal. Die nächsten paar Treiber brachten eine weitere Sau, und schließlich kam mein Überläuferchen, ein junger Keiler mit einer auffallend dunklen Schwarte. Er hatte sich ein beachtliches Stück den Hang hinunter weggedrückt, und davon hatte ich nichts mitbekommen, das blieb mir unverständlich. Na, meine Welt war wieder in Ordnung, wenigstens so lange, bis wir uns alle am Bus trafen. Vier Sauen, darunter zwei Überläufer, und einen Schakal hatte das Eröffnungstreiben gebracht. Leider schenkte der Jagdleiter meinem Bericht über den alten Bassen sichtlich wenig Glauben. Entweder war er mir, dem Neuling, gegenüber skeptisch, oder seine Glaubensgrundeinstellung zum Borstenvieh entschied mit zugunsten einer straffen Abwicklung des Jagdtages. Jedenfalls verzichtete er auf eine Nachsuche, und so verlor Edwin Pf. seinen Lebenskeiler. Rafik drängte aufzubrechen.
Im nächsten Treiben kam eine starke Bache zur Strecke. Das dritte Treiben war eher ein Gefälligkeitstreiben, eine Geste an die Gäste. Aus Zeitmangel wurde es, so kurz vor Mittag, zu nahe an das vorangegangene große Treiben gelegt. Natürlich waren längst alle Sauen ausgewechselt. Das tat aber keinem Abbruch. Zufrieden wandten wir uns dem Essen zu und verlagerten gelassen das vierte Treiben auf 13.00 Uhr. Mitten auf einer Wegkreuzung brodelte eine herrliche Speckeintopfsuppe, und ringsum blühte der Busch. Frühlingsstimmung breitete sich aus, und eine satte Faulheit legte sich über die Gemüter. Nicht lang, und es lagen die Jäger, teils mit dem Hut im Gesicht, am Boden herum wie die Jünger Jesu am Ölberg. Rafik mit seiner geradezu militärisch strengen Dienstauffassung tolerierte das lediglich ein Viertelstündchen. Sein Weckruf: „Jäger, wollt ihr jagen?" scheuchte uns unerbittlich auf.
Um 13.00 Uhr standen alle Schützen wieder auf ihren Ständen. Beim Anlaufen wurde mir jäh bewußt, daß jeder Jäger schon zu

seiner Sau gekommen war. Von jedem Hut grüßte ein Bruch und verkündete das Waidmannsheil landesgerecht mit blühendem Kameldorn und Thymian. Jeder Stand hatte ausnahmsweise eine weite Einsicht in das Treiben, sowohl in den Talgrund wie auf die Berghänge. In der Luft tummelten sich Merlinfalken. Der Wald bestand überwiegend aus buschigen großen Kiefern. Die sonst überall vorsorglich angelegten breiten Brandschneisen zwischen den niederen Wäldern gab es hier nicht. Möglicherweise hatte man den vielen kleinen und großen Geröllstreifen diese Schutzfunktion zugedacht.

Mittlerweile war mir klar geworden, das Schwarzwild verhielt sich in Afrika genauso umsichtig und klug wie bei uns zu Hause. Wer glaubte, die Sauen seien hier an das Licht besser gewöhnt, wurde eines Besseren belehrt. Sie nutzten jede Möglichkeit zum Durchmogeln, besonders die alten, erfahrenen Stücke. Größere freie Flächen mieden sie, so lange es anging. Es heißt, das Schwarzwild äuge nicht so gut, und es sei als Schalenwild farbenuntüchtig. Nach meinen Beobachtungen kann das nur eingeschränkt gelten. Zumindest dort, wo Sauen intensiv bejagt wurden, und dazu zählen sicherlich die Reviere von Hoguba, reagieren sie selbst bei größereren Entfernungen auf Helligkeitsunterschiede in den Grautönen mißtrauisch. Halouf, wie die Araber es nannten, war kurzläufig, wirkte stämmig und zeigte sich erstaunlich behende. Sie waren muskulös und kaum feist.

In den kälteren Regionen des europäischen Kontinentalklimas braucht das Schwarzwild seine isolierende Fettschicht, um die strengen Winter durchzustehen. Unter der afrikanischen Sonne ist das überflüssig; so etwas erhöht höchstens die Gefahr eines Herzinfarktes. Das Wild hat sich angepaßt. Das beweist ja die große Zahl starker Keiler und alter Bachen. Die Sauen werden alt, und der Busch selbst ernährt sie. Überall gibt es für sie Kernfrüchte und Kerfe. Natürlich zigeunern sie genauso gerne wie daheim, und finden sie auf ihren Wanderwegen bestellte Äcker, verschonen sie diese nicht. Dort wo Sauen im Dunstkreis des Menschen brechen, gehen sie bis auf wenige Meter an die Lehmziegelbehausungen heran, und das Gekläff der Hunde irritiert sie nicht im geringsten. Ihr bevorzugtes Ziel über Herbst und Winter sind die Olivenhaine, wo

sie sich an den am Boden liegenden Oliven gütlich tun. Nein, nein, ihre Anpassung geht nicht so weit, ihre Art zu verleugnen.
Mittlerweile verteilten sich die kleinen weißen Häubchen der „heißen Luft“ hübsch regelmäßig über Hang und Mulden. Die ersten Treiber erschienen am Hügelrand und zeichneten ihre Silhouetten gegen den Himmel. Ein Hund wurde laut, und sein giftiger Ton kündigte die Schwarzkittel an. Die anderen Hunde fielen ein. Der Lärm sprang auf die Treiber über, und diese steigerten ihn furios. Als wäre es ein Startsignal gewesen, wurden plötzlich am Kuppenrand zwei Sauen sichtbar, und schon krachte es dort mehrere Male. Nun wurden im Tal an mehreren Stellen die Büsche kraftvoll zur Seite bewegt. Man sah einzelne Stücke wie getauchte Schnorchelboote ihre Bahnen im Busch ziehen. Erstaunlich viel Leben war mit einemmal vorhanden, und die aufrückenden Treiber verdichteten es.
Zwei Stücke bewegten sich auf die beiden Franken Edwin P. und Edwin S. zu. Prompt traten deren Automaten in Aktion. Beide waren recht geschickte Jäger und hatten sich rasch auf die afrikanischen Verhältnisse eingestellt. Sie scheuten sich nicht, ganz bewußt eine weit entfernt abgehende Sau durch vorgeworfene Stoppschüsse zu irritieren. Und sie hatten Glück damit. Eine Kanonade warf einzelne Stücke stets in ihre Richtung herum, und manchmal kam ein solches dann schußgerecht. Wenn ihre Waffen mehrmals aufklangen, wußte man oft aus der Ferne nicht, ob sie so guten Anlauf hatten oder sich den erst herbeiholten. Auch jetzt hatte das Feuerspektakel eine Sau mitten im Gegenhang wenden lassen. Sie nahm in großen Sätzen direkt Kurs ins Tal, brach zwischen zwei Treibern nach rückwärts durch und näherte sich mir, dem Randschützen. Behielt sie die Richtung bei, mußte sie auf zehn Meter an mir vorbeikommen. Schußbereit war ich, und ich wollte sie nahe kommen lassen. Dabei blieb es, denn sie wurde unsichtbar für mich. Wiederum waren bei diesem Treiben zwei Keiler und zwei Bachen erlegt worden.
Im nächsten Treiben kamen keine Sauen vor, und in dem gleich daran anschließenden übernächsten fiel eine. Einen kleinen Überläufer, der mit hoher Geschwindigkeit und Haken schlagend wie ein Hase zwischen dem Buschwerk bis auf wenige Meter auf mich zu-

rannte, fehlte ich prompt. Die Kugel mußte direkt unter ihm im Boden eingeschlagen haben, denn aufspritzende Erde veranlaßte ihn zu einem Riesensatz über eine Thymianstaude.
Welch eine Intensität des Jagens! Unwillkürlich fragte ich mich, kann unsereins so ausgiebig irgendwo anders noch jagen heute? Natürlich trug die Zuverlässigkeit und Präzision der Treibermannschaft viel dazu bei. Der örtliche Forstbeamte trat mit Uniform, weißem Kragenhemd und Schlips an. Der Unterschied in der Kleidung dokumentierte den Unterschied in der Stellung. Man folgte ihm aufs Wort, und er war sich bewußt, der Jagderfolg war auch sein Erfolg. Es bedurfte keiner Sprachkenntnisse, man verstand sich auch so untereinander, und nirgendwo gab es die Spur einer Müdigkeit.
Wie stets pünktlich zur vollen Stunde standen die Jäger zum letzten Treiben des Tages um 17.00 Uhr auf den zugewiesenen Plätzen. Wieder einmal stand ich zwischen Eukalyptusbäumen und Kameldorn in einem engen Muldeneinschnitt, nahezu ohne Aussicht und Schußfeld. Mein Nachbar Rainer R. war als Randschütze und für mich unsichtbar direkt oberhalb eines Waldweges plaziert worden, und der andere, Edmund B., war unterhalb von mir im Einschnitt verschwunden. Hier hatte ich allenfalls Gelegenheit zum Schuß, sofern mich das Wild geradezu umrennen würde.
Langsam verflüchtigte sich die Helle des Tages. Plötzlich zerriß ein kurzes Dauerfeuer aus einem Automaten im Tal die Stille des Abends. Dort mußte Ewald S. stehen. Später berichtete er, wie überraschend eine Rotte starker Sauen ganze fünf Meter vor ihm aufgetaucht war und er eine davon noch beschießen konnte. Offenbar hatte er überschossen; auf jeden Fall hatte er aber damit die Rotte gesprengt. Um zu verhindern, daß einzelne Sauen aus dem Treiben ausbrachen, leerte er sein ganzes Magazin mit ungezielten Stoppschüssen. Und wirklich, alle Sauen drehten um, wechselten in das Treiben zurück. Entlang der Schützenlinie ging es nun hangaufwärts, und damit begann ein kleines Feuerwerk. Für mich, der das nicht sehen konnte, weckte das die Illusion einer Rotte mit vielen Sauen. Zunächst kam Erich W. zu Schuß. Auch er, der geübte und versierte Saujäger, setzte die Kugel bei zwei Meter Abstand in die Luft statt auf den Wildkörper.

Bei mir wurde ein Schakal sichtbar, der jedoch auf dem umgekehrten Weg war und die Richtung abwärts nahm, direkt auf Edmund B. zu. Prompt knallte es dort. Hatte er nun eine Sau oder den Schakal beschossen, fragte ich mich. Müßig, es knallte munter weiter, und gleich darauf wurde es bei mir lebendig. Rechts nahm eine starke Sau den Hang an. Nur ihr Kamm war gelegentlich sichtbar. Angesichts der Mächtigkeit der Sprünge und der Buschhöhe bestand kein Zweifel an der Stärke des Stückes. Kaum hatte es die Höhe erklommen, hörte sein Brechen auf; es mußte sich eingeschoben haben. Also beschossen und getroffen worden, sonst hätte es die Flucht fortgesetzt.
Links von mir tauchte eine andere Sau auf; ebenfalls stark. Auffällig und etwas eigenartig bahnte sie sich den Weg durch die Dornbüsche. Unentschlossen und auf eine bessere Situation hoffend, verpaßte ich meine Chance. Sie verschwand, und dann wedelte der Wipfel eines Eukalyptusstämmchens unweit von mir, grad so, als würde die Sau ihre Schwarte daran reiben. Ja, es lag nicht am Platz, es lag an mir; ein bißchen mehr Erfahrung, mehr Übung hätte mir gut getan. Ein Doppelschuß fiel bei Rainer R., rasch darauf noch einer, und kurz darauf war die Jagd vorbei für diesen Tag.
Voller Neugierde eilte ich zu Rainer R. Ich fand ihn wie angewurzelt auf seinem Platz stehen, und direkt zu seinen Füßen lag eine starke Bache. Rainer R., noch im Banne des Erlebnisses, brodelte über: „Ich stand hier wie jetzt, und drüben, über dem Weg, stand plötzlich die Sau, wie aus dem Boden gezaubert. Sie sah mich, erkannte mich und nahm mich an." Rainer R. hatte nach Tunesien einen neu erstandenen Drilling mitgenommen, mit dem er allerdings noch nicht schlafwandlerisch sicher vertraut war. Und wie das in solchen Fällen oft geht, allzu leicht verheddert man sich mit dem Sichern und Umschalten. „Als ich abzog, kam kein Schuß. Ich fummelte herum, zog wieder ab. Es machte wieder klick; da mußte ich den leeren Kugellauf erwischt haben. Erst im letzten Moment, die Sau war bis auf einen Meter an mich herangekommen, bekam ich die Schüsse raus. Gott sei Dank, rutschte sie gleich beim ersten Schuß vor meinen Füßen zusammen!"
„Ja, ohne Glück geht's manchmal nicht", lachte ich und gratulierte ihm „Waidmannsheil! Und was ist mit dem Keiler da?" wollte ich wissen, weil er unweit daneben lag.

„Ja, der steckte dort in einem Strauch. Mich hatten die Treiber hingerufen."
„Na, wenn das nichts ist! Eine Dublette an einem Stand! Keiler und starke Bache, dazu eine angreifende Sau, die gerade im allerletzten Moment gestoppt werden kann, das sind Jagderlebnisse, die gibt's nicht alle Tage. Außerdem, mit deinem neuen Drilling bist du schon eine Erfahrung reicher."
Rainer R. lachte gelöst und nickte. Edmund B. hatte sich inzwischen zu uns gesellt und einen Schakal mitgebracht. Dieser sah etwas merkwürdig aus, denn es fehlte ihm ein Ohrwaschel. Rainer R. erzählte noch mal das Ganze, und Edmund B. feixte und verkündete forsch: „Dein Waidmannsheil verdankst du mir." Ratloser Blick, doch schließlich kam des Rätsels Lösung.
Edmund B. erzählte seinerseits: „Mir war ein Schakal gekommen, und ich hatte in meiner Flinte eine Brenneke für Sauen und eine Schrotpatrone für Schakale. Nachdem es schon überall geknallt hatte, konnte ich schießen."
„Ja, warum hattest du keine zwei Brenneke?"
„Ach, mein Nachbar rief: 'Achtung, zwei Schakale', und dann habe ich schnell noch umgeladen. Also, Schakal kommt, Schuß raus, der Schakal liegt, und die Bache steht vor mir. Rums, den anderen Schuß raus, und die Sau verschwindet nach oben. Als ich meinen Schakal aufhob, wußte ich, was passiert war. Der Schakal hatte den Bleibatzen abbekommen und die Bache die Schrotladung."
Jetzt war alles klar. Die „Schrotsau" war richtig grantig geworden und hätte in ihrem Zorn Rainer R. fast von den Beinen geholt, denn der war der nächste Zweibeiner, den sie antraf. – Ja, Verlokkungen führen gar nicht selten zu Verwechslungen; aber es ging noch mal glimpflich ab.
Schließlich schleppten mit Stolz auf den Gesichtern die Treiber noch eine weitere Wutz an. Ein unglaublicher Jagdtag! Sieben Sautreiben bei Frühlingswetter! Acht Schützen streckten dreizehn Sauen und zwei Schakale. Dabei ist der getroffene Superkeiler leider noch verlorengegangen.
Nun war zwar die Jagd zu Ende; der Jagdtag für die Gruppe jedoch noch lange nicht. Auf der Heimfahrt riß im Bus die Unterhaltung natürlich nicht ab, und die Jäger aus Franken heizten dazu gründlich ein mit allerlei kulinarischen Überraschungen. Als Liebhaber

Ein stärkerer Keiler ist zur Strecke gekommen. Die Chancen auf eine solche Trophäe sind in Tunesien recht günstig.

Widrige Witterungsbedingungen können der stets guten Laune der einheimischen Treiberwehr nichts anhaben.

Auch Jugendliche treiben mit großem Engagement und freuen sich mit den Gastjägern über den Erfolg.

herzhafter Wurstwaren, die sie ja von Hause aus alle waren, wollten sie in fernen Landen auch nicht darauf verzichten, und sie hatten deshalb dafür besondere Vorsorge getroffen. Mit einemmal kamen aus den Rucksäcken Hartwürste, Blutwürste und kalte Bratwürste zum Vorschein, und einige Obstlerflaschen kreisten durch den Bus. Rafik ließ sich von der fröhlichen Stimmung schnell anstecken, und als er nach ähnlichen anderen Jagderlebnissen mit den Gastjägern in Tunesien gefragt wurde, kam er ins Erzählen. Vor allem die vom Schrotschuß gereizte Bache war ein Thema, das nach weiteren Beispielen verlangte.

„Ja, ja, unsere Sauen sind wehrhaft. Man darf die alten, starken Bachen keineswegs unterschätzen. Nicht nur Jäger erlegen Sauen, die Sauen bringen auch Jäger zur Strecke“, meinte er lachend.

„Und wie geht so was?“ fragte einer.

„Im letzten Jahr hatte ein Jagdgast bei einem Treiben eine alte Bache, welche noch ihre Frischlinge und Überläufer bei sich hatte, nach dem Durchwechseln durch die Schützenlinie beschossen und getroffen. Der Schuß saß nicht im Leben. Die schwächeren Sauen stoben auf den Schuß hin in alle Richtungen auseinander. Ein Hund, der auf der Fährte hinter der Rotte war, hängte sich jetzt in kurzem Abstand hinter die Bache. Dies geschah auf freiem Feld, nirgends gab es einen Busch, und das ganze Geschehen war allen, die zufällig in der Nähe waren, sichtbar. Nach zwanzig, dreißig Metern war das der alten Bache zu dumm, und sie drehte um. Ohne irgendwelche Notiz von dem Hund zu nehmen, nahm sie den Jäger an. Dieser, total überrascht, wurde von ihr überrumpelt. Er wurde mit einem zweiten Schuß auf die anstürmende Bache nicht fertig und von der glatt umgeworfen. Zum Glück war es eine Bache. Bei einem Keiler hätte das böse ausgehen können. Die Waffen der Bachen sind eben nicht so gefährlich. Die Bache stand nun über dem Jäger und wetzte dauernd mit ihrem Wurf herum, und der Jäger versuchte mit einem Arm, sie etwas abzuwehren. Dem Ellenbogen tat dies gar nicht gut. Der Hund war, noch während die Bache angriff, auf deren Rücken gesprungen und hatte sich festgebissen. Der Hund saß oben auf der Sau drauf, während die unten herumfuhrwerkte!“

„Das ist ja eine wilde Variante der Bremer Stadtmusikanten“, warf einer dazwischen, und alles lachte.

„Natürlich eilte ein Nachbarschütze zu Hilfe!" fuhr Rafik fort. „Die Bache ließ sich nicht beirren, und weil sie nicht abließ, wollte er die böse Situation mit einem Schuß aus drei Meter Entfernung beenden. Der Schuß tötete den Hund und warf diesen von der Sau herunter, die darauf endlich abließ und flüchtete. Nun war der zweite Jäger am Werk, während der erste, verletzt wie er war, sich hochrappelte. Allein die Bache, immer noch wütend, drehte, ehe sich der Zweite versah, erneut um und griff jetzt diesen an. Sie erwischte ihn seitlich am Bein und schlitzte ihm das bis zum Knie auf. Auch der Zweite kam zu Fall. Schließlich brachte der es doch fertig, den Flintenlauf hinter den Teller zu schieben und sich mit dem erlösenden Schuß von dieser wahrhaft wilden Sau zu befreien! Ja, beide Jäger mußten im Krankenhaus ärztlich versorgt werden."
Unglaubwürdig klang das nicht mehr.
Von unserem Dorfquartier sahen wir außer dem Hotel nichts. Wenn wir abends ankamen, war es längst dunkel. Das Essen war bereits gerichtet. Suppe oder Brik, welches eine Spezialität des Landes ist und beschrieben werden kann als eine Art mit rohem Ei gefüllte Frühlingsrolle, Steak oder Kaninchen, Früchte und eine Flasche Wein beanspruchten ihre Zeit. Außerdem wollte der nächste Jagdtag vorbereitet sein, und so blieb keine Minute übrig, sich einmal vor dem Haus die Füße zu vertreten. Morgens fuhren wir bereits im Morgengrauen weg, gerade zu jener Zeit, wenn sich die Sure des Muezzins vom Minarett der Moschee als Gläubigenweckruf über die Häuser hinschwang. Der Fortschritt unserer Zeit machte natürlich nicht vor dem Islam halt, denn längst war die Person des Muezzins durch ein Tonband ersetzt worden.

Mein Lebenskeiler

Am dritten Jagdtag ging es auf der anderen Seite des Stausees in die Berge.In der Luftlinie trennten höchstens zwanzig Kilometer beide Reviere voneinander. Dennoch hatte die Landschaft wieder einen gänzlich anderen Charakter. Es wurde gebirgiger, die Hänge steiler, die Erosionseinschnitte schärfer, und die großen Täler hatten ihre sanften, weichgeschwungenen Weiten verloren. Hier mußte mehr Wasser in der Winterperiode fallen als anderswo, denn der Wald war älter und stand dichter. Erstmals stießen wir auf junge Dickungen von Kiefern, wie sie einem aus den Sandgebieten des Pfälzer Waldes von zu Hause vertraut sind.

Gleichzeitig trat Nordafrika stärker hervor. Hier, im Nordwesten an der algerischen Grenze, leben die Numiden, jenes Volk, das die Römer gegen die Phönizier um Hilfe bat und dessen Wohlstand einst auf dem Ertrag seiner Weizenfelder und der Tüchtigkeit seiner Krieger beruhte. Sie tragen gerne ihre charakteristischen Kapuzenmäntel aus nicht entfetteter Kamelwolle und stinken auch danach. Solche Mäntel sind absolut wasserdicht, was man nicht von jedem unserer Parkas sagen konnte. Landestypisch sind ebenfalls die im Rechteck langgezogenen Häuser aus Lehmziegeln und die oft damit unmittelbar verbundenen Schafpferche sowie die überall wachsenden Tabiahecken. Diese Opuntia ficus-indica, auch Feigen- oder Tellerkaktus genannt, schützt wirksam das Ackerland vor dem Vieh. Solche Kaktushecken werden sehr alt, und alle Tiere, einschließlich der Wildschweine, respektieren solche Einfriedungen. Der Opuntiakaktus ist eigentlich eine mittelamerikanische Pflanze und wurde im 16. Jahrhundert von den Spaniern herübergebracht. Heute ist sie im Lande so verbreitet, daß sie fast jede kleinere Anpflanzung abgrenzt. Man gewinnt den Eindruck, die Feigenkaktushecke verteidige das ländliche Anwesen – ein Symbol bäuerlichen Besitzstolzes. Obwohl genügend Platz vorhanden ist, drängen sich Mensch und Tier auf engstem Raum zusammen. Viele Treiber stinken wie die Ziegen, mit denen sie zusammenleben.

Dieses Mal waren wir heilfroh, endlich im Revier angekommen zu sein. Die Busfahrt war allzu schaukelnd gewesen, und mein Magen

begann zu rebellieren. Rafik musterte jeden einzelnen, schmunzelte und eröffnete uns heiter: „Heute wird es keine so große Strecke geben wie gestern. Der heutige Tag ist den starken, alten Keilern gewidmet, von zwanzig Zentimeter Waffenlänge an aufwärts. In jedem Treiben steckt nur ein solcher Urian." Und nach einer kurzen Pause erinnerte er uns: „Der Jagdherr hat ihnen gesagt: 'Schwarzwild ist garantiert, der starke Keiler natürlich nicht!' Inzwischen sind ja etliche gute Keiler bereits vorgekommen und einige erlegt worden. Jetzt kommen wir an die ganz starken. Wo starke Sauen ihren Einstand haben, weiß unser Forstpersonal. Jeder Urian hat sein eigenes Tal, seine eigene Bergkuppe, und darin duldet er neben sich niemand. Wir sind jetzt in einem solchen Revier und werden bis Mittag drei Treiben machen. – Heute ist Keilertreibjagd!"
Die Losfolge hatte mir den letzten Platz zugewiesen. Als letzter Schütze, den Rafik anzustellen hatte, folgte ich ihm weit hinunter ins Tal. Vorbei ging es an herrlichem, hohem, recht locker gestellten alten Kiefernwald; Schützenstände mit einer geradezu phantastischen Sicht und Schußmöglichkeit auf den Gegenhang; vorbei ging es an Sandgruben und kleinen Steinbrüchen, immer hinunter. Schließlich verengte sich der Pfad und führte hinein in eine junge, bürstendichte Dickung, die nur einmal von einem zwei Meter tiefen Graben geteilt wurde, dessen Böschungsränder höchstens fünf Meter Abstand voneinander hatten. Just auf einem davon plazierte mich Rafik und beteuerte mir, er, als der nachbarliche Schlußschütze, werde den Kontakt mit der Treiberwehr aufnehmen. Sprachs und verschwand in der Dickung.
Mit Ruhe und Umsicht machte ich es mir erst einmal auf meinem Dreibein bequem. Rucksack weg, Jacke ausgezogen, denn es wurde angenehm warm. Ja, und dann waren Zielübungen fällig, denn schließlich mußte ich wissen, wohin ich auf diesem Platz überhaupt schießen konnte. Wenige Meter vor mir, ins Treiben hinein, war ein Busch. Der bot mir zwar gute Deckung, umgekehrt nahm er mir natürlich eine Schußmöglichkeit. Nach vorne gab es eine kleine, schmale Lücke auf dem Pfad, ansonsten geschlossener Niederwald. Jenseits des Grabens war es nicht anders, und es war nicht vorstellbar, daß sich da ein Keiler durchquälen würde. Lediglich nach rückwärts in den Graben hinein konnte ich ihm entlang etwa

zwanzig Meter weit sehen und schießen. Allein, von dort her wurde nicht getrieben. Kurzum, ein richtiger Schneideransitz. Aber, was sollte es? Der Tag versprach so oder so prächtig zu werden. Nach diesem Treiben gab es ein weiteres und dann wieder eines.
Nicht lange, und einzelne Treiberstimmen wurden hörbar. Anders als sonst schwoll das keineswegs zu einer generellen Lärmkulisse an. Das verhaltene Treiben kam rasch näher. Ein Blick auf die Uhr verriet, daß es bald zu Ende sein mußte, und kein Schuß war bis jetzt gefallen. Vielleicht war der Keiler nicht zu Hause.
Ein Geräusch wie von stampfenden Hufen, gerade als käme ein Esel, hinter meinem Rücken ließ mich schlagartig hellwach reagieren. Ein Blick zurück in den Graben! Mit beachtlichem Tempo, ganz das Bild urtümlicher, unwiderstehlicher Kraft, donnerte im Grabeneinschnitt ein mächtiger Keiler heran. Er war offensichtlich gewillt, gegen das Treiben seinen Weg zu suchen. Seine Waffen blitzten, und dann ging alles sehr schnell. Auf meiner Höhe angekommen, nahm er die Böschung zu mir herauf an. Ich fuhr mit meiner Flinte hoch, als er breit auf drei Meter vor mir war. Ehe ich abdrücken konnte, reagierte der alte Basse. Er hatte meine Bewegung mitbekommen, und im Bruchteil einer Sekunde vermochte er seine Richtung zu ändern. Er warf sich mit dem nächsten Satz durch den Dornbusch vor mir. Der Busch schloß sich, und der Keiler war verschwunden. Rums! – schickte ich die Brenneke durch den Busch hindurch nach; ich hatte ja ohnedies nichts mehr zu verlieren. Den Keiler mußte mein Schuß hingeworfen haben, denn es rumpelte fünf Meter vor mir gewaltig. Ich schnellte in die Höhe, und fast genauso schnell rappelte sich der Keiler wieder auf die Läufe. Er machte kehrt, nahm erst die andere Böschung des Grabens an, wechselte durch die Mitte herüber auf meine Seite, pendelte wieder zurück, bis er nach etlichen Metern schließlich seine Orientierung in der Grabenmitte wiedergefunden hatte. Kein Zweifel, der Keiler hatte den Schuß. Bevor er mir aus den Augen verschwand, schickte ich ihm noch einen zweiten hinterher. Gleich darauf krachte es zweimal kurz hintereinander bei Rafik, und dann wurde es still.
Ja, war das ein Bild von Kraft gewesen! Ausgerechnet auf diesem Platz! Dazu mußte der Keiler aus dem Rücken kommen, und durch

den Dornbusch hindurch auf fünf Meter erwischte ich ihn! Ein Treiber tauchte auf und signalisierte, ich solle ihm folgen. Dabei gab er mir zu verstehen, daß die Sau liege. Strahlend vor Freude kam mir Rafik entgegen: „Waidmannsheil – es ist der stärkste Keiler, der bis jetzt geschossen wurde!“ Immer noch lachend, deutete er auf seine Gummischuhe, welche unten deutlich rote Schweißspuren hatten. Im Moment der Freude verstand ich ihn nicht gleich, und so erläuterte er: „Das ist der Schweiß vom Keiler. Er hat mich angenommen, und ich mußte auf den Baum springen. Meine beiden Fangschüsse hab' ich aus dem Baum abgegeben.“
Zwischen drei schwachen Bäumchen, wo er beim Zusammenrutschen seinen Wurf eingeklemmt hatte, lag er nun da; noch immer von den Hunden in respektvollem Abstand umstellt. Ein Bruch, gebündelt aus Pinien und Thymian, wurde überreicht, und schon trieben Rafik und der Forstbeamte ihre Mannen zur Eile an. Der Keiler war gestreckt, die Jagd sollte weitergehen, und schließlich mußte die Sau ja zum Anhänger gebracht werden. Ein durchaus hartes Stück Arbeit stand da bevor. Sechs Mann wuchteten ihn hoch, drei Stangen wurden untergeschoben, und ab ging der Transport. Mehrmals mußten sie abwechseln. Es war geradezu malerisch, als die Turban- und Fezträger das große Schwein schließlich über das freie Feld zum Anhänger brachten. Es hatte gut seine 100 Kilogramm und acht Jahre auf dem Buckel. Später stellte sich heraus, daß seine Gewehre auf beiden Seiten einundzwanzig Zentimeter Länge hatten; damit gehörte es zu jenen seltenen reifen Keilern, von denen ein Stück auf 1 000 Stück Schwarzwild kommt.
Mein Lebenskeiler!
Mit „Jäger, wollt ihr jagen?“ riß Rafik uns aus den Betrachtungen. Ihm war Zeitvergeudung sichtlich zuwider. Also darin war er gar kein Moslem, und wenig später standen alle Jäger auf neuen Plätzen. Der Forstbeamte hatte mir einen Platz an einer Brandschneise zugewiesen, die dem Auge viel Freiheit ließ für nah und fern. Es war der Platz des Rückwechselns. Mir war es grad recht an der beschaulichen Stelle.
Das Spiel wiederholte sich. Bald konnte man die vertrauten Zurufe und Brechgeräusche hören, und ein wenig später fiel mitten im engen Jungholz auf der Höhe der Bergkuppe ein einzelner Schuß.

Kein Nachschuß, also lag das Stück mit hoher Wahrscheinlichkeit. Längst hatten wir Jäger uns gegenseitig so gut berochen, daß jeder jeden einzuschätzen wußte. Es waren durchweg ordentliche Schützen, die diszipliniert und gar nicht hitzig schossen. Dieses Mal hatte Ewald S. einen Keiler erlegt. Wieder mühten sich sechs Treiber mit einer starken Sau aus den Büschen. Stumm vor Staunen standen wir neben zwei groben Sauen, die sich kaum etwas nachgaben, allenfalls war der letzte zwei, drei Jahre jünger. Binnen zweier Stunden waren diese kapitalen Stücke gefallen, und wieder einmal hatte sich Rafiks Ankündigung grandios bestätigt. Wahrhaftig, er verstand sein Handwerk.
Beim nächsten Treiben wurden die Schützen in einem rechten Winkel angestellt, jedoch weiter auseinander gezogen, entlang einer jungen Dickung. Die meisten Stände hatten nach rückwärts zu beiden Seiten gutes Schußfeld bis zu vierzig Metern und mitunter weite Einsicht in die schmalen, tief vom Wasser eingekerbten Erosionsgräben, welche das Waldstück teilten. Was immer an Wild vorkommen mochte, mußte da durch und konnte dies nicht schnell tun.
Hier, wo jedermann nahezu einen idealen Platz innehatte, kam jedoch kaum Schwarzwild vor. Ein einziges Stück wurde mehrmals beschossen, und am Schluß lag eine starke Bache. Ja, so war das hier. Dort, wo man sich nichts erhoffte, wurde man geradezu von einzelnen Stücken umgerannt. So lernte man dazu und korrigierte seine Vorstellungen.
Dieses Mal kam während der Mittagsrast keine Siestastimmung auf. Die starken Keiler und die Präzision des Jagdbetriebes hatten eine Aufgeräumtheit entfacht, die alle munter hielt. Kaum gegessen, ging es weiter, denn Jagdlust war ausgebrochen. Im ersten Nachmittagstreiben kamen wiederum eine Bache und dazu ein Fuchs zur Strecke. Das anschließende Treiben war leer, und das recht großräumig angelegte Schlußtreiben des Tages lief dem Forstbeamten wider seinen Willen aus dem Ruder. Aus zwei Richtungen wurde im spitzen Winkel auf die am hohen Hang abgestellten Jäger zugetrieben. Die beiden Treiberwehren sollten sich nach einer bestimmten Strecke schließen. Genau dieses Zusammentreffen klappte nicht, vielleicht auch ausgelöst durch die Sauen selbst. Je-

denfalls hatte die eine Treiberkette zwei starke Sauen fest und trieb diese statt zu uns 400 Meter vor uns um einen Bergkegel herum. Das Geschehen war mit bloßem Auge gut zu beobachten. Das stärkste Stück war ziemlich behäbig. Mehrmals machten die Hunde es hoch, bis ihm das plötzlich zu dumm wurde. Es wendete sich jäh, erwischte den nächsten Hund und schleuderte diesen wirbelnd durch die Luft. Der Keiler hatte den Hund getötet, drehte sich um und trollte in entgegengesetzter Richtung unbehelligt davon. Er wollte sich partout seinen Weg nicht vorschreiben lassen.
Nun lag in dem vorgesehenen Winkel des Treibens noch ein bäuerliches Gehöft. Dort war man durch das Hundegebell und die „heiße Luft" neugierig geworden. Kinder und Erwachsene liefen auf die andere Treiberkette, welche ihre Richtung einhielt, zu und pendelten fortan zwischen den Jägern hin und her. Damit war die Jagd gelaufen. Zu meiner Überraschung fiel gleichwohl noch ein Schuß, und wie es sich hinterher zeigte, war es der teuerste der ganzen Jagdtage. Entgegen dem Verbot hatte unser Jüngster, Hans K., einen Hasen geschossen, mit Brenneke. Natürlich fanden ihn die Treiber sofort, und der Jagdleiter kassierte auf der Stelle 20 Dinar Strafe.
Hinterher, beim Abendessen, fragten wir den Schützen natürlich, wie das geschehen konnte, schließlich hätten wir das von ihm nicht erwartet. Der Jüngste meinte bedrückt, er selbst hätte das auch nicht gedacht, und schilderte weiter: „Zuerst wechselte ein Fuchs auf mich zu, den ich nicht beschießen wollte. Ich hatte ja die Sauen im Sinn. Aus irgendeinem Grund drehte er sich um, schnürte auf derselben Linie wieder zurück und verschwand im Wald. Etwa zwanzig Minuten rührte sich nichts, und dann tauchte an genau derselben Stelle wieder etwas Rotes auf. 'Nun', dachte ich mir, 'jetzt kannst du ihn mitnehmen', und hab' auf diesen roten Punkt geschossen. Als ich hinkam, lag ein Hase da. Das wird mir eine Lehre sein."
Ein toter Hund, ein entkommener alter Keiler, ein unerwünschter Hase, das alles paßte dem Förster nicht. Seiner Treibermannschaft hielt er eine kräftige Standpauke. Wie ein Feldwebel vor der Kompanie marschierte er auf und ab. Sein Zorn, sein Unmut war ihm vom Gesicht abzulesen. Rafik mischte sich nicht ein, sah nur zu

und meinte zu uns: „Wenn einer von den Treibern nicht spurt, setzt es gelegentlich schon mal einen Tritt in den Hintern durch ihn. Aber er darf es nicht übertreiben!“

„Wieso?“ begehrte einer zu wissen.

„Es ist manchmal ein Balanceakt. Die Menschen hier sind arm. Sie bekommen für einen Treibertag 1 Dinar, das sind 4 DM und ein Tagesverdienst wie woanders. Daran sind sie interessiert. Als sie vor Jahren anfingen, bei den winterlichen Treiben für uns mitzumachen, kamen viele und hatten nicht einmal ein vernünftiges Schuhwerk, geschweige denn strapazierfähige Hosen. Von ihrem ersten Geld kauften sie zunächst kräftige Schuhe und strapazierfähige Kleidung. Erst dann trug der Verdienst zu Verbesserungen in der Familie bei. Sie sind auf solche Tagesverdienste durchaus angewiesen, gleichwohl haben diese Leute ihren Stolz, und bei Verletzung ihrer Würde verzichten sie halt auf den Verdienst. In der Gemeinschaft, wo sie eng aneinandergelehnt dasitzen, fühlt sich keiner von der Schimpfkanonade unmittelbar angesprochen; da geschieht ihrem Stolz nicht viel. Im Einzelfall sieht es allerdings anders aus. Ja, und wenn wir keine Treiber mehr haben, die jede Woche kommen, können wir auch nicht mehr jagen.“

Ohne Frage, daran war viel Richtiges. Es war ein kluges Wort. Wenn schon mal etwas schiefging bei dieser Jagerei, die Kritik sollte sich auf das Zumutbare beschränken.

Wieder im Bus mit Richtung Dorfhotel flammte sogleich die Stimmung des Vortages wieder auf. Drei sagenhafte Jagdtage lagen hinter uns, und jeder war hoch zufrieden. Großzügig griffen die Franken zu ihren letzten Wurst- und Schnapsvorräten. Offenbar hatten sie befürchtet, unter dem Islam in Tunesien ihre kulinarischen Gewohnheiten etwas einschränken zu müssen, und deshalb mehr als hausväterlich vorgesorgt. Zudem halten sich die Jäger ja nicht in Urlauberghettos auf, in denen gewöhnlich alles Gewünschte bereitgehalten wird. Sie kommen in entlegene Winkel des Landes und dort mit den einfachen Leuten zusammen. Da sieht man, wo und an was es fehlt. Man weiß, man wird dem Gastland hinter die Kulissen sehen, möchte aber gleichzeitig deswegen davon nicht allzu abhängig werden.

Tatsächlich müssen viele Tunesier aus dem 6,5-Millionen-Volk ihren Gürtel enger schnallen. Sie haben zwar seit 1970 die freie Marktwirtschaft und erwirtschaften pro Kopf das zweitgrößte Bruttosozialprodukt pro Kopf aller afrikanischen Staaten, sind jedoch in weiten Bereichen in den überkommenen alten Bräuchen des Orients fest verwurzelt. So geht seit Jahrhunderten ein handwerklicher Beruf vom Vater auf den Sohn über, so wie einst im Zunftwesen des Mittelalters bei uns. Bei allem Bemühen bleiben deshalb die Antriebskräfte schwächer, als sie gebraucht werden.
Doch an diesem Abend stand den Waidmännern der Sinn nicht so sehr nach Land und Leuten. Die Gespräche in der Runde wurden vor allem von zwei Themen beherrscht: einmal die ungewohnt kurze Schußentfernung und zum anderen die Intensität des Jagens.
Die uns gewohnte Distanz von zwanzig bis fünfunddreißig Metern boten die Mehrzahl der Schützenstände hier ja nicht. Zwangsläufig mußte es so zu Begegnungen auf kürzestem Abstand kommen. Hier bedurfte es von Seiten des Schützen nicht nur einer hochgespannten, außerordentlich guten Reaktionsfähigkeit, wobei er sich auf seine Reflexe verlassen können mußte, es galt gleichzeitig, in Sekundenbruchteilen abzuwägen, ob ein Schuß nicht besser unterbliebe. Die Frage des persönlichen Risikos, der Eigengefährdung wegen zu großer Nähe stellte sich durchaus. Inzwischen wußten wir alle, in den Bergen des Atlas wurden die Sauen alt und waren kraftvoll, und die Bachen griffen an wie die Keiler, sofern sie ein Schuß nicht sofort auf der Stelle bannte. Selbst die davonstürmende Sau konnte sich völlig überraschend blitzschnell herumwerfen. Wer den Schuß auf zwei bis drei Meter wagte, konnte nachher am Boden liegen und der Schwarzkittel über ihm stehen. Jedenfalls lehrte die bisherige Erfahrung uns, ein starkes Stück war mit einem Schuß selten zu stoppen.
„Schade, daß Tunesien einfach das französische Recht übernommen hat und nur Flintenlaufgeschosse erlaubt; eine schwere Kugelpatrone hat halt eine stärkere Stopperqualität als so ein Bleibatzen“, bedauerte einer.
„Mag sein, aber mit Kugelpatronen läßt sich nicht durch Büsche schießen. Die zerlegen sich an den Ästchen, und die Splitter schwirren durch die Gegend. Ich bezweifle, ob das Gefahrenmoment kleiner würde und der Erfolg größer“, erwiderte jemand.

„Irgendwo stieß ich einmal auf eine Meldung, nach der aus deutscher Fertigung weltweit mehr Patronen mit Flintenlaufgeschossen verkauft werden als Jagdbüchsenpatronen, und das hat mich erstaunt, denn das muß ja einen Grund haben", fand ein Dritter und fuhr fort: „Der dicke Bleibatzen muß auf Schalenwild durchaus ein verläßliches Geschoß sein, angepaßte Entfernung und Berücksichtigung örtlicher Verhältnisse einmal vorausgesetzt."

„Bei unseren kurzen Entfernungen hier spielen die Präzisionsunterschiede zwischen der Kugelpatrone und dem Flintenlaufgeschoß keine ausschlaggebende Rolle. Bei fünfundzwanzig Metern Abstand und einer Geschwindigkeit der Sau von zehn Metern pro Sekunde beträgt der Unterschied zwischen Kugel und Brenneke circa dreißig Zentimeter. Ist das Tempo geringer und der Abstand kürzer, wird diese Differenz noch kleiner. Ich finde, bei realistischer Jagdpraxis kann man sich auf den Bleibatzen verlassen", äußerte sich ein anderer.

„Die Alten hatten den Spruch: 'Man muß nur richtig draufhalten' und deren Erfahrung stimmt offenbar. Natürlich, wer die Brenneke wie Schrot schießt, funkt leicht vorne vorbei", schaltete ich mich ein. „Was mir allerdings wichtig erscheint, ist das Einschießen mit Brenneke auf fünf, zehn und fünfzehn Meter. Weite Schüsse sind nämlich hier die Seltenheit!"

„Ja, eben – üben und Erfahrung einbauen, und dazu sind wir ja grad da", lachte einer mir zu.

Überhaupt konnte Erfahrung hier in ungewohnten Maßen gesammelt werden. Zu Hause, unter den heimatlichen jagdlichen Bedingungen, fließt diese den meisten Waidmännern nur in langen Zeiträumen zu, von Ausnahmen einmal abgesehen. Einer unter uns, der selbst Forstbeamter war, stellte folgende Überlegung an: „Wenn wir daheim in einem Forstamt Schwarzwild haben, sind wir schon sehr zufrieden, denn nicht jedes hat es! Haben wir es aber, stehen wir immer in der ewigen Zwickmühle zwischen dem Wildschaden und dem Klagelied der Landwirte sowie deren Forderung nach starkem Abschuß des Schwarzwildes. Tun wir nichts, gibt es Geschrei; und wir werden bös beschimpft. Handeln wir wie gewünscht, gibt es bald kein richtiges Jagen mehr auf dieses geliebte

Wild. Es ist ein ständiger Balanceakt und ein richtiges Dilemma zugleich!"
„Ja, was macht ihr dann in Wirklichkeit?"
„Na, wir versuchen schon, beiden Teilen gerecht zu werden. Aber, wie sieht es dann aus?" stellte Horst L. selbst die Frage und fuhr fort: „Da gibt es im Winter eine Gesellschaftstreibjagd, die natürlich nicht nur auf das Forstpersonal beschränkt bleibt. Regelmäßig wird dazu eine größere Anzahl von Jagdfreunden als Gäste eingeladen, handverlesen versteht sich. Wie die Winter nun mal bei uns in letzter Zeit sind, kommt es oft zu grünen Wintertreibjagden. Ohne die weiße Pracht, ohne den Neuschnee ist von vornherein die Anlage des ganzen Jagdtages sehr erschwert. Die altbekannte Methode, durch Kreisen auszumachen, wo das Lager der Sauen ist, und die Feststellung, die Sauen sind im Kessel, ist nicht möglich. Fehlt der Schnee, ist alles, was wir machen, ein Notbehelf, es ist die Demonstration unseres guten Willens, sogar bei ungünstigen Bedingungen den Klagen der Bauern nachzukommen. Die Erfolgsaussichten sind dabei minimal. An einem solchen Sautreibjagdtag kommt es je nach Witterung und Ablauf zu zwei, drei größer angelegten Treiben. Haben wir Pech, kommen keine Sauen vor, oder sie kommen durch, ohne beschossen zu werden. Wir sind bereits glücklich, wenn zwei, vielleicht drei Stücke tatsächlich am Abend auf der Strecke liegen. Damit ist freilich nicht viel erreicht, wenn es im nächsten Sommer wieder um den Flurschaden geht.
Bei einer solchen Treibjagd brauchen wir dreißig bis vierzig Schützen. Nur wenige von diesen bekommen Schwarzwild zu sehen, und noch weniger kommen, wenn überhaupt, wirklich zu Schuß. Wer bei uns mit einer Sau Jagdkönig wird, dem hat der Zufall und St. Hubertus wahrhaftig geholfen. Ich weiß, das klingt nicht recht glaubwürdig, ist aber in Wirklichkeit so."
„Ja, und dann sollen Jäger Erfahrungen mit dem Schwarzwild bekommen!" stimmte einer aus der Runde verständnisvoll zu.
„Na, rechnen wir einmal", mischte sich ein anderer ein. „Als Jagdgast zu einer solchen Treibjagd des Forstdienstes eingeladen zu werden, ist also nicht ganz einfach. Es wird wohl kaum öfter als einmal im Jahr geschehen. Angenommen, einer von denen zählt zu den Glücklichen mit Erfolg, so hat er gerade eine solche Jagd erlebt,

wie wir sie hier täglich sechs- bis achtmal haben. Anders betrachtet, ein solcher Jäger benötigt in deutschen Landen sechs bis acht Jahre für das, was sich in Tunesien an einem Tag abspielt, und wir jagen vier Tage hintereinander so!"
„Von den zahlreichen Chancen hier ganz zu schweigen", warf wieder ein anderer ein und fuhr fort: „Müssen wir uns etwa den Kopf zerbrechen, ob das Stück, welches gerade kommt, das richtige Überläufergewicht hat? Die Größe spielt keine Rolle!"
„Ja, und die Abschußgebühr auch keine", erinnerte einer und wandte sich an mich. „Dein Keiler würde wahrscheinlich in jedem Staat des Ostblocks alleine soviel Gebühr kosten wie hier dein ganzer Urlaub."
Ich konnte nicht umhin beizupflichten: „In kurzer Zeit kann man unter diesen Jagdverhältnissen wirklich am Schwarzwild viel lernen, und dabei braucht man keinerlei Gedanken daran zu verschwenden, ob ein Schuß die Finanzgrenzen des Geldbeutels sprengt."
„Im übrigen halten die Waffen der Keiler, was ihre Länge betrifft, durchaus Vergleiche mit denen aus Bulgarien, Ungarn und Jugoslawien aus."
Erich W. lachte: „Na, dann ist es gut, daß wir morgen noch einen Tag vor uns haben; für die Erfahrung und für die pralle Dichte unseres Jagens."

Auf dem Kamelmarkt von Nabeul

Der letzte Jagdtag begann wie der erste. Wecken, Aufbruch, erstes Treiben pünktlich um 8.00 Uhr. Es fiel auch schon um 8.05 Uhr der erste Schuß. Allerdings lag diesmal kein Keiler, sondern ein Fuchs.

Man hatte dieses Mal ein Revier gewählt, welches auf der Rückfahrtstrecke von Teboursouk nach Nabeul lag. In einer mittleren Höhe von 500 bis 700 Metern liefen langgezogene, weiche Bodenwellen bis an fast lotrecht aufsteigende Felswände heran. In die tiefer gelegenen, großflächigen Ebenen hatten schmale Wasserläufe ein Rastermuster gekerbt. Aus der Perspektive der Schützenstände auf den Hügelhöhen ließ sich bis an die Sichtgrenze des Horizontes aus dem Landstrich lesen, als wäre eine Landkarte vor einem ausgebreitet. Im allgemeinen lassen die meisten Landschaften das nicht zu. In der Ebene fehlt die Vogelperspektive, und in den Mittellagen der Gebirge fängt sich der Blick rundum an irgendwelchen Hängen oder Bergkämmen; nur selten sieht man, was jenseits des Hügels ist.

Fern im Glast der Sonne lag ein Dorf, das in seiner unverkennbar quadratischen Anlage unwillkürlich an die Form eines römischen Kastells erinnerte. Vermutlich war das Dorf gar nicht alt; doch in dieser Region hatten einst die Römer gelebt und ihre Spuren hinterlassen. Mit Caesar blühte das Land nach den punischen Kriegen wieder auf, und bald wurde es eine der schönsten Provinzen Roms. Die Bewohner erhielten den Rang von römischen Bürgern, und sie lebten wie diese. Ihnen war weder das Hausschwein noch das Wildschwein unrein. Bekanntlich ist das domestizierte Grunztier das Zeichen der Seßhaftigkeit, und tatsächlich halten bis heute Nomaden keine Schweine. Ja, die Römer banden den Sauen die Schnauze zu und ließen sie das Saatgut nach dem Regen in den Boden einschieben. Der Schweinehirt war ein geachteter Mann. Sie verstanden es, mit Sauen umzugehen, und bejagten die wilden. Wie hatten sie das bloß damals gemacht? Ohne recht starke, abgerichtete Hunde, wie die Packer, und eine ausreichend große Zahl von Treibern war die Saujagd unter ihren Verhältnissen gar nicht denkbar. Mußten sie doch sehr nahe an die gesunden Sauen herankommen, um

sie mit der blanken Waffe töten zu können. Das war gewiß häufig ein Kampf, der einem Gladiatorkampf in der Arena nicht nachstand, in seiner Schwierigkeit manchen Publikumsstierkampf übertroffen haben dürfte.
Laut trompetete ein Esel aus der Tiefe zu uns herauf und holte die Gedanken aus der Vergangenheit in die Gegenwart zurück. Im ersten Treiben war es ansonsten ruhig geblieben, und das zweite hatte inzwischen begonnen. Dieses Mal wurde eine Schützenkette auf lückige Stellen im Wald postiert und eine zweite einige Hundert Meter dahinter auf die freien Flächen eines Hügels. Zunächst sollten die Sauen gegen die gut gedeckten Schützen in den Wald getrieben werden, wo die Sauen sich noch vertraut fühlen konnten. Nach Durchqueren der ersten Schützenlinie drehten sich die Jäger lediglich um und bildeten nun die Sperre für rückwechselndes Schwarzwild, während das Treiben auf die Freiflächen zu weiterging.
Gut gedacht war es, wahrscheinlich bereits etliche Male erprobt; allein, zwischen Absicht und Wirklichkeit stecken oft Überraschungen. Die Treiber erfaßten nur einen Teil des Waldstückes, und so konnten die Sauen entkommen, ohne daß es für die Waldschützen Schußmöglichkeiten gab. Immerhin klappte es bei den Schützen auf dem Feld noch. Auf Erich W. wechselte ein Überläufer zu, brav den Hang hinauf und natürlich mit gebremstem Tempo. Edmund B. stand als Nachbar von Erich W. und sah, wie dieser die Flinte an die Backe nahm, und natürlich richtete er sich für alle Fälle. Erich W. schoß, traf die Sau, konnte sie jedoch nur langsamer machen. Unbeirrt setzte das beschossene Stück seine Richtung fort, und Edmund B. profitierte davon. Kaum tauchte die Wutz aus dem Blattwerk der Hügelkuppe auf, streckte er sie mit einem sauberen Blattschuß auf der Stelle. Auch andere hatten Anlauf und Erfolg, und am Schluß lagen zwei Bachen und ein mittlerer Keiler.
Gerade bei diesem Treiben fiel es besonders auf, wie gut die Sauen im Busch und Wald ihre Nahrung zu finden vermögen. Zahllose Bruchstellen verrieten, wie der Boden umgewühlt worden war, und mitunter schien es, als ob sich manche der Sauen auf das Umklappen kleiner Kalkplatten direkt spezialisiert hätten. Auf deren feuchten Unterseiten waren offenbar allerhand Kerfe und Engerlinge zu finden.

Augenscheinlich sind Sauen nicht nur robust, sie sind ebenso vielseitig talentiert. Natürlich darf man das nicht gedankenlos überziehen und glauben, das Schwarzwild wird mit allem fertig. Sauen sind keine Wiederkäuer, und so können sie nicht in der Not von Buchenknospen, Fichtentrieben und Baumrinden leben. Wenn die herbstliche Mast fehlt und der Boden hart gefroren ist, leiden sie bei uns daheim bittere Not. Gefrorenen Boden gibt es in Afrika jedoch nicht, und irgendeine Mast finden sie immer. Es scheint der Tisch für sie hier reicher gedeckt zu sein.
„Jäger, wollt ihr jagen?"
„Jaaa", ertönte es einstimmig, und im Nu leerte sich der Bus zum letzten Treiben vor der Mittagspause. Entlang eines herrlichen, weiträumig stehenden jungen Zedernwaldes bekam jeder von uns einen Logenplatz. Breit vor uns lag ein liebliches Gelände mit einzelnstehenden Atlaszedern, welches hinten von einer etwa fünfzehn Meter hohen Felswand abgeschlossen wurde. Wiederum eine neue Szenerie. Alles sah vielversprechend aus. Oben im Blau segelte ein Kolkrabenpärchen, und die Sonne meinte es seit geraumer Weile wahrhaftig gut mit uns.
Kaum hatten wir unsere Jacken in die Rucksäcke gestopft, begann es schon. Ein Schakal kam in einigen Fluchten auf mich zu, verhoffte kurz, sah mich und war im nächsten Moment verschwunden. Er hatte mich blitzartig erkannt und keinen Sekundenbruchteil mit seiner Flucht gezögert. Links von mir fielen die ersten Schüsse. Gleich darauf kam weit von mir entfernt eine starke Sau in Sicht. Daß Stück änderte jäh seine Richtung, und prompt fiel eine Schußserie. Das konnte nur Ewald S. gewesen sein, denn deutlich sichtbar spritzten zwanzig Meter voraus Steinchen auf. Stoppschüsse dieser Art waren ohne Frage seine Spezialität. Erneut wechselte die Sau die Richtung, und wiederum knallte es. Mit einemmal hallte ein Trappeln über die Fläche, ja es war mehr ein Stampfen, dessen dumpfes Dröhnen unwillkürlich an Pferde erinnerte. Ein anderer starker Basse hatte sich Erich W. ausgesucht, bekam von ihm Zunder und donnerte an ihm vorbei.
Das Schützenfeuer hatte die Bewohner der nahe liegenden Bauerngehöfte auf die Beine gebracht. Neugierig, wie sie waren, drängten sie ungeniert von der Seite in das Treiben hinein. Einer

Eine erlegte Sau wird aufgeladen. Leider verbietet die Religion den Einheimischen, das wertvolle Wildbret zu verwerten.

Begegnung zweier Welten.

Nach der Jagd ein Ausflug in die Geschichte: Reste von Karthago.

kam gar auf seinem Maulesel herangeritten und patrouillierte die Schützenkette ab. Malerisch war das Bild, wie er stolz und in völliger Gelassenheit, auf dem Kopf den roten Fez, vorbeizog, wobei sein Schlagschatten, ihn unruhig begleitend, am Wegrand entlanggeisterte.

Allein, das Treiben mußte da abgebrochen werden. Auch das jagdliche Ergebnis befriedigte nicht: Lediglich ein Schakal wurde gebracht. Schweißspuren hatten zwar alle drei starken Stücke in den Boden gezeichnet, doch dann waren sie im jungen Zedernwald verschwunden. Keine der Sauen konnten wir ausfindig machen und mußten sie ohne Hund verloren geben. Die Sauen waren kapital, vermutlich alles Keiler; ein jeder circa 100 Kilogramm. Bis jetzt hatten wir vier starke Keiler verloren. Rafik zählte das wohl zu seiner üblichen Jagderfahrung und verlor darüber kein Wort.

Die Abläufe der vier Nachmittagstreiben zeigten die Grenzen solcher Jagdmöglichkeiten. Zahl und Stärke der Sauen standen an diesem Tag den anderen Jagdtagen nicht nach. Im Gegenteil, es kamen sogar mehr Keiler und überhaupt stärkere Sauen vor. Aber die Tagesstrecke blieb zurück. Die Unterschiede gingen zweifelsohne zu Lasten der örtlichen Treiberwehren und deren jeweiligen Leitern. Den Waidmännern wurde ihre Abhängigkeit von solchen Bedingungen deutlich bewußt. Aber viel besser war es wohl kaum zu machen. Der Organisationsaufwand für einen Gastjäger ist ja sowieso größer als für einen Sonnenstrandtouristen. Das Verhältnis dürfte irgendwo zwischen 10 : 1 und 100 : 1 liegen und ist nicht beliebig steigerbar. Moneten für spezielle Schulung bleiben nicht übrig. Sobald die Treiber nicht richtig drücken, schlägt das sofort zum Vorteil der Sauen aus. Je intensiver Schwarzwild bejagt wird, um so vorsichtiger wird es. Nur unter geschlossenem Druck geraten sie so in Eile, daß sie nicht jede Deckungsmöglichkeit ausnützen können.

Ewald S. hatte das beobachten können und erfahren müssen. Bei guter Sicht sah er ein Stück anwechseln. Es bewegte sich sehr vorsichtig in dem jungen Buschwald auf die Höhe zu, steckte sich immer wieder und sicherte lange in voller Deckung. Die Wutz hätte nur ihren Wurf aus dem Dornenstrauch stecken müssen, und der Schuß hinter den Teller wäre fällig gewesen. Indes, es kam anders.

Der Jäger mußte wohl in der Erwartung, jederzeit schießen zu müssen, eine unbewußte Bewegung gemacht haben. Das wurde sofort wahrgenommen. Die Sau wendete blitzartig nach rückwärts, und fort war sie. An Schießen war nicht mehr zu denken. Die Sau stürmte nicht den Hang hinunter; nein, sie warf sich, die großen Dornensträucher zerteilend und die kleinen als federndes Polster benutzend, durch dieses Strauchwerk hindurch, von rechts nach links und umgekehrt; es war ein dauerndes Springen und Gleiten von erstaunlichem Tempo und ein trickvoller Schutz. Das Stück war häufig außer Sicht und, sobald es auftauchte, in unberechenbarer Bewegung.

Ewald S.' Nachbar Edwin Pf. hatte wenig später mehr Glück. Kaum war die eine Sau hangabwärts verschwunden, tauchte unweit davon ein anderer Keiler auf, der weitaus sorgloser mit seinen Deckungsmöglichkeiten umging und so direkt in die Schußlinie wechselte, was ihm zum Verhängnis wurde. Der stärkste Keiler dieses Treibens allerdings verblüffte seinen Schützen über alle Maßen durch seine Urigkeit. Bei kurzer Distanz und voller Breitseite überschoß er ihn glatt, und dann ärgerte er sich bis in die Nacht schwarz über seine eigene Ungeschicklichkeit.

Bis wir endlich in den Bus stiegen und uns in Richtung Nabeul/Hotel Lido auf den Weg machten, war es schon recht dunkel geworden. Die Fülle der Eindrücke des Landes, der Menschen, der urwüchsigen Natur verglichen mit unseren heimischen Gefilden, dazu die Jagdbeobachtungen und Jagderlebnisse in ihrer wechselnden Vielfältigkeit, all das zusammen hatte auf jeden von uns wie spritziger Schampus gewirkt. Jeder hätte noch tagelang so weiterjagen können. Nur notgedrungen folgten wir dem alten Grundsatz: aufhören, wenn es am schönsten ist.

Es hatte sich alles harmonisch ineinandergefügt; in den wenigen Tagen hatte man sich zudem menschlich prächtig zusammengefunden. Es gab einfach keinen Schußneid, statt dessen jedoch hervorragende Schußdisziplin. War ein Stück doppelt beschossen worden, so ging es nach der Regel „Der erste Schuß im Leben zählt", und niemand dachte daran, dies etwa davon abhängig zu machen, ob das Wild mit einem brauchbaren Hund aufgrund des Schusses zur Strecke kommen konnte. Brauchbare Jagdhunde gab es hier nicht.

Der Schluß- und Ruhetag im Hotel Lido rundete die Jagdtage von Tunesien so richtig ab. Mit dem Streckenlegen morgens um 9.00 Uhr fing es an. In vier Tagen hatten acht Jäger achtundzwanzig Sauen, darunter fünf starke Keiler, drei Schakale und einen Fuchs erlegt. Wer Wünsche hatte nach Sauwaffen oder Saudecken, konnte das dann nachmittags gegen ein bescheidenes Trinkgeld abholen.
Zwischendurch war Zeit genug für einen Bummel durch den Kamelmarkt von Nabeul, welcher orientalisches Flair versprach und in Wirklichkeit der Viehmarkt der Woche war. Die Kunsthandwerker hämmerten auf der Straße vor den Häusern ihre Messingteller. Gar mancher von diesen wird seine Ahnenreihe auf die andalusischen Araber zurückführen können, welche nach ihrem Sturz und der Vertreibung von Granada sich hier als Handwerker niedergelassen haben. Vom geschäftigen Hin und Her in der Markthalle von Alt und Jung ging die typische Basarstimmung aus, unverwechselbar geprägt von den islamischen Kleidersitten und der knalligen Farbenpracht. Hier hatte Tunesien zwei Gesichter: Es dominierte der Küstenbewohner, wendig und listig; davon hoben sich die Menschen der Wüste ab, gemessen und würdevoller; an Zahl in der Minderheit.
Einige Preise interessierten uns natürlich, alleine als Bezugsgrößen, um von ihnen auf die soziale Welt der Menschen dieses Landes schließen zu können. 1 Dinar hatte einen Wert von etwa 3,75 DM. 1 Dinar war aber auch der Tageslohn eines Arbeiters und der Preis für ein Huhn. Für ein Huhn im Topf mußte also der Ernährer einen Tag arbeiten. War es ein Wunder, wenn beim Huhn um jedes Gramm gefeilscht wurde? War es zu schwer und mithin zu teuer für den Geldbeutel der Tunesierinnen, wurde es anstandslos wieder in den Käfig zurückgesteckt und ein anderes auf die Waage gestellt. Die Tiere wurden lebend gewogen. War die Tunesierin einverstanden, nickte sie, und dann ging alles unglaublich schnell und mit virtuoser Fingerfertigkeit. Ein Griff an die Ständer des Federviehs, und das Huhn hing mit dem Kopf nach unten, ein Zurückbiegen des Halses, Schächtschnitt an der Drossel, mit umgedrehtem Hals und Kopf nach unten in einen Plastikkorb gestopft, blutete es aus. Raus mit dem Huhn und in eine Rotiertrommel, durch die heißer Dampf geleitet wurde. Keine zwei Minuten später war es völlig gerupft und sauber, konnte so entnommen werden.

Mancher von den Kleinviehhändlern war nicht so weit perfektioniert und machte es sich einfacher. Sie stellten das Huhn nach dem Drosselstich einfach wieder auf die Beine. Mit jedem Herzschlag spritzte eine Blutfontäne in den Sand, bis es zu wackeln begann und umfiel. Mitunter standen drei, vier dieser Hausvögel so nebeneinander. Für die Menschen hier war es sichtlich ein gewohnter Anblick. Man muß es gesehen haben, um eine Ahnung davon zu bekommen, welche Einstellung die hiesigen Menschen zu den Tieren generell haben. Denkt man an die leidigen Diskussionen um das Töten während der Jagd bei uns zu Hause und an das übliche Verdrängen des Schlachtens unserer Haustiere aus dem allgemeinen Bewußtsein, so führt der Anblick eines schwankenden, sich ausblutenden Hahnes, von dem außer dem Käufer niemand weiter Notiz nimmt, wieder zu den Realitäten des Lebens zurück. Wie würden unsere Blumenkinder zu Hause wohl denken, hätten sie nur mal die Sorgen von denen hier?
Abends dann abschließend das Schüsseltreiben, welches Jagdherr, Jagdleiter und Gastjäger nochmals zusammenführte und wofür einer der schwachen Überläufer aus der Strecke absolut gebraucht wurde; natürlich dazu eine ausreichende Menge des einheimischen Feigenschnapses Boukha. Statt Jagdgericht gab es eine Ordensverleihung für die herausragenden Leistungen. Das Waidwerken im Ausland entwickelt eben seine eigenen Bräuche. Unser Senior Erich W. nahm die Würdigungen vor. So hatte sich Edmund B. den Ohrwaschelorden verdient, weil er seinen Schakal so mißhandelt hatte. Ewald S. erwarb den Bürzelorden, weil er, unfein genug, seiner Wutz zuerst den Bürzel abgeschossen hatte, und Hans K. wurde mit dem Hasentrauerband ausgezeichnet für den teuersten Hasen, den er je geschossen hatte.
Froh gestimmt und locker und ein wenig nachdenklich zugleich, fragte ich mich im stillen: „Wo gibt es für einen Normaljäger solche Jagdtage sonst in der Welt?“ Inzwischen wußte ich es ja genau, allein die Trophäengebühr für meinen Keiler hätte in Ungarn mich mehr gekostet als hier der ganze Urlaub mit allem Drum und Dran. Es hatte sich gelohnt! Und wie!! Und so beschloß ich, wieder zu kommen. Wo sonst konnte ich meine Buben in den Reiz des Schwarzkittelwaidwerkens besser einführen als hier? Jeder von ihnen sollte einmal dabeisein.

Herbstjagden mit Maxl

Der nachhaltige Eindruck dieser Saujagden führte rascher, als ich angenommen hatte, dazu, in dieses Land zur Schwarzwildjagd zurückzukehren. Eine willkommene Gelegenheit erwuchs aus den Herbstferien der Schule. Was lag näher, als die ganze Familie für eine Woche nach Tunesien einzufliegen. Maxl, der Älteste, wurde mit seinen zwölf Jahren an die algerische Grenze zum Waidwerken mitgenommen, und der Rest der Familie konnte noch eine späte Woche des Sommers am Meer genießen.
Bereits der erste Jagdtag überschwemmte den Buben mit einer Fülle von Eindrücken. Prompt setzte er diese auf der Fahrt zum Dorfhotel in eine schier endlose Fragerei um. Vor allem eine Frage interessierte ihn brennend: „Warum wurde hier nicht früher auf Sauen gejagt?" Nun, der Erwachsene ahnt es ungefähr und gibt sich meist damit zufrieden; anders die wißbegierige Jugend. Die Tatsache, daß der Islam die Schweine als unsaubere Tiere konsequent ablehnt, reichte als Antwort nicht aus. Wenn Wildschweine den Bauern derart viel Schaden verursachen, so kann sich der Mensch trotzdem gegen sie wehren; er muß sie ja deswegen nicht essen, befand mein Sohn. Was blieb anderes übrig, als weiter auszuholen, und so holte ich mir zu meiner Unterstützung Rafik, unseren bewährten Jagdleiter. Wir waren schon im Frühjahr menschlich einander nähergekommen, und ihn jetzt wieder dabeizuhaben, schuf eine vertrautere Atmosphäre.
Bereitwillig gab er Maxl Auskunft: „Ja, um sich gegen Unbill und Schäden aus der Natur zu wehren, muß man dies auch können. Die islamischen Reitervölker und auch das seßhafte Landvolk hatten als Waffen den Krummsäbel, Pfeil und Bogen und die Lanze. Das war nicht allzu viel, und damit läßt sich schlecht auf das herumstreunende Schwarzwild jagen. Die religiöse Verbotsvorschrift hinderte zudem die Menschen daran, sich etwas anderes einfallen zu lassen. Man beschäftigte sich praktisch nicht mit diesem Wild. Auf die Idee von Fallgruben oder Sauringen kam man deshalb gar nicht. Die alte, wenig geeignete Waffentechnik und das religiöse Tabu bremsten gemeinsam jahrhundertelang recht wirksam die Bekämpfung des Schwarzwildes."

„Und mit der von den Arabern hochgeschätzten Beizjagd kann man schon gar nichts ausrichten“, ergänzte ich.
Rafik nickte und fuhr seinerseits fort: „Die Jagdflinte, also das Feuerrohr, haben praktisch erst die Franzosen mitgebracht und dazu natürlich ihre heimatlichen Bräuche. Erst damit hatte der Jäger eine vernünftige Chance gegen das Schwarzwild. Gleichwohl blieben die Christen bei dieser Jagdart ziemlich unter sich. Etliches von der Praxis der Franzosen haben wir in unseren Gesetzen und Vorschriften übernommen, so auch das ausschließliche Schießen mit Flintenlaufgeschossen. Tunesien ist ein Übergangsland. Kein anderes islamisches Land hat sich in der Vergangenheit so prowestlich orientiert wie wir unter der dreißigjährigen Herrschaft unseres Nationalhelden Burg'iba. Noch immer besteht trotz der Trennung eine vielfache Kontinuität in den Bindungen an Frankreich. Saujagden, wie wir sie jetzt abhalten, gibt es deshalb in unserem Land noch nicht sehr lange. Sie entstanden, als Deutsche sich um diese Jagdmöglichkeiten kümmerten und damit die Jagdtouristik in Schwung kam.“
Was Rafik nicht erwähnte, war der Grund, weshalb die Franzosen in ihrem einstigen Mandatsgebiet keine Kugelgewehre zugelassen hatten. Man wollte ganz einfach für den Fall eines Aufstandes keiner indirekten Bewaffnung über die Jagd Vorschub leisten. Flinten mit Bleibatzen waren da harmloser und taten es für die Jagd auch. Das ursprüngliche Sicherheitskalkül war schlicht von den Tunesiern als Jagdpraxis übernommen worden.
Längst hatte die Nacht den Tag verdrängt, als der Bus auf dem Parkplatz vor dem Hotel hielt. Am Himmel Afrikas stand die Sichel des Halbmondes und zeichnete verwaschene Schattenränder des Olivenhains auf den Boden. Wie immer, wenn man ein zweites Mal an einen Ort kommt, sah ich diesen nun mit anderen Augen. Trotz der späten Stunde fielen die römischen Ausgrabungsfunde auf, welche im Bereich des Hoteleingangs aufgestellt waren. Bruchstücke von Kapitälen und Säulen, marmorne Kindersärge und Reliefgrabplatten demonstrierten, wie weit die Wurzeln der Geschichte in diesem Land zurückreichen. Alle diese Funde stammten aus einem Ausgrabungsfeld unweit von Teboursouk. Heute noch erinnern dort ein römischer Portikus und ein paar steinerne Grundrisse an eine der Blütezeiten.

Weit eindringlicher als das erste Mal wurde mir bewußt, wie das Hotel selbst den Stempel des Übergangs vom Orient zum Okzident trug. Rezeption, Restaurant und Fernsehraum boten das bei uns gewohnte internationale Bild. Ganz anders indessen die Hotelanlage. Wie häufig in wärmeren Regionen waren die Zimmer rund um einen viereckigen Innenhof angelegt. Die Innenhöfe umschlossen ihrerseits uralte, knorrige und immer noch mächtige Olivenbäume. Wohlweislich hatte man die Bäume liebevoll mit einem kreisrunden Mauerschutz versehen. Die Zimmer mit ihren hohen Tonnengewölben und den eingelassenen Nischen samt den kleinen vergitterten Fenstern erweckten unwillkürlich den Eindruck von Mönchsklausen. Die Akzente der Tradition und der lokalen Flora waren architektonisch ansprechend in das Flair des Hotels mit einbezogen. Da zudem die sanitären Einrichtungen funktionierten und Heizmöglichkeit bestand, war alles, was zu Jagdzwecken gebraucht wurde, vorhanden, und das genügte.
Während des Abendessens wurde des längeren darüber geredet, weshalb der erste Jagdtag wider Erwarten enttäuschte. Auf den ersten Blick lag das zweifelsfrei an der mangelnden Organisation der Treiberwehr; auf den zweiten enthüllte sich ein einfacher Sachverhalt. Unsere Jagdgruppe war mit diesem Tag in der dortigen Gegend zufällig in die Zeit der Olivenernte geraten. Sind die Oliven reif, müssen sie innerhalb von drei bis vier Tagen geerntet werden. Das hat absoluten Vorrang, und alle Erwachsenen sind damit beschäftigt. Also hatten die Bauern als Treiber ihre unerfahrenen Söhne geschickt, die wenig diszipliniert waren. Wieder einmal bestätigte sich die alte Erfahrung: Der Erfolg einer Gesellschaftsjagd wird zu drei Vierteln von der Organisation und der Abwicklung bestimmt.
Wie gewohnt, hatten wir am anderen Jagdtag das Hotel vor dem Morgengrauen verlassen. Nach längerer Fahrt schaukelte der Bus uns durch eine Schlucht, welche sich mit einemmal breit öffnete. Eine Ebene lag vor uns. Die bewaldeten Berghänge waren rechts und links 100 bis 150 Meter zurückgetreten. Einzelne Waldzungen hatten allerdings ihre Ausläufer dazwischen.
Vor uns lag ein sumpfiges, matschiges Oval, das rundherum einen Buschkranz hatte. Es war der sogenannte „See Genezareth“ an der

algerischen Grenze in seinem spätsommerlichen Zustand. Zwischen Buschkranz und Waldrand lag freies Feld, welches jetzt im Herbst nur braungebrannte Stoppeln deckten. Dieser kleine, ovale Weiher war eine beliebte Wasserstelle und Suhlplatz für alle Sauen der Umgebung. Dementsprechend war das Treiben als weiträumiger Kessel so angelegt worden, daß alles Schwarzwild auf diesen Mittelpunkt zuwechseln mußte. Die Sache war gut durchdacht, und alle Erfahrung sprach dafür. Wiederholt hatte man nämlich hören können, hier seien fast alle Schützen zum Schuß gekommen. Ob das allerdings wirklich zu erwarten war, erschien mir etwas fragwürdig.

Was im Frühjahr auf dem undurchlässigen Lehmboden ein See war, hatte die afrikanische Sommerhitze verdunsten lassen, und vor uns lag nichts weiter als ein feuchter Lehmmatsch. Man hätte über den See gehen können, was ihm auch den Namen eingebracht hat.

Wir mußten abwarten. Tunesische Saujagden sind für jagdliche Überraschungen ja immer gut. Aufgrund meiner Losnummer fiel mir bei diesem ersten Treiben am Tag ein Randschützenplatz außerhalb des Buschkranzes zu. Der angewiesene Stand bot einen herrlichen Ausblick, und ich konnte hoffen, fast drei Viertel des gesamten Jagdgeschehens beobachten zu können. Die Chance für mich selbst, auf diesem Flankenstand zu Schuß zu kommen, schätzte ich indes minimal ein. Nun, ich postierte mich in eine Lücke zwischen Pinien und Eukalyptusbäumen, die eingerahmt waren von Thymian und Kameldorn. In meinem Rücken stand, leicht gedeckt von mir, Maxl. Vor uns lag eine völlig freie Fläche. Sandfarben füllte sie wie ein riesiger Pfannkuchen bis zum gegenüberliegenden Waldrand alles aus. Zum Waldsaum mochten es 100 Meter sein.

Derart leere und helle Flächen scheut der Schwarzkittel von Hause aus; er überquert sie nur, wenn es unvermeidbar ist. Also, es war wenig zu erwarten, und es lohnte sich auch nicht, es sich im Sitzen gemütlich zu machen. Die meisten jägerischen Aktionen würden sich auf die letzten Minuten zusammendrängen. Anschließend ging es sowieso rasch weiter, und ich hoffte, bis dahin die letzte Müdigkeit aus meinen Knochen verloren zu haben.

Der Morgen war von jener erfrischenden Kühle, wie sic in den warmen südlichen Ländern oft dem vormittäglichen Hitzeanstieg voranzugehen pflegt. Einmal so weit und rundum entspannt, versank ich in eine angenehme träumerische Trägheit. Recht unvermittelt wurde ich daraus von einer Sau hochgeschreckt. Weiß der Himmel, woher, sie stand plötzlich mitten im Acker, auf etwa sechzig Meter stangengerade vor mir, und verhoffte. Was hatte die Wutz mißtrauisch gemacht? Für einen Brenneke-Schuß mochte die Entfernung gerade noch angehen; indes, es war vernünftiger, sie näher herankommen zu lassen, selbst wenn das Schwarzwild jetzt die Richtung ändern würde. Doch das war falsch gedacht. Im Nu wurde mir demonstriert, daß eine Sau, welche einmal verhofft, die ursprünglich eingeschlagene Richtung nicht mehr fortsetzt. Die Sau warf sich um 180 Grad herum Richtung Wald, aus dem sie gekommen war. Nun blieb mir nichts anderes mehr übrig, als ihr zwei Schüsse nachzuwerfen. Unbeschossen wollte ich sie keinesfalls entkommen lassen. Am Waldrand schlug sie einen rechtwinkligen Haken und verschwand in der Deckung. Sie hatte nicht markiert, und wahrscheinlich hatte ich sie beide Male gefehlt.
Was war jetzt falsch gewesen? Ja, das Träumen! Aber das tut der Mensch hin und wieder einmal. Und manchmal unterbricht er es sogar recht ungern oder unvollkommen. So jedenfalls erging es mir, denn eben wechselte erneut ein Stück aus demselben Waldsaum heraus und strebte seitlich an mir vorbei auf unser Deckungsgehölz zu. Wenn es die bereits beschossene Sau war, die in einem zweiten Anlauf die Fläche zu überqueren suchte, dann war sie ohne Zweifel gänzlich gesund. Ich hatte keine Lust, noch einmal zu patzen, und pardonierte sie. Rasch verschwand sie. Obgleich ihre Flucht optisch holprig stakend wirkte, schnell voran kam sie damit. Erst als sie verschwunden war, tauchte ein Hund auf ihrer Fährte auf. Den verließ mitten im Acker das Interesse, und er drehte einfach ab, zurück zu den Treibern. Dabei mußte er die Fährte des von mir beschossenen Stückes kreuzen, und das riß ihn herum. Der Hund nahm die neue Spur auf, verschwand im Wald, und fünf Sekunden später ertönte Standlaut. Welch eine Überraschung! War der Hund etwa am Wundbett?

Es konnte kaum anders sein. In der Regel sind die Hunde in Tunesien weder jagdlich ambitioniert noch abgerichtet. Dieser da mußte also ein Naturtalent sein. Offenbar hatte sich die Sau kurz hinterm Waldrand gleich niedergetan, und das deutete auf einen schmerzhaften Schuß hin. Damit wurde die Sache spannend. Nach kurzer Zeit ging der Standlaut in Hetzlaut über, wechselte erneut mit Standlaut ab, bis sich abermals die Sau auf den Weg machte. Akustisch ließ sich die Richtung durch den Wald genau verfolgen. Es ging langsam, und sie mußte direkt den Treibern in die Hände laufen. Rufe erschallten, und aus den Geräuschen der Ferne wurde klar: Jetzt hatte sich die Sau gesteckt!
Damit war es an mir, zur Nachsuche zu kommen. Da tauchte auch schon ein Treiber auf und winkte über das Feld, ihm zu folgen. Weit ausgreifend stapfte ich auf ihn zu, neben mir hastete Maxl. Es galt, so rasch wie möglich an die Sau heranzukommen, ehe sie etwa erneut aufbrach. Wie lange eine solche Nachsuche dauern konnte, war nicht abzuschätzen. Nach einem halben Kilometer verspürten wir beide Seitenstechen, und ich mußte das Tempo etwas drosseln. Glücklicherweise hatten wir bald darauf die Stelle erreicht, wo durch drei Treiberringe die Sau dingfest gemacht worden war. Ein freundlicher Tunesier winkte meinen Buben zur Seite und beorderte ihn in einen Baum. Maxl kletterte ein paar Äste rauf und war aus der Gefahrenzone. Mir bedeutete man, wo die Sau sei, doch zunächst konnte ich außer dem Knurren und Bellen einiger Hunde nichts wahrnehmen.
Das Gelände war völlig unübersichtlich, durchzogen von vielen tief ausgewaschenen Mulden, an deren Rändern alles mögliche Gestrüpp wuchs. Zwischendurch versperrten mittelgroße Pinien die Sicht. Immerhin, ich mußte mit einem Keiler rechnen, denn es war ein einzelnes Stück, und ich hatte keine Ahnung, wie schwer er getroffen war. Hatte er noch genug Kraft, um unverhofft, wie von einer Sprungfeder geschnellt, aus seiner Deckung zu kommen? Also Umsicht. Runter in eine Mulde, mit Händen und Füßen angepackt, rauf auf den nächsten Hang, orientieren, wieder runter, wieder rauf. Wo waren die Hunde? Da, ein tiefes, gefährliches Knurren, keine fünf Meter von mir, und trotzdem weder Hund noch Sau zu sehen. Zum Teufel! Ich mußte noch zwei, drei Meter Höhe

gewinnen, und dies rasch. Schnaufend stand ich gleich darauf oben. Und zwei Meter tiefer, direkt unter mir, hatte sich die Sau in eine Mulde gepreßt wie ein Teig in eine Brotschüssel. Der Schwarzkittel machte keinerlei Anstalten, sich zu verteidigen oder noch einmal zu flüchten. Zwei der drei Wachhunde strichen ihm abschnuffelnd rechts und links an der Schwarte entlang; mal leise knurrend, mal verstummend. Zu nahe, um jetzt einen Fangschuß anbringen zu können.

Ich wartete, und je länger diese Szene auf mich einwirkte, desto stärker drängte sich mir die Frage auf, weiß dieses Wild, daß es mit ihm zu Ende geht? Die Sau hatte sich sichtlich aufgegeben! Endlich setzten sich die Hunde ein bißchen ab. Rums, der Fangschuß fiel und warf mit einem Ruck die Sau aus dieser Mulde. Die Jagd war zu Ende.

Vor mir lag ein starker Keiler, dem ich mit einem Schuß den Knöchel am Hinterhammer zerschossen hatte. Bei den Einheimischen kam Freude auf über den Erfolg. Und Islam hin oder her, im Nu hatten sie den Keiler auf den Acker hinausgezogen. Maxl staunte, als der Urian unvermittelt unter vier Treibern zur Sitzbank wurde. Später stellte sich heraus, daß der Keiler erst vier Jahre alt war, aber immerhin 108 I.P. bereits erreicht hatte.

Zum Nachdenken blieb keine Zeit. Fast mit demselben Tempo ging es zur wartenden Jagdgesellschaft zurück. Wie sich herausstellte, war an diesem sagenhaft berühmten Weiher mein Randkeiler das einzige Stück, welches zur Strecke gekommen war.

Zum zweiten Treiben schaukelte uns der Bus in höhere Regionen hinauf. Vorbei ging es an den verstreut in der Landschaft liegenden einzelnen Bauerngehöften. Das Wort Bauernhof assoziiert sofort heimatliche Vorstellungen, und das ist falsch. Außer der Einöd-Einsamkeit ist nichts vergleichbar miteinander. Aus luftgetrockneten Lehmziegeln sind rechteckige Ein-Raum-Katen erstellt worden. Das sind mehr oder weniger bessere Schutzhütten für die Familie vor den Unbilden des Wetters. In ihnen hält man sich offensichtlich nur bei Regen und des Nachts auf. Alles andere Leben findet außerhalb des Hauses statt. Die Feuerstelle findet sich in einem windgeschützten Winkel vor dem offenen Eingang. An einer Stelle hinter dem Haus, allerdings unweit davon, findet sich der Abfallberg oder die Abfallgrube, welche von Zeit zu Zeit durch Feuer entsorgt wird. Von Wasser ringsherum keine Spur. Man hat überhaupt den Eindruck, die wichtigste Arbeit verrichtet der Hausesel, welcher das Wasser aus dem nächstgelegenen Bachgrund brav und unverdrossen zur Hütte schleppt.

Kleinvieh verschiedener Art bewegt sich völlig frei um einen solchen Mittelpunkt des Familienlebens herum. Schafe, Ziegen und einzelne Rinder haben so etwas Ähnliches wie eine Primitivstallung. Fügt es sich gerade, dann schließt diese unmittelbar an die menschliche Behausung an; irgendwie im Rund oder im Viereck. Nicht selten verlängert eine Feigenkaktushecke oder ein Steinwall den Kern des Besitzes und grenzt ihn ab. Obwohl hier Grenzsteine keine solche Bedeutung haben können wie bei uns zu Hause und bestimmt das Grundbuch dieser Leute nichts von der Exaktheit unserer Katasterämter besitzt, die uralte Neigung des Menschen, sein Eigentum, seinen kritischen Raum, allen sichtbar zu machen, ist auch hier eindeutig.

Die Hühner dürften öfters mal den Schakalen und den Füchsen zum Opfer fallen. Ansonsten gilt dem Großvieh das Augenmerk, denn es spiegelt der Hausviehstand die Vermögenslage des Bauern wieder. Hier gilt das unveränderte Wertungssystem der Nomaden noch, und das ist offenbar durch keine sozialen Änderungen bisher in Frage gestellt worden.

Alles in allem bietet das bäuerliche Leben, mit unseren Augen betrachtet, eine kärgliche Existenz. Sie ist geprägt vom Rhythmus des Jahres und den Periodizitäten des Viehs. Das fruchtbare Land liefert landwirtschaftlich bescheidene Ergebnisse. Moderne Möglichkeiten können zu wenig genutzt werden. Die allgemeine Armut steht sich selbst im Wege. Kein Wunder, wenn die Bauern die Jäger freudig begrüßen, denn jedes Stück Schwarzwild weniger ist für sie indirekt etwas Geld mehr. Im übrigen ruft einem der allgegenwärtige Wassermangel der Gehöfte jäh in Erinnerung, welch Segen fließendes Wasser mit Absperrhahn darstellt. Hier ist man noch ein ganzes Jahrhundert oder mehr von jener Selbstverständlichkeit entfernt, die wir mit unserer beliebigen Verfügbarkeit des Wassers besitzen. Unser kostbarer Schatz der Hygiene, dank Wasser, käme den Arabern, hätten sie ihn, wahrscheinlich wie Aladins Wunderlampe vor.

Inzwischen waren wir am Ausläufer der Kuppe eines Kegelberges angelangt und wurden angestellt. Unsere Gruppe wurde rings um einen Taleinschnitt, der mit lockerem Pinienwald bewachsen war, verteilt. Weiter abwärts spaltete sich dieser Einschnitt in zwei Täler auf. In einem groß angelegten Riegeltreiben wurden beide Täler so angegangen, daß alles in den Trichter münden mußte, wo wir standen. Mein Platz im Hang ließ Sicht und Schußmöglichkeit zwischen den Bäumen zu.

Mittlerweile gewann die Sonne zunehmend an Kraft und wärmte spürbar auf. In der Natur lag eine große Stille. Wie leise es in Wahrheit war, wurde mir erst durch die Schwingenschläge einer Krähe bewußt, die in Kirchturmhöhe über uns hinwegflog. Jeder einzelne Flügelschlag war hörbar. Das Quaken von Fröschen schallte aus dem Talgrund zu uns herauf; es überbrückte leicht die Distanz von 200 Metern. Mehr und mehr drangen auch einzelne Treiberstimmen ans Ohr. Mit einemmal strichen zwischen den Treibern und uns Tauben ab. Das war ein Zeichen, und ein gutes dazu. Alle Vögel sind ja Warner für den Jäger. Sie sehen nahezu alles, was sich in ihrer Nähe bewegt. Dort konnten Sauen sein, und sie sollten, wie geplant, den Trichter annehmen. Ja, sie sollten! Statt ihrer kamen aber nur die Treiber.

Kurz bevor das Treiben zu Ende war, wurde es plötzlich auf dem anderen Flügel der Schützenlinie laut. Schüsse fielen, und man konnte an den Zurufen und der Schußfolge erkennen, wie sich rund um das Tal das Schwarzwald sichtlich auf uns zubewegte. Ausreichend weit vermochte ich die Richtung zu beobachten, aus der sie kommen mußten, und da waren sie auch schon. Zwei Schwarzkittel kamen in voller Fahrt kerzengerade auf mich zu, vorneweg das stärkere Stück. Ich warf ihnen einen Schuß entgegen, eindeutig daneben. Gleich darauf waren sie schon bei mir und wechselten in einem Abstand von sechs Metern unterhalb von mir durch. Die nächste Brenneke galt dem ersten Schwarzkittel, die letzte seinem Begleiter. Keines der Stücke zeichnete in irgendeiner Weise. Im Gegenteil, sie setzten ihre Flucht in unvermindertem Tempo fort. Also dreimal gefehlt! Nun fiel bei meinem Nachbarn ein Schuß, na wenigstens konnte es bei ihm geklappt haben.

„Zum Donner, mit dieser Patzerei! Auf so eine kurze Entfernung sollte man treffen können", ärgerte ich mich. Maxl meinte, mich trösten zu müssen: „Aber Vati, das macht doch nix. Du hast ja schon einen Keiler. Und spannend war es wirklich!" Recht hatte er. Kurz darauf kam der Jagdleiter Rafik auf mich zu und sagte: „Deine Sau liegt da unten. Die hat einen Blattschuß. Es ist die schwächere, eine Bache. Die stärkere liegt auch, die hat dein Nachbar geschossen." Prompt flachste mich Maxl lachend an: „Wie sagst du immer, Papi, man muß nur Geduld haben."
Tatsächlich war das stärkere Stück ein Keiler, genauer ein Schrotkeiler. Er hatte anfangs irrtümlich einen Schrotschuß abbekommen, und dies wiederum erklärte sein hohes Tempo, mit dem er bei uns durch wollte. Dem verführerischen Gedanken, mit einer Schrotpatrone den Schakal zu strecken und mit der Brenneke-Patrone die Sau, erliegt halt in jeder Jagdgesellschaft der eine oder andere. In der Aufregung des Augenblicks werden dann die Abzugshähne verwechselt, und so verliert man durch den Wunsch die Sau und bekommt keinen Schakal.
Das nächste und letzte Treiben vor dem Mittagessen fand die Schützen hinter einem Spalier von Agaven in Deckung. Gegenüber lag ein Bergkegel, dessen Höhe vom Wald wie von einer übergroßen grünen Baskenmütze bedeckt war. Von der Mitte seiner Flanke bis zum Talgrund herunter erstreckte sich eine einzige lehmbraune, abgeerntete Feldfläche bis hin zu einem Bauernhof. Wieder war das Treiben großräumig angelegt, und die Sauen sollten über die Kuppe hinweg durch den Wald hindurch auf uns zugetrieben werden. Indes, es schienen hier die Sauen genauso wie beim Morgentreiben nicht zu Hause zu sein. Lediglich ein Überläufer versuchte sein Glück, hier durchzukommen, und das verließ ihn dabei.
Mittagessen! Inzwischen spürte jeder von uns, wir jagten in Afrika. Die Sonne hatte längst den Boden aufgewärmt, und unter den alten Pinien duftete der Boden so stark nach Harz, wie wir es zu Hause allenfalls in der Hundstagshitze erleben. Man konnte alle überflüssigen Kleidungsstücke in den Rucksack packen. Ein kurzärmliges Hemd genügte noch völlig hier in der zweiten Oktoberhälfte bei Temperaturen von 28 bis 30°C. Also war auch der Appetit bescheiden und der Durst um so größer. Achmed, unser Koch und

Fahrer, verpflegte uns ausgezeichnet und hatte alle gewünschten Getränke dabei; fand indes damit nicht viel Anklang. Er ahnte nicht, was uns in dieser Atmosphäre geradezu zur Delikatesse wurde: Ölsardinen, Baguette und Wasser mit Kohlensäure. Dazu den unübertrefflichen Durststiller, den Granatapfel. Der Apfel des Paradieses war eine Köstlichkeit.

Im übrigen wollte sich niemand lange mit einer Mittagspause aufhalten. Sautreibjagden bei sommerlicher Hitze waren zwar ungewohnt, aber die Wärme förderte auch die Aktivitäten. Dieser Tag ließ ja noch einiges erwarten. Der Stentorstimme von Rafik mit seinem Ruf „Jäger, wollt ihr jagen?" bedurfte es heute nicht.

Für mich war es bereits belanglos geworden, ob mir das Jagdglück weiterhin so ungewöhnlichen Zulauf bescheren würde oder nicht. Mich befriedigte schon weitaus mehr, daß ich Maxl in so erlebnisreicher Weise in das jagdliche Geschehen einführen konnte. In dem leicht exotischen Rahmen bot sich dem Buben eine dichte Fülle von Aktionen, die ich ihm nirgendwo anders gegenwärtig hätte bieten können. Gerade die ersten Eindrücke halten bekanntlich lange vor. Hierzu leistete gleich das nächste Treiben einen hübschen Beitrag.

Das Los hatte uns einen Platz zugeteilt genau im Winkel eines offenen Feldes und eines dünn gestellten, buschigen Jungwaldes. Maxl meinte: „Da sehen wir aber nicht viel. Was über das offene Feld kommen wird, das kommt den anderen Schützen zuerst."

„Das sieht nur so aus", korrigierte ich ihn. „In Wirklichkeit ist unser Platz weitaus besser. Mein Nachbar dort draußen kommt nur dann zum Schuß, wenn wirklich eine Sau aus dem Buschgestrüpp auswechselt und ihre Fluchtrichtung über dieses Feld nimmt. Das wird sie vermeiden, solange sie es kann. Wenn sie sich irgendwo zwischen Gestrüpp oder niederem Wald hindurchschlängeln kann, tut sie das mit Sicherheit eher. Freie Flächen werden gemieden. Füchse und Schakale scheuen sie weniger; die können dort kommen. Geschieht das und mein Nachbar läßt sich dazu verführen, auf einen Schakal zu schießen, bekommt er auf diesem Platz keine Sau mehr zu Gesicht. Eine solche dürfte mit großer Wahrscheinlichkeit bei uns auftauchen, denn wir stehen mehr oder weniger im Dickicht. Wenn, so werden wir sie erst im letzten Moment sehen

und auf recht kurze Entfernung. Ja, dann brauchen wir halt ein wenig Glück, und du scheinst mir Jagdglück ja zu bringen."
Direkt vor uns aus dem Bachlauf entlang der Grenze zu Algerien drang stärker werdender Treiberlärm herauf. Kurz darauf fielen an den beiden Flügeln die ersten Schüsse, dazu die Knallerei mit den Wasserrohrböllern für die „heiße Luft". Da, plötzlich knallte es in unmittelbarer Nähe bei beiden meiner Nachbarn. Der Feldschütze hatte prompt einen Schakal erlegt, der auf den sauberen Schuß prächtig rollierte. Mein Waldnachbar, dessen Stand für mich nicht einsehbar war, hatte eine Dublette abgefeuert. Etwa ebenfalls auf einen Schakal? Nein! Eben kam ein Überläufer zu Gesicht. Eilig steuerte er mich an, und als ich die Flinte hob, schlug er einen Haken. Auf knappe fünfzehn Meter, beim Einspringen in einen Weg, faßte ihn die Brenneke, und ein zweiter Schuß streckte ihn wenige Meter dahinter endgültig zu Boden.
Maxl strahlte, und mir war klar, nach diesem Flintenfeuer war es mit dem Anlauf auf dem Stand zu Ende. Aus dem Bub brach nun die Neugierde heraus. Er wollte reden, und so unterhielten wir uns halblaut über Fuchs und Überläufer. Doch das war ein Fehler! Auf der Jagd soll man bis zum letzten Moment nicht unachtsam werden. Ein zufälliger Blick in Richtung des Treibens ließ mich erstarren. Auf acht Meter stand vor mir ein dicker „Koffer". Weiß der Teufel, wo der plötzlich hergekommen war, und er beobachtete uns. Er mußte uns wahrgenommen haben, und wie erwartet, hatte er die freie Fläche gemieden. Daß er trotz der Schüsse es wenige Minuten später ausgerechnet hier probierte durchzukommen, charakterisierte ihn als den eigenwilligen, starken alten Keiler. Diese sind überall unberechenbar. Rums, mein erster Schuß fiel. Er warf sich herum, stand breit, noch mal rums, und dann ging der Basse hochflüchtig ab. Mein Waldnachbar feuerte ebenfalls gleich darauf zweimal, aber die Sau kam nicht zu Fall.
Nach dem Treiben fanden sich heller Lungenschweiß auf seiner Fährte, Knochensplitter und Haarbüschel. Die Spurensuche wurde aufschlußreich. Zwar fand sich Schweiß an meinen Anschüssen, aber auch schon vorher. Damit war klar, der Basse war bereits vorher getroffen worden, und er hatte in dem angeflickten Zustand vor uns haltgemacht. Das war keine ganz ungefährliche Situation

gewesen. Ein ernsthaft verletzter, wütender Keiler hätte sich keine Zeit mehr genommen, uns zu beobachten. Der hätte uns angenommen, und unaufmerksam, wie ich gewesen war, hätte er die kurze Entfernung von acht Metern rasch überbrückt gehabt. Das war noch mal gut gegangen.
Der Keiler ging verloren; die Hunde taugten nicht für die Nachsuche, und der Dirigent der Treiber drängte weiter zu einem anderen Platz. Ihm bedeutete der Schwarzkittel nicht viel. Diese Jagdart barg ihre Überraschungen, wie man es auch ansehen wollte.
Ehe unser Fahrer wieder eine feste Fahrstraße fand, mußte er auf einem Feldweg eine leichte Steigung von etwa fünf Meter Höhenunterschied bewältigen. An den einsäumenden Äckern konnte man sehen, hier hatte es vor gar nicht langer Zeit geregnet. Der Lehmboden glänzte fettig und lag dunkel da. Also kam, was kommen mußte. Die Reifen drehten durch, der Bus schaukelte von der einen zur anderen Seite; nur voran kam er nicht. Achmed, der fahrerischen Ehrgeiz hatte und diesmal seinen islamischen Fatalismus nicht gelten ließ, kurbelte mächtig am Lenkrad herum. Tatsächlich brachte er es fertig, den Bus freizubekommen. Dann nahm er Anlauf, kam wenige Meter weiter, blieb erneut stehen. Das Ganze noch mal und noch mal und noch mal. Unser Angebot, hilfreich zu schieben, lehnte er ab. Schließlich kannte er die Verläßlichkeit des alten Mercedes und seine Feldwege. Wirklich, nach dem zehnten Anlauf hatte er dank Allah den kleinen Buckel geschafft.
Mit fröhlicher Stimmung ging es jetzt abwärts in ein wildes, ausgetrocknetes und breites Tal. Die eine Seite wurde von einer gut sechzig Meter hohen Kieswand begrenzt, welche steil abbrach. Just über diese Kieswand sollten die Treiber die Sauen heranbringen und herunterdrücken. Das konnte ich mir nicht so recht vorstellen. Freilich, gelang das, dann mußten die Sauen den Schützen vor die Flinten kommen.
Rasch war angestellt, und viele der Plätze boten weite Übersicht sowie ideale Schußmöglichkeit; zugleich sogar genügend Deckung für die Waidmänner selbst. Zwischen zwei größeren Kameldornhecken hatten Maxl und ich uns eine Nische ausgesucht und harrten dann der Dinge. Diesmal mucksmäuschenstill; denn ein verlorener Basse reichte mir. In der regnerischen Winterzeit suchte sich

offensichtlich das Wasser gänzlich ungehemmt seinen Weg. Jetzt lag das Flußbett, soweit man davon reden konnte, ausgedörrt da und wurde als Fahrstraße benutzt. Im Sommer mußte es beachtlich heiß sein, und noch immer heizte die Sonne so kräftig auf, daß Luftschlieren über dem Boden standen. Andererseits mußte es Winterwasser reichlich geben, fand sich ja außerhalb der rissigen, öden Kahlstellen ringsherum ein erstaunlich dichter Buschurwald. Je länger ich die Landschaft in mich aufnahm, um so mehr kam ich zu der Überzeugung, hier war Deckung und Nahrung für das Schwarzwild ausreichend vorhanden. Die Gegend selbst bot sich ihm geradezu an. Die zigeunernden Sauen konnten sich den klimatischen Bedingungen beliebig anpassen. War es zu heiß, wehte auf den Höhen ein frischer Wind. Wurde es kühl und stürmisch, bot die Tiefe des Grabeneinschnitts genügend Schutz. Oben also schütterer Wald mit Luftkühlung, unten dickes Zeug und Windschutz.
Erst meine zweite Jagdwoche in diesem Land öffnete mir die Augen für die Unterschiede zwischen den erfahrenen Saujägern Mitteleuropas und den einheimischen Jägern. Die Einheimischen haben es hier überall mit viel Schwarzwild zu tun und wissen das; sie kennen jedoch die Gewohnheiten dieser Tierart lediglich unzulänglich. So wird schon mal ein Treiben abgehalten, welches von vornherein aussichtslos ist, weil der Wind dagegen steht, bzw. zu kräftig ist. Geräuschunempfindlich, wie die Menschen hier sind, glauben sie unbedarft, das sei mit den Schwarzkitteln genauso. Sie können sich kaum vorstellen, daß ein weithin hörbarer Lärm von einer Straßenbaustelle, das zänkische Gebell mancher Hofhunde oder eine Schafherde ihnen den Aufenthalt in diesem Gebiet verleiden. Die Regel, wenn der Wind am Kamm pfeift, stecken die Sauen in der Schlucht, ist ihnen nicht geläufig. Sie wird mitunter souverän mißachtet, und so kommen in solchen Fällen nur wenige Schützen oder gar keine zum Schuß. Und das, obwohl zwanzig und mehr Stück gesehen wurden. Ob unter der Felsenwand hoch oben am Berg oder im Pinienwald tief unten im Tal, ob dichter Busch oder weit verteilte alte Pinien, überall kann man auf Wutzen stoßen. Nur muß man wissen, bei welcher Witterung welcher Platz bevorzugt wird.

Nach meinem Dafürhalten mußten bei dieser Wärme heute die Sauen oben sein, wo es luftiger war. Nicht hier unten in dem Brutkessel. Nur die Treiber konnten sie uns bringen. Doch damit schien es nichts zu sein. Die ersten Treiber tauchten an der Abbruchkante auf. Nirgendwo hatten bisher ihre heiseren Kehllautschreie Wild auf die Läufe gebracht. Indes, der Herr der Treiber – er glich in seiner sauberen Khakiuniform und Turban eher einem stolzen Truppenführer als einem braven Forstbeamten – verstand etwas von seiner Sache und hatte noch nie enttäuscht. Er tat es auch dieses Mal nicht. Ein Stimmenfurioso schwoll auf und zog meine Blicke magnetisch auf die Moränenwand. Ein einzelnes, starkes Stück wurde sichtbar, verschwand, wurde wieder sichtbar, verschwand erneut und kam mit einer unglaublichen Geschwindigkeit diese Steile herunter. Wenn es die Richtung beibehielt, mußte es mich geradezu umrennen. Natürlich hatte Maxl das gesehen, und ich spürte, wie er hinter mir unruhig wurde. „Stillhalten", zischte ich nach hinten. Längst schußbereit, konnte ich mir Zeit lassen und ließ den Keiler anlaufen. Auf dreißig Meter vor mir verhoffte er noch einmal für einen kurzen Moment hinter einem Gebüsch, dann hatte er sich entschlossen, stürmte direkt auf mich zu. Bei zwanzig Meter Abstand machte ich den Finger krumm. Der Keiler warf sich herum, bot breites Ziel, ein zweiter Schuß. Er ruckte und federte weiter, dann ein Schuß von links, ein Schuß von rechts. Jetzt hatten die Nachbarn mitgemischt. Und noch mal bot er sich auf fünfzehn Meter mir an, ehe er unsere Schützenkette durchbrochen hatte. Also feuerte ich meine letzte Brenneke ab. Dann teilte die Sau das Gebüsch und verschwand. Wieder diese selbstquälerischen Fragen! War er getroffen? Hatte er einen schweren Schuß? Liegt er, oder liegt er nicht? Wenn er nicht liegt, wird es keine große Nachsuche geben; die bisherige Erfahrung ließ nicht viel erwarten.
Gleich darauf waren Treiber und Jagdleiter da. Wiederum war es die einzige Sau, die in diesem Treiben überhaupt vorgekommen war. Auf der Fährte fanden sich Einrisse, Schweißspuren, schließlich Lungenschweiß, und das alles deutlich. Nur der Keiler fand sich nicht. Die uninteressierten Hunde gaben bald auf. Statt dessen setzten die Treiber mit ihrem überscharfen Sehvermögen zu dritt und viert die Spurensuche fort, bar jeglichen Gedankens an die

Gefährlichkeit eines verletzten Keilers. Wer ihm am nächsten im Wege stand, konnte böse ausschauen dabei. Diesmal schickte ich Maxl zu der wartenden Jagdgruppe und blieb zusammen mit meinem Nachbarn hinter der Fährte. Allein, es war eine ungute Lage für Notschüsse. Praktisch ging das in diesem Gestrüpp gar nicht. Und so hatte ich meine Mühe, bis ich das Menschenknäuel auf der Fährte etwas auseinander zu ziehen vermochte. Gott sei Dank, erlahmte ihr spontaner Eifer bald, zugleich sank damit die Chance, den Keiler noch zur Strecke zu bringen. Lungenschweiß, ja, wieder und immer wieder. Trotz allem, es half nichts, dieser Keiler ging ebenfalls verloren wie soviele vor ihm.
Ohne Zweifel, ein ganz ungewöhnlicher Jagdtag neigte sich dem Ende zu. Sautreibjagden bei Temperaturen eines heimischen Hochsommers standen den Wintertreibjagden in nichts nach.
Acht Sauen waren zur Strecke gekommen, darunter ein starker Keiler, und zwei weitere starke Keiler mit Lungenschüssen waren verlorengegangen. So sehr das letzte den eigenen Gewohnheiten zuwiderlief, wir mußten uns damit abfinden. In diesem Land leben und denken die Menschen anders. Sie haben ihre eigenen Maßstäbe.
Jedoch weit mehr als alles „Waidmannsheil", das ich hier hatte, freute mich Maxl mit seinen Reaktionen. Von allen freundlich, ja herzlich aufgenommen, lernte er in den wenigen Tagen ein anderes Sehen in der Natur und ein aufgeweckteres Beobachten der Menschen. Er lauschte den Erzählungen der Jäger während der Mittagsrast und am Abend – und er sah ihre Taten! Er begann zu vergleichen und zu relativieren. Mein Versuch hatte sich gelohnt, und damit stand für mich fest: Bald würde ich wieder hier sein, um auch den anderen Buben, Hannes, in diese Welt einführen zu können.

Hannes im Glück

Knappe vier Monate später, im Februar des nächsten Jahres, befand ich mich erneut an der tunesisch-algerischen Grenze auf Saujagd, und dieses Mal wurde ich von dem jüngeren Hannes begleitet. Zu Hause herrschte gerade die Karnevalswoche, und ein strenger, seit November dauernder Winter hatte die Natur fest in seinem kalten Griff. Die schulfreien Tage von Hannes waren gut geeignet, um in den wärmeren Gefilden etwas Sonne zu tanken. Das unfreundliche Wetter daheim dauerte zu lange, man hatte es einfach über, und ihm entfliehen zu können, war verlockend.
Zwar waren wir der Sonne entgegengeflogen, doch, wie es sich zu unserer Überraschung zeigte, dem Winter keineswegs entkommen. Die Atmosphäre des Dorfhotels in Teboursouk bot, weil inzwischen daran gewöhnt, anheimelnde Geborgenheit. Wiederum war Rafik der Jagdleiter und Achmed unser Fahrer, also menschlich und örtlich vertraute Umgebung. Rafik war, wie er zu Recht meinte, zu einem Berufsjäger mit großer Erfahrung auf das Schwarzwild geworden. Rund 100 Tage war er jährlich hinter den Schwarzkitteln her, und das seit neun Jahren. Bei der großen Zahl der tunesischen Drückjagden je Jagdtag und den erzielten jährlichen Jagdstrecken entsteht eine Routine, wie sie selbst Berufsjäger nur in besonderen Fällen auf dieses Wild zu sammeln vermögen.
Bereits der erste Jagdtag brachte uns drastisch bei, wie sehr sich eine Winterdrückjagd im Atlasgebirge von den Verhältnissen einer Herbsttreibjagd unter sommerlichen Bedingungen unterschied. Sowohl Jäger wie Treiber wurden entschieden mehr gefordert, und ortstypische Gegebenheiten setzten ihre eigenen Akzente dazu. Das fing schon damit an, daß sogar bei klarem Himmel ein ziemlich kühler Wind uns unablässig auspfiff. Nun mögen Sauen Wind bekanntlich nicht, während er den Schakalen nichts ausmacht. Beim Regen ist es dagegen umgekehrt. Für die Sauen ist es das Wichtigste, eine weiträumige, ausreichend gute Deckung zu haben, und wenn es steif weht, stecken sie gern in der tiefsten Mulde oder im dicksten Gestrüpp. Kein Wunder also, wenn man sie im Sommer oder Herbst in den hochstehenden Maisäckern findet; zu dieser Zeit durchaus eine Alternative zum dichten Busch. Im Winter blei-

ben ihnen nur die großen Waldflächen mit verfilztem Unterholz. Reste von Maisfeldern in fast ausgetrockneten Flußläufen, deren Ränder lediglich von Zedern, Pappeln und Faulbäumen gesäumt werden, genügen den Sauen bei böigem Wetter nicht mehr.
Unter solchen Bedingungen muß man das Jagen auf die windgeschützten Hänge und Täler verlegen, deren Buschwerk den Bedürfnissen der Sauen entgegenkommt. Wo das nicht ausreichend der Fall ist, sind sie schnell auf den Läufen und wandern weiter. Solche Schwarzwildgewohnheiten können leicht den Erfolg eines Treibens in Frage stellen, und das besonders bei einem strikt nach der Uhr ablaufenden Zeitplan. Das Anstellen der Schützen kann schon durch ein sumpfiges Wasserloch auf dem Fahrweg durcheinandergeraten. Einige Minuten im Schlamm festgehalten, und der Bus kann seine Jägerschar nicht rechtzeitig genug an Ort und Stelle bringen. Das Treiben hat begonnen und die von sich aus unruhigen Sauen bereits in Bewegung gebracht, ehe die Jäger ihre Stände erreichen können.
Und natürlich gerade das ist uns gleich zu Anfang widerfahren. Noch während des Anstellens durch Rafik stand unverhofft die halbe Jägergruppe auf zehn Meter vor einem starken Keiler, und ein weiteres starkes Stück war unweit daneben. Mit der den Sauen eigentümlichen Reaktionsschnelligkeit setzten sie sich spontan in kraftvoller Flucht ab, natürlich viel zu rasch, um irgendeinem Schützen eine Chance zu lassen. Lediglich Rafik gelang es noch, einen Stoppschuß auf etwa neunzig Meter so zu plazieren, daß er den Keiler von dem anderen Stück zu trennen vermochte. Der Keiler verschwand außerhalb des Jagdreviers, während das schwächere Stück in das Treiben zurückwechselte.
Gerade dort wurde ich nach dem Intermezzo auf einen Stand eingewiesen. Bei solchem Lärm war freilich kaum mit weiteren Sauen hier zu rechnen, und ein kalter Wind pfiff sowieso. Also versteckte ich Hannes erst einmal in meinem Windschatten, und wir richteten uns darauf ein, die nächste dreiviertel Stunde möglichst ohne allzu großen Wärmeverlust zu überstehen. Kurze Zeit später stupste mich Hannes; sein ausgezeichnetes Gehör hatte direkt vor uns etwas wahrgenommen. Tatsächlich, ein feines Hufetrappeln war auszumachen, das unvermittelt lauter und schneller näher kam. Kam

hier etwa eine kleine Schafherde? Nein, direkt vor mir tauchte die erste Sau auf, dahinter die zweite. Fein, ich war gerichtet. Erster Schuß auf den vorderen Schwarzkittel. Der schlägt einen Haken; zweiter Schuß, die Sau zeichnet, ist also getroffen. Dritter Schuß auf den zweiten; den wirft es um. Drei Brenneke hatte ich in meinem Automaten gehabt, und die war ich in Sekundenschnelle losgeworden.

Ja, und jetzt erst kam die Rotte. Sie stürmte geradewegs auf uns zu. Plötzlich sprangen sechs Überläufer auf kürzestem Abstand von einem und eineinhalb Metern um uns herum. Sichtlich irritiert, wußten sie nicht, ob sie nach rechts oder links ausweichen sollten, um uns nicht umzurennen. Mitten zwischen den quirligen Borstenviechern kam ich mit dem Laden nicht nach. Alles ging blitzschnell. Schließlich brachte ich eben noch zuwege, auf den letzten in zehn Meter Entfernung anzulegen, und da tauchte das Stück hinter einem Pinienbusch unter und war als Ziel verschwunden.

Eine Überläuferrotte von acht Sauen hätte uns beinahe umgerannt! Ohne Zweifel, bei diesem Wetter kamen die Sauen recht früh in Bewegung. Durch unsere Verzögerung waren wir mitten hineingeplatzt und dabei nicht mehr imstande, daraus einen Jagderfolg zu machen.

Über Nacht hatte sich das Wetter weiter verschlechtert. Es war noch kälter geworden, und der Wind brachte sogar Schnee und Regen mit. Sautreiben im Schnee, das gab es gelegentlich bei uns zu Hause, indes im Atlasgebirge verblüffte es. Zu vergleichen war das allerdings nicht, denn dieser Schnee täuschte, war geradezu tükkisch. Auf dem Gebüsch blieb er natürlich liegen und zuckerte das Grün ein. Anders auf dem Boden. Dort zerfloß er sofort, weil der Boden ausreichend warm war, um jede Menge des Schnees in einen Wasserfilm zu verwandeln. Dazu der besonders zähe Lettenboden dieser Gegend, der kein Wasser eindringen ließ und es schnurstracks weiterleitete. Der Boden überzog sich mit einer allgegenwärtigen Lehmschmiere, auf der wir mit den Gummischuhen Balanceakte und Eiertänze vollführten, als hätten wir eine Eisfläche unter unseren Füßen.

Ohne Rücksicht darauf wurden wir jedoch selbst am Steilhang zügig angestellt, und wer weit hinauf mußte, dem wuchsen das Tempo, der Balanceakt zwischen den Kameldornbüschen und der böige Wind zu einer Strapaze aus. Mitunter mußte bei den weiträumigen Treiben während des Anstellens mal ein kleines Tal durchquert werden. Die landescharakteristischen tiefen und jähen Einkerbungen verlangten bei solchen Wetter- und Bodenverhältnissen fast akrobatische Gehkünste. Es ließ sich meistern, trotzdem war ich froh, als ich mich auf meinem Platz einrichten konnte. Ich lernte die Verschnaufpause zu schätzen; die körperlichen Anstrengungen forderten ihren Tribut.

Erst langsam begann ich mich wieder auf die Jagd selbst zu konzentrieren, und nach und nach wurde ich gewahr: Hier war mir ein Kaiserstand zugefallen. Etwa fünfzehn Meter über dem Talgrund, am Rande einer kahlen Hangfläche, war ich hinter einer Jungzeder postiert worden. Hannes mußte seinen Platz seitlich hinter mir nehmen. Ohne mich zu behindern, hatte er ein ebenso gutes Blickfeld wie ich. Genau vor mir im Graben mündeten drei schmale Taleinschnitte auf einem Platz von wenigen Quadratmetern zusammen. Zwei dieser Einschnitte begrenzten einen kleinen Kegel, auf dem geräumiger Zedernwald stand. Man konnte erstaunlich weit hindurchsehen, grad als würde man mit dem Hubschrauber darüber fliegen. Wenn hier etwas kommen würde, war das nicht bloß von weit her zu hören, sondern ebenso von weit her gut zu sehen. Suchten sich dagegen die Sauen ihren Weg im Grund, mußten sie an diesem Schnittpunkt der drei Talschneisen vorbeikommen; gleichgültig, aus welcher Richtung sie kamen und wohin sie wollten.

Das Wetter war säuisch: Zehn Minuten Schneeschauer, dann zehn Minuten Niesel- und Strichregen, zehn Minuten Pause. Der Wind riß die Wolken auf und auseinander, zehn Minuten Sonnenschein. Unterdessen verwandelte sich der Schnee in Wasser, und dann begann das Ganze von vorne. „Na“, dachte ich mir, „bei dieser Schmierseife müssen selbst die Sauen langsamer sein.“

Diese Sautreibjagden bestätigen vor allem immer wieder eines: Sie sind nicht mit den uns vertrauten Drückjagden auf Rotwild oder Rehwild vergleichbar. Wenn Rot- oder Rehwild auf den Läufen ist, so verhofft es hin und wieder, und dies regelmäßig. Nur wenn es gehetzt wird, geht es hochflüchtig durch das Treiben. Ganz anders das Schwarzwild. Bei ihm ist das Verhoffen die Ausnahme. Im Regelfall kommen sie in ziemlichem Tempo an und brechen im wahrsten Sinne des Wortes irgendwo an der Schützenkette durch. Freilich, die ganz vorsichtigen alten Stücke, die bereits kurz nach Treibenbeginn hoch werden und sich rechtzeitig absetzen wollen, haben es nicht ganz so eilig. Sie stehlen sich gewissermaßen davon. Allein, selbst das Davonstehlen geht erstaunlich zügig. Bleiben sie ihrer Gewohnheit treu und zunächst einmal dickfellig, werden sie erst kurz vor der Treiberwehr hoch, und dann kommen sie in voller Fahrt.

„Vati, ich hör' was!" flüsterte Hannes hinter mir und deutete mir die Richtung. Mein Gott, hatte mein Bub recht, mußten die Sauen durch den Zedernwald direkt auf den Schnittpunkt vor mir zukommen. Doch woher kamen sie? Überflüssig, schon wurden sie sichtbar. Es rumpelte richtig, und sowohl von rechts als auch von links tauchten die Sauen auf den Lücken auf. Von rechts war es eine Viererrotte von Überläufern; von links, noch etwas weiter weg, zwei beachtlich starke Stücke. Mit einemmal überstürzten sich die Ereignisse. Die Rotte hatte sich im Wald geteilt, und die Sauen sprangen an verschiedenen Stellen über Steilkuppen, Felsnasen und Riefen in die Taleinschnitte hinein.

Plötzlich hatte ich die starken Stücke aus den Augen verloren, während die Überläufer aus zwei Gräben aufeinander zudrängelten und sich prompt in deren Schnittpunkt wie an einem Futtertrog trafen. Ein Schwarzkittelhaufen! Zum Überlegen blieb keine Zeit! Die vorderste Sau war im Visier – Rums! Treffen mußte man ja auf jeden Fall, und prompt zeichnete das beschossene Stück. In schnellen Fluchten setzte es sich in den dritten Taleinschnitt ab. Die anderen drei Stücke nahmen den Hang zu mir herauf an. Zweiter Schuß! – Wieder zeichnete eins, setzte aber unbeirrt den Weg fort und kam, obwohl getroffen, bis auf fünf Meter vor meinen Sitz. Der dritte Schuß aus dieser Nähe streifte es und warf es herum. Deutlich war erkennbar, das kleine Überläuferchen hatte zwei Treffer. Trotzdem reichte seine Kraft, um noch auf der Fährte der anderen im Buschwald unterzuschlüpfen.

Inzwischen wurden die beiden starken Stücke wieder sichtbar. Von der Schießerei beeindruckt, hatten sie ihre Richtung geändert und wechselten nun auf dreißig Meter am freien Gegenhang an mir vor-

über, der starke Keiler vorweg. Zum zweiten Mal an diesem Tag mußte ich Sauen unbeschossen ziehen lassen, weil ich keine Zeit mehr zum Nachladen fand.
Na, aus einer Viererrotte eine Überläuferdublette zu erlegen, ist ja nicht schlecht. Gleichwohl, es ist schon ein Preis, den starken Keiler ungeschoren ziehen lassen zu müssen. Allein, ist man einmal auf eine Aktion konzentriert und es geht alles derartig schnell, kann man mittendrin nicht stoppen, geistig umschalten und sich zwei Brenneke für die starke Sau aufheben. Zielen, aus den Augenwinkeln beobachten, schießen, all das in reflexartiger Schnelligkeit und dazwischen hinein das Handeln korrigieren, das stärkere Wild unter Feuer nehmen und das schwächere pardonieren, nein, das überforderte einfach meine Koordinations- und Reaktionsschnelligkeit. Von weit her hatte ich die Sauen anlaufen sehen, sah, wie der Wald plötzlich lebte, wie jedes Stück seinen eigenen Weg suchte, wie sie wieder an einem Punkt zusammenliefen und mit welchem Erfolg sie sich in diesem Gedränge durchschlugen. Von sechs waren nur meine zwei ins Feuer gekommen, und wie sich hinterher herausstellte, war dies auch die ganze Strecke dieses Treibens.
Zunächst mußte ich noch etwas bangen, schließlich waren Schweißspuren nicht auszumachen. Das Schneewasser hatte sofort alles geschluckt und aufgelöst, und von den hiesigen Hunden war auf einer Naßfährte nichts zu erwarten. Die Hundearbeit wurde dafür um so besser von den Treibern verrichtet. Beim Durchkämmen der Dickung fanden sie beide Stücke.
Natürlich flackerte im Bus bis zum nächsten Treiben erneut unter uns die Diskussion über die hiesigen Hunde auf.
„Warum sind sie für eine ordentliche Schweißarbeit nicht brauchbar?“ bedauerte einer und fuhr fort: „Es ist ein Jammer, die geschossenen, tödlich getroffenen Stücke so verlieren zu müssen. Zwei, drei gut abgerichtete Jagdterrier bei der einheimischen Jägerei und die Sauen würden nahezu alle gebracht werden können.“
„Man wird wohl wenig ändern können. Die Mentalität ist wenig beeinflußbar.“
Ein Dritter widersprach: „Aber die Treiber haben es auch gelernt, uns die Sauen zuzudrücken, und Achmed, der strenge Gläubige, bricht sie ungeniert und mit großer Routine auf. Warum sollte man

die Menschen hier nicht ebenso mit der uns geläufigen Hundenachsuche des Wildes vertraut machen können?"
Rafik hatte aufmerksam zugehört und schaltete sich nun in das Gespräch ein: „Es gibt da noch einen anderen gewichtigen Grund. Der Staat Tunesien gestattet nicht die Einfuhr von Jagdhunden. Im eigenen Land haben wir keine Hundezucht für die Jagd, und mit den paar wenigen von uns eingeschmuggelten Jagdterriern läßt sich nicht viel anfangen. Unsere Hundeführer sind keine Abrichter, wie sie sie zu Hause haben. Zudem sind die Hunde, in der ihnen fremden Umgebung und auch weil sie nicht perfekt abgerichtet sind, verstärkt gefährdet. Einer wird vom Keiler geschlagen, der andere frißt etwas, was er nicht verträgt, und so verlieren wir diese Terrier, ehe sie richtig Jagderfahrung sammeln können. Wir können gar nicht so schnell den Ersatz nachschmuggeln. Das ist das Problem! Wir sind damit ganz unzufrieden, denn natürlich haben auch unsere Leute mehr davon, wenn unsere Gastjäger Erfolg haben."
Wahrhaftig, dieses Mal waren wir bei Sauet Sidi Youssef in einen Winter geraten! Es waren wirklich keine Jagdtage unter wärmender Sonne. Wenigstens bot der alte Bus Schutz vor der Witterung. An ein Aufwärmen im Auto war trotzdem nicht zu denken, denn die Heizung des Busses war längst kaputt, und natürlich hatte niemand in dem Sonnenland daran gedacht, sie zu reparieren. Zudem überzog sich der Boden bei unserem ständigen Rein und Raus mit einer glitschigen Lehmschmiere. Achmed hatte in den Wartepausen alle Hände voll zu tun, um den Bus einigermaßen sauber zu halten. Infolge mangelnden Wassers war selbst ein Minimum an Hygiene nicht aufrechtzuerhalten. Einer aus der Runde meinte: „Angesichts der Reiseschwierigkeiten, wie Länge der Anfahrt zur Jagd und Mitschleppen der gesamten Versorgung, könnte man in einem bescheidenen Hotel, das näher an den Jagdrevieren liegt, vielleicht besser abschneiden; Hüttenleben sind wir ja gewohnt."
Er wurde rasch von einem erfahrenen Alten eines Besseren belehrt: „Ja, das hatten wir ganz am Anfang einmal versucht. Wir merkten aber bald, daß die Raststätten der Einheimischen durchwegs keine Wasserversorgung haben. Alles Wasser müssen die Esel schleppen, und im Winter ist das besonders schlimm!"

Es bedurfte angesichts unseres eigenen Zustandes keiner besonderen Phantasie, um zu wissen, was das kleinere Übel war. Ja, Wasser jederzeit und unbegrenzt haben zu können, ist Fortschritt und Kultur zugleich; mehr noch, es ist ein Luxus, den man erst schätzt, wenn man ihn nicht hat.
Das nächste Treiben fand auf den Höhen von Thibar statt. Dort wurden wir auf einer Hangflanke, die sich vom Berg bis ins Tal zog, entlang einer Brandschneise angestellt. Vor uns im Treiben lagen zwei weitere, parallel dazu laufende Flanken. Aus dem dahinter liegenden Tal drangen von fernab die ersten vagen Treiberlaute an unser Ohr. Zunächst sah alles so aus, als hätte man einen weiten Einblick; doch meine Erfahrung signalisierte, daß dies täuschte. In dem verfilzten Gestrüpp konnten sich die Sauen gut drücken, und das entsprach ihrem Naturell. Wahrscheinlich würde das Einzige, was wir zu sehen bekämen, die Treiberwehr sein, sobald sie auf der Bergflanke auftauchte. Hannes, recht interessiert, fand das wohl auch, denn er fragte mich neugierig: „Vati, wohin kannst du denn schießen? Vor dir ist nichts wie Busch!“
„Auf fünf bis sechs Meter geht es“, beruhigte ich ihn. „Ich stehe nämlich vor einem Wildwechsel. Ansonsten müssen wir halt warten, bis die Sauen über die Brandschneise kommen.“ Tatsächlich hatte ich mir etliche Minuten den Kopf darüber zerbrochen, bis ich die lückigen Stellen unmittelbar vor mir als einen verdeckten Wechsel erkannt hatte. Das konnte von Vorteil sein, wenn Schwarzwild in dem Treiben steckte. Kamen die Stücke einzeln und ohne Hast, dann waren sie nicht zu verfehlen. Waren sie dagegen in Eile, genügten zwei Sätze, und sie waren mir entschwunden. Zum flinken Schießen braucht man halt ein paar günstige Umstände. Schließlich verlangt es ja immer noch den Bruchteil einer Sekunde, ein anwechselndes Stück richtig anzusprechen.
Die Treibergeräusche näherten sich; mal lauter, mal leiser, je nachdem, ob sie aus dem Tal oder von der mir zugekehrten Hangstelle herüberschallten. Überhaupt war dieses Treiben deutlich unruhiger als andere. Dort, wo der Bus parkte, hörte man ständiges Türenschlagen, und etliche andere Autos mußten den Weg passieren. In der Nähe lagen vereinzelte Gehöfte, aus denen Hundegebell herüberdrang. Natürlich war es den Einheimischen nicht verbor-

gen geblieben, daß sich hier etwas tat. Prompt bekamen wir die Berber als ahnungslose Besucher, die sich zwanglos herumbewegten. Im stillen wünschte ich sie zum Teufel wegen des unnützen Lärmes, aber zu ändern war nichts. Es gibt eben lokale Unterschiede. Die hiesigen Organisatoren hielten sichtlich nicht viel von einer geräuschlosen Vorbereitung, ganz zu schweigen von dem Fernhalten jeglichen Lärms.
Gleichwohl wurde es unmittelbar vor mir auf etwa achtzig Meter Luftlinie deutlich laut. Zwei, drei Treiber tauchten auf und vollführten ein Höllenspektakel. Sie mußten Schwarzwild vor sich haben! Sie gestikulierten wild, und einer schoß heiße Luft in eine bestimmte Richtung. Leider vermochte ich das, was die sahen, beim besten Willen nicht zu erkennen. Für mich blieb der Busch undurchsichtig. Bliebe das Wild in seiner Richtung, mußte es allerdings unmittelbar auf mich zukommen. In der Tat, wenig später die ersten brechenden und streifenden Geräusche. Achtung, hier kam etwas. Also war ich schußbereit, denn wieder einmal konnte es nur um Bruchteile von Sekunden gehen. Ja, schon sah ich den ersten dunklen Streifen. Ein erstaunlich langer Rücken und dazu breit. Auf sieben Meter kam mir das starke Stück.
Allein, noch wußte ich nicht, was es war. Ganz gemächlich hob es das Haupt, und dann mußte ich unwillkürlich lachen. Fünf Meter vor mir stand ein Rindskalb. Mit seinen sanften Kuhaugen starrte es mich unverwandt an, nahm sich Zeit dazu. Schließlich wurde es mir zu dumm. Mit einem Stein, den ich dem Kalb auf das Fell warf, konnte ich es endlich zum Weiterbewegen veranlassen. Gemächlich trottend verschwand es wieder im Gebüsch und zog zum Nachbarschützen. Dieser backte die Waffe an, und gerade noch rechtzeitig konnte ich ihm abwinken. Hier einen Schuß unüberlegt hinzuwerfen, ohne das Tier genau angesprochen zu haben, wäre mehr als peinlich gewesen. Schadenersatz wäre auf jeden Fall fällig gewesen, vielleicht auch eine Strafe. Lediglich der Spott obendrein für so einen „Atlashirsch“ wäre gratis gewesen.
Das Kalb drehte in den Busch zurück und dachte gar nicht daran, herauszukommen. Statt dessen kam in hohem Tempo ein schwaches Überläuferchen, sprang zweimal auf dem Wechsel hin und her und verschwand, ehe ich überhaupt meine Flinte hochnehmen

konnte. Es stimmte also doch, was öfters gesagt worden war, unter diesen Wald- und Landwirtschaftsverhältnissen kümmert sich das Schwarzwild um die Haustiere der Bauern überhaupt nicht. Es bewegt sich munter und ungeniert zwischen ihnen. Für wahr hält man es aber erst, wenn man es selbst so unmittelbar erlebt. Natürlich habe ich die Geschichte auf der Busfahrt zum besten gegeben, und da erfuhr sie eine ungeahnte Fortsetzung.

„Ja, ein hitziger Schütze, dem es reicht zu wissen, daß vor ihm kein Mensch steht und alles andere eben ein Stück Wild sein muß, und der nach so einer schlichten Überlegung rasch den Finger krumm macht, kann da böse hereinfallen. Wer sich nicht beherrschen kann, bis er genau weiß, was auf ihn zukommt, ist stets für eine schlimme Überraschung gut", bemerkte einer unserer Jagdfreunde und fuhr fort: „Vor zwei Jahren habe ich das hier auf einer Herbstjagd einmal miterlebt. Da hat tatsächlich ein Jäger einen solchen 'Atlashirsch' geschossen. Zuerst natürlich ein spöttisches Hallo! Aber bald kam eine gedrückte Stimmung auf, denn es mußte ja die Sache bereinigt werden. Das Jagen war an diesem Tag für drei Stunden unterbrochen. Zunächst war es notwendig, im nahe liegenden Dorf Nachricht zu geben und dann ausfindig zu machen, wem die Kuh überhaupt gehörte. Schließlich fand man den Besitzer. Es war eine Bäuerin, deren ganzes Eigentum diese Kuh und ein Kalb war. Sie konnte weder lesen noch schreiben. Damit blieb uns nichts anderes übrig, als den Dorfältesten zu holen. Die Verhandlungen wurden von unserem Jagdleiter einerseits und dem Dorfältesten andererseits geführt. Nach einiger Zeit des Palavers hatte man sich einem Betrag von 300 Dinar genähert. Der Dorfälteste fand, das wäre angemessen, und der Jagdleiter sagte uns, das sei eine vernünftige Sache, darauf könne man sich einigen. Gut also, 300 Dinar, das entsprach damals etwa 900 DM.

Einmal so weit, tauchte unverhofft eine ganz andere Schwierigkeit auf. In Tunesien kann man nicht mit einer ausländischen Währung zahlen. Der Geldumtausch in die heimische Dinar-Währung erfolgt gewöhnlich im Hotel. Euroschecks werden nur an bestimmten, staatlich zugelassenen Stellen angenommen. Weil jedoch jeder Reisende in seiner Pauschalzahlung nahezu achtzig bis neunzig Prozent seiner Kosten längst abgedeckt hat, werden in der Regel

keine allzu großen Geldbeträge für Trinken und Trinkgeld umgewechselt. Außerdem kennt dieses Land in der Praxis nur 1- und 5-Dinar-Noten und hat keine größeren Scheine im Umlauf.
Natürlich hatte der voreilige Schütze keine 300 Dinar bei sich. Wie konnte angesichts dessen die Frau zu ihrem Geld kommen? Nun, alle zehn Jäger langten in ihre Taschen. Schließlich brachte man auch die 300 Dinar zusammen, das meiste in 1-Dinar- und wenige 5-Dinar-Noten. Schließlich häufte sich ein Berg von Banknoten auf dem Boden. Nun hatte man sich über den Preis geeinigt, schließlich das Geld zusammengekratzt, und jetzt wohin mit diesem Haufen von Geldscheinen? Der Jagdleiter, dem das Ganze sowieso schon zu lange gedauert hatte, löste das Problem kurz entschlossen und geradezu grandios. Er griff den Rocksaum der Bäuerin, hob diesen hoch, so daß sich eine Schürze bildete, und stopfte ihr den ganzen Betrag von Scheinen hinein. Sie hielt, er füllte. Ängstlich bedacht, ja keinen Dinar wieder herausfallen zu lassen, wanderte das Kleid in den Händen der Bäuerin höher und höher. Nun, Berberinnen tragen keine Unterwäsche, und als der Jäger den letzten Dinar hineingestopft hatte und freundlich lächelnd und kopfnikkend zurücktrat, stand die Frau im Freien, unverhüllt und ahnungslos. Die unerwartete Komik der Situation löste prompt eine Lachsalve aus, welche die gute Bäuerin bloß noch mehr verwirrte. Abermals war der Jäger gefordert, und auch das meisterte er geschickt. Er nickte der Berberin begütigend zu, packte sie an den Schultern und drehte sie in Richtung des Dorfes, brachte sie so auf den Weg. Zwei Welten hatten sich für einen kurzen Augenblick berührt."
In der Tat, gewaltige Unterschiede trennen die Lebensbereiche des Tunesiers von den unseren. Ein kurzes Gespräch vom Strandhotel fiel mir wieder ein. Dort war ich mit einem Kameltreiber, der seine Kamele den Hotelgästen für Ausritte anbot, ins Gespräch gekommen. Obwohl er nie im Ausland gewesen war, sprach er erstaunlich gut deutsch; er hatte dies rein phonetisch von den Touristen gelernt. Weil er nicht aufdringlich seine Kamele anbieten wollte, tastete er sich vorsichtig mit seinem Anliegen an mich heran und begann: „In Europa habt ihr gewiß bessere Lebensverhältnisse als wir hier!" Was sollte man, was konnte man darauf sagen? Ich versuchte mich durchzuwinden: „Na ja, man hat seinen Eisschrank, und das,

obwohl es gar nicht so warm ist wie hier." Er nickte verstehend. „In meinem Dorf gibt es noch nicht einmal Elektrizität", antwortete er. Mehr oder weniger war damit die Unterhaltung gestorben. Letztlich konnte man gar nicht ausreichend tiefstapeln, um eine brauchbare Gesprächsbrücke über solche Unterschiede zu schlagen.

Na, wenigstens war die Jagd noch nicht zu Ende; der Tag konnte ja weitere Überraschungen in sich haben. Erfreulicherweise hatte man vor dem Mittagessen das beliebte räumlich unmittelbare Anschlußtreiben unterlassen. Diese Gefälligkeitstreiben, bei denen lediglich der Schütze seine Position um 180 Grad dreht, gehen an den Realitäten der Jagd vorbei. Die unmittelbaren Nachbarreviere sind meist vom Schwarzwild verlassen. Der im vorangegangenen Treiben aufgewendete Lärm hat längst gewarnt und die Sauen auf die Reise geschickt.

Hin und wieder kommt es während des Mittagessens trotz aller Sprachhindernisse zu Kontakten zwischen Jägern und Treibern, besonders wenn die Einheimischen etwas auf dem Herzen haben. Da wird dann schon mal der Wunsch nach „Cartouche" geäußert. Solche Wünsche lassen einiges ahnen und verraten eine freiere Lebensgestaltung. Bekommt er seine „Cartouche", kann er sie zur Wilderei auf Schwarzwild verwenden, denn anderes Wild für Flintenlaufgeschosse gibt es nicht. Sichtlich ist da das Wildschwein bereits etwas koscherer geworden. Freilich, es war uns strikt verboten, solchen Wünschen gefällig zu sein. Und als Gast meidet man unnötigen Ärger.

Nachmittags landeten wir nach einer fast halbstündigen Anfahrt in einem neuen Revier. In einem erstaunlich dichten Pinienjungwald hatte man einen Taleinschnitt als Brandschneise benutzt, und entlang deren freier Seite wurden wir angestellt. In der Schützenkette wurde ich von Rafik auf einen Felsklotz plaziert. Rafik strahlte: „Schon wieder ein Kaiserstand für dich!" Das war für mich zwar nicht so auszumachen, letztlich mußte er es aber besser wissen. Rafik kannte die Reviere und besaß Erfahrung genug, um zu wissen, wo die Sauen steckten und von wo sie mit großer Wahrscheinlichkeit kommen würden.

Bergaufwärts war mein Nachbarschütze verdeckt, bergabwärts hatten wir Sichtkontakt. Weiter oben kläffte ein Hirtenhund. Der arme Randschütze dort. Selbst wenn die Sauen mit dem ganzen Hoflärm vertraut waren, ein ununterbrochenes Hundegekläff erfreute sie gewiß nicht. Rafik konnte recht haben, besonders wenn die Schwarzkittel versuchten, sich deswegen in der Mitte oder sogar weiter unten durchzumogeln. Nun, das Überraschenlassen gehörte sowieso zum Faschingsdienstag. Zu Hause gab's das ja an diesem Tage auch in allen Hochburgen des Narrentreibens.
Zunächst war wenig zu hören. Zwischendurch ein Hundelaut, offenbar von einem, der eine Fährte aufgenommen hatte, diese jedoch bald wieder aufgab. In einem Viertelkreis vor mir hatte ich auf etwa fünfzehn Meter Schußfeld, mehr nicht. Das mußte reichen. Am Himmel ballten sich dunkle Wolken zusammen. Ein scharfer, eisiger Wind stieß böig in die Bäume und zauste sie, peitschte die niederen Gipfel und stöberte Eisgraupel vor sich her. Ein Blitz und ein kräftiger Donnerschlag kündeten von einem Wintergewitter im Atlasgebirge. Das hatte gerade noch gefehlt. Wahrhaftig, auf die ganze weiße Pracht hätte ich gerne verzichtet, und ich wurde spürbar froher darüber, bei diesem Sauwetter meinen Buben im Bus zurückgelassen zu haben. Der Wind hätte ihn böse ausgeblasen. Zudem hatte ich ihm bei den körperlichen Anstrengungen mehr als gewöhnlich zugemutet, wozu ihn noch dieser Kälte aussetzen? Selbst ohne Wind hatten wir höchstens –5 bis –4° C. Keine Frage, jetzt steckte das Schwarzwild in der dicksten Dikkung, die es finden konnte; und es steckte auch ziemlich fest!
Während des Wartens drang langsam und stetig die Kälte in die Knochen und lähmte die Aufmerksamkeit. Eine Bewegung auf wenige Meter rechter Hand munterte mich schlagartig auf. Wahrhaftig, da wechselte ein dicker Brocken von mir weg und wollte das Tal durchqueren wieder zurück in das Treiben. Woher kam denn dieser? Und warum hatte mein Nachbarschütze nicht geschossen? Die Sau kam von ihm. Rätselhaft! Wie auch immer, meine Chance durfte ich nicht vom Winde verwehen lassen. Rums – ein Schuß auf acht Meter! Der Einzelgänger ruckte, machte einen Riesensatz über die Mulde und wollte in die Dickung. Rums – auf etwa fünfzehn Meter den zweiten Schuß! Wieder so ein gewaltiger Satz, und damit war er

bereits an der Dickung. Es gelang mir, auch den dritten Schuß aus meiner Flinte loszuwerden, und dann verschwand das starke Stück hangabwärts in einem Tempo, als wäre eine Kugel aus dem Lauf, wie mein Nachbar Wolfgang V. es nachher beschrieb. Gefehlt konnte ich sie nicht haben; die Sau auf den Platz zu bannen, vermochte ich ebenfalls nicht. War sie etwa wieder mal verloren, oder steckte sie sich, und wir bekamen sie noch? Wolfgang V. und ich standen nach dem Treiben beisammen und rätselten, als unten im Tal Hundelaute anklangen. Kurz darauf fiel ein Schuß, und der Hund verstummte.

„Aha“, meinte Wolfgang V., „jetzt liegt sie!“ Und während Treiber und Jäger etwas unschlüssig auf dieser Schneise beisammenstanden, durchbrach vor unser aller Augen ein sichtlich dickfälliger Einzelgänger die Dickung und wechselte ungeniert zwischen uns hindurch über die Brandschneise hinweg in das nächste Buschzeug hinein. Die Sauen, scharf bejagt, wie sie werden, kennen also das Spiel, und die nervenstarken Alten kommen so unbeschossen davon.

Mein Stück erwies sich als ein Keiler zwischen zwei und vier Jahren mit ungefähr sechzig Kilogramm Gewicht und guten mittleren Waffen von fünfzehn Zentimeter Länge.

Zurück am Bus, überfiel mich Hannes sogleich: „Vati, hast du geschossen?“ Längst hatte er am Bruch gesehen, daß es so sein mußte. „Was hast du geschossen?“

„Einen mittleren Keiler. Schade, daß du nicht dabeiwarst. Aber es war lästig kalt und für dich sicher so besser“, versuchte ich ihn zu trösten.

„Macht nichts“, meinte er und zuversichtlich: „Dafür bin ich das nächste Mal dabei.“

Achmed hatte inzwischen einen starken Pfefferminztee gebraut. Der Tee war fast so dunkel wie Kaffee. So ein Gebräu wärmte von innen heraus. „Frierst du noch, Hannes?“

„Ein bißchen“, spielte Hannes es herunter, und dabei schlugen ihm die Zähne aufeinander. Das war Kälte und Erschöpfung zugleich. Wie konnte ich ihm rasch helfen? Da hatte ich eine Idee. Irgend jemand von den Jägern hatte gewiß einen Obstler im Bus. Ein Schluck davon in dieses Getränk, vielleicht war diese Mischung ei-

ne kleine wirksame Medizin. Gedacht, getan. Einen Fingerhut voll Schnaps kippte ich in Hannes' Tasse Tee. Er protestierte, ließ sich aber überreden und trank es mit einemmal tapfer hinunter. So schnell, wie das drunten war, so schnell kam es wieder heraus. Ein Würgen, ein Gurgeln bei Hannes, und sein Magen übergab sich und spie in hohem Bogen alles von sich. Nie hätte ich geglaubt, daß starker Pfefferminztee mit Alkohol so wirken könnte. Wahrscheinlich war auch ein Brechen aus der Erschöpfung mit dabei. Blitzartig wurde mir klar, Hannes hatte die Grenze seiner Belastbarkeit erreicht gehabt. Gott sei Dank war es das letzte Treiben des Tages gewesen. Lediglich die Busfahrt hatten wir nunmehr vor uns. Hannes brauchte jetzt Wärme und Schlaf. Also packte ich ihn gut warm ein, und fünf Minuten später, durch das Schaukeln des Wagens eingelullt, hatte ihn Gott Orpheus in seine Arme genommen.
Zwei Stunden später beim Abendessen im Dorfhotel war er wieder frisch und munter, und so fragte ich ihn: „Na, Hannes, willst du wieder mit zur Saujagd nach Tunesien, auch wenn es anstrengend ist, so wie heute?"
„Klar, Vati, wenn du mich mitnimmst – immer!"
Also, das Waidwerken auf Sauen in den Bergen von Carthago bis zu den Atlasausläufergebirgen an der algerischen Grenze würde weitergehen!